大案
CASE

无罪辩护

徐昕 著

为自由和正义呐喊

清華大学出版社
北 京

图书在版编目（CIP）数据

无罪辩护：为自由和正义呐喊 / 徐昕著. — 北京：清华大学出版社，2019.4（2024.5重印）
（大案）
ISBN 978-7-302-52742-8

Ⅰ.①无…　Ⅱ.①徐…　Ⅲ.①律师—辩护—案例—汇编—中国　Ⅳ.①D926.5

中国版本图书馆 CIP 数据核字（2019）第 066535 号

责任编辑：朱玉霞
封面设计：汉风唐韵
版式设计：方加青
责任校对：王荣静
责任印制：沈　露

出版发行：清华大学出版社
　　　　网　　　址：https://www.tup.com.cn，https://www.wqxuetang.com
　　　　地　　　址：北京清华大学学研大厦 A 座　　　　邮　　　编：100084
　　　　社 总 机：010-83470000　　　　邮　　　购：010-62786544
　　　　投稿与读者服务：010-62776969，c-service@tup.tsinghua.edu.cn
　　　　质 量 反 馈：010-62772015，zhiliang@tup.tsinghua.edu.cn
印 装 者：艺通印刷（天津）有限公司
经　　销：全国新华书店
开　　本：170mm×240mm　　印　张：21　　插　页：2　　字　数：303 千字
版　　次：2019 年 4 月第 1 版　　印　次：2024 年 5 月第 12 次印刷
定　　价：89.00 元

产品编号：082478-02

《中国角色：徐昕》　　张晨初　作品

目　录

第九章　逃亡上海滩　朱庆林绑架罪 / 188

第十二章　鸟案风云　深圳鹦鹉案 / 284

第一章　杀猪式审判

无锡邵洪春诈骗案

　　多年以后，当我回到家乡，躺在父亲执意修建的红房子楼顶花园的摇椅上，听虫鸣鸟叫，不远处的大荷塘飘来清香，我定会想起那场发生在江南的"杀猪式审判"。当时，我从书斋走向法庭，从法律学者转向刑辩律师，怀有一腔为自由和正义呐喊的冲动，有时却对司法现实无可奈何。

　　2017 年 8 月 9 日下午一点，江苏省无锡市某区法院，双手反铐、拖着脚镣的邵洪春被押进法庭，紧锁的双眉，耷拉的眼皮，沉重的唇鼻。几位法警把他强按在被告席上，白色胶带紧紧地把黄色海绵封死在被告席的椅背和围栏上。审判长重重地敲响了法槌，宣布继续开庭。

　　辩护人徐昕：请求打开被告人的戒具。

　　审判长：因被告扬言自残，法庭已采取了措施。公诉人继续发表质证意见吧。

　　公诉人：公诉人没有意见。

　　辩护人刘金滨律师：我们没有发现被告人现在采取任何自残的行为。

　　审判长：诉讼代理人发表质证意见。

　　被害人的诉讼代理人：……

被告人：他说什么我完全听不见，我脑袋痛。

徐昕：司法文明、司法人道不是挂在嘴上的，被告人现在我们眼皮底下，反铐双手，戴着脚镣，七天七夜的审讯，眼睛都无法睁开，身体明显不适，被告人的辩护权怎么保障？

审判长敲法槌：你别说了，我知道了。

徐昕：我很快就说完了。

审判长继续敲法槌：我敲了法槌，你就不要说了。

徐昕：我现在有新的意见，我就被告人的辩护权……

审判长打断：法庭已充分保障了被告人的辩护权，法庭采取这种措施是对被告人的保护。

徐昕：这严重损害了被告人的辩护权，被告人自行辩护，应当是在一个平心静气的状态下进行，此种情形下，被告无法行使辩护权，我建议休庭。

审判长：上午休庭后，法庭和被告人沟通，但被告人表示，不给看同步录音录像就要一头撞死在法庭，我也请你们去做被告人的思想工作，你们辩护人认为不能损害被告人的权利，不愿意去做工作，法庭采取了防护式措施，希望辩护人不要在此问题上再纠缠了。诉讼代理人继续。

诉讼代理人：……

两位辩护人一直举手，审判长至少有五分钟视而不见。

审判长：辩护人举手就什么问题发言？

刘金滨律师：谢谢审判长，我注意到被告人有申请调取新证据的权利。

审判长：别说了，现在是对证言进行质证。

被告人：我现在头痛，一点都听不清楚你们说话，我已经六七天没有睡觉了，我都听不清楚，怎么开庭？

审判长：法庭和你一样，大家这几天都在这里。

被告人：我现在头痛，你还叫我来开庭。

诉讼代理人：目前是对证言进行质证，辩护人多次以保障被告人权利的理由打断我的发言。对于被告提出生病的理由，我不知道是否有医生检查。

如果有医生检查，请出示检查结论，让医生当庭检查，以避免辩护人又以此理由提出抗辩。

刘金滨律师：诉讼代理人多次无端公开贬低辩护人，请求法庭予以制止。

被告人坐不住了，从被告人席滑倒在地上。法庭继续审理，辩护人一直举手。六七分钟后，审判长实在不好意思继续审理，建议医生进行检查。检查过程，气氛压抑，周围增加了十多位法警，戴着执法记录仪。

稍稍休庭，两点半，继续开庭。

审判长：前面被告人有些激动，叫医生给他检查了身体，血压有点高。法院之所以采取措施，是因为被告人上午情绪激动，说不给看同步录音录像就要撞死。法庭也问了被告人，"法庭有没有倾向性"，被告人说没有。法庭也说了如果被告人被判无罪，撞死就亏了。法庭希望被告人配合，不要激动，如果被告人情绪恢复，法庭可以适时减少措施。

徐昕：我们一直申请查阅同步录音录像，那是辩护人申请调取来的同步录音录像，法庭有何理由不给辩护人看？可法庭偏偏一再拒绝，现在被告人也申请要看，法庭不仅不给看，还要如此对待被告人。如果这么审理，就没必要进行辩护了，这样一种杀猪式审判严重违反……

审判长：这个问题就不要再提了。

几位法警按着被告人，被告人说脑袋痛，听不见，看不见，也坐不住，再次从被告人席滑倒，躺在地上。辩护人一直举手要求发言，左右手轮换。

审判长：接着发言吧，诉讼代理人。

诉讼代理人：……

审判长：辩护人把手放下，如果是刚才的问题，就不要再说了。

徐昕：不是刚才的问题。

审判长：不需要你说了，诉讼代理人继续。

辩护人开始高举双手。

被告人：我脑袋痛。

诉讼代理人：我注意到此前辩护人多次提出要遵守规则，你们要对对方当事人保持尊重。

被告人：我要求身体检查，我头痛听不见，我六天都没有睡了，哪有你们这么开庭的？

审判长：你开庭的时候，所有成员都在庭上。

被告人：我坐不住了，我要到医院去检查，我血压高。

审判长：诉讼代理人继续。

被告人：我头痛得不行。

诉讼代理人：审判长，我进行说明，我不讲话，是尊重被告，让他讲。

审判长：诉讼代理人继续发言。

旁听人员被告人邵洪春的妻子无法控制情绪，哭喊着大叫：你们不能这样审啊！旁听人员被家属和法警带出法庭。

诉讼代理人：我继续陈述……

被告人：我头痛，请求让我看医生。

辩护人继续举手，法官仍不理会。被告人躺在地上，两个法警在旁边看着。诉讼代理人加大音量，试图压住被告人的呻吟。此种情形持续了约十分钟，审判长终于同意医生到法庭对被告人进行检查。

诉讼代理人：审判长，我有建议。

审判长：现在不是休庭，我们当庭请医生来检查。

被告人：现在头痛得不行，我要求去医院检查。

经过医生当庭检查，并悄悄告知法官检查结果，审判长终于宣布休庭。

以上描述，来自旁听人员八天八夜庭审全记录。法警将双手反铐的被告人强按在被告席上，被告人挣扎着躺倒在地，辩护人高举双手，审判长完全无视……这是迄今为止我经历的最有戏剧性也是最匪夷所思的一场审判，没有之一。

这还是审判吗？仅因被告人说不给看同步录音录像就要撞死，就像"杀猪"一样，按着被告人来审理？"杀"意指掌权者像屠夫一样可以无视规则整治他人，"猪"则是那些被捆绑待杀的整治对象。"人为刀俎我为鱼肉"，庭审这一幕，喻为"杀猪式审判"毫不为过！

休庭后，我克制住怒火，质问审判长："你们怎么能这样杀猪式审判呢？为什么敢如此大胆地侵犯被告人的人权？为什么不让辩护人说话？我提出了新的问题，为什么也不让说？审判的公正性何在？你说让辩护人做被告人的工作，我们一直在做，一直希望和法院沟通，被告人和我们一样，未经审判，推定无罪，我们提出审理有大量程序性违法，为什么你们不听？"审判长支支吾吾，无法答复，只是让律师劝被告人配合；最后，确实是我们劝邵洪春，八天庭审才顺利结束。

此案无罪理由充分，我和刘金滨律师为邵洪春坚决作无罪辩护。由于诉讼程序存在大量违法，家属还委托了李仲伟、王飞律师作为控告代理人。开庭审理结束后十个多月，法院仍未判决，大概不敢轻易冤判。

在等待判决的漫长日子里，此案不断出现重大突发事件。

场景一：开庭时审判长剥夺辩护人举证权的录音，开庭后近两个月，2017 年 10 月 23 日，法院召集了一次奇怪的不公开"核证会"，对开庭时以私自录音不合法为由，剥夺辩护人举证权的 7 份录音证据，当庭播放，仅相关当事人才允许到场。秘密核证，甚至不允许控告律师李仲伟旁听，我拒绝参加。

"我们也不想插手这个经济纠纷，我们公安机关最讨厌就是这个经济纠纷的……但是我们没办法逼不得已……帮对方讨债，我们不想落这个口实……"

"现在关键是什么呢，我也实说，市领导找过我……从我们心里来讲，这个案件我也不愿意接，对不对？但是这个事情是我们市局领导直接批下来的，也有可能领导他提供……我们现在每步都要向领导汇报，就是市领导批下来的。"

"我肯定告诉你，只要你把钱吐出来，我们去检察院法院联系，去撤案……"

这是 2013 年 8 月中旬，几名当事人在无锡市公安局某分局某派出所录下的三段话，讲话的分别是派出所所长、副所长，邵洪春案的侦查人员。两人在"核证会"均承认以上的话是自己所说。

邵洪春家属不断向各级部门实名举报有关领导，举报公安机关以刑事手段插手经济纠纷。"核证会"后，邵洪春家属向社会公开了录音内容。

场景二：2018 年 3 月 18 日，丁力中被上海市公安局经侦支队刑事拘留。

邵洪春案实为经济纠纷，我们认为并不涉嫌犯罪，但依检方逻辑，涉案 2500 万元钱款被丁力中使用，丁力中系诈骗主犯。但无锡公安却对丁力中另案处理，只起诉居间介绍人邵洪春，导致事实真相被掩盖，其他人将责任推到邵洪春身上。辩护人反复要求并案处理，无锡公检法不予理睬。

无锡警方不抓，上海警方却把丁力中抓了。虽然因其他案件引发，但必定会涉及邵洪春案。这也说明辩护人先前对公安局、检察院违法分案处理的控告是正确的。丁力中被调查过程中，极有可能形成与邵洪春案事实有巨大关联的笔录和涉案钱款流向的客观证据。丁力中被抓，涉及本案相关事实有待查明，调查需要时间，调查结束有可能与本案并案处理。因此，我们立即向法院提出取保候审，并建议检察院撤诉。

场景三：2018 年 4 月 9 日，邵洪年从邵洪春的保险柜找到了《江苏锦添高新科技有限公司放款前须落实手续》，证明转贷款未成功的原因就是华夏银行苛刻的放款前手续，银行根本没有打算放款。庭审中争论激烈，证人故意回避，传说中的无罪直接证据终于出现了。我们紧急将该书证提交法院和检察院。

检察院紧急提审了邵洪春，据说提审时，检察官说，"有这个证据，为什么不早拿出来？"

邵洪春说，"我一直告诉你们有这个证据，但要我自己才能找得到，你们又不带我去找。"

保险柜里还找到了丁力中欠邵洪春的几千万元借条，证明邵洪春最希望丁力中办好贷款。

场景四：2018 年 4 月 14 日，农历二月廿九，邵洪春家人感恩佛祖显灵，前往静修庵还愿，并为无辜者祈福消灾。

案件在绝望中显现希望，使邵洪春家人相信有佛祖保佑。2016 年 12 月 28 日，无辜者计划群刚成立 3 小时，就接到静修庵被撤销、面临强拆的求助，并立即组成律师团，提供法律援助。经过各方一年多的努力，2018 年 1 月，宝应县政府修改规划，原址保护静修庵，静修庵法律援助案，多方共赢，佛法国法，全盘皆胜。静修庵师父看到我为邵洪春作无罪辩护，主动为他祈福。为答谢无辜者计划，静修庵后来逐渐为我更多的当事人，包括邵洪春、姜玉东、周伟、蔡晓伟、刘大蔚、王成忠、马彬、孔祥文等，供灯、祈福、消灾、诵经、持咒。

接手邵洪春案时，案件前景暗淡，几乎看不到希望，但我坚信邵洪春无罪理由充分，只能绝境中奋起，为正义坚持不懈。我相信，只要坚持，就有机会，就有可能置之死地而后生。每一起无罪辩护，都是绝地逢生。

但现实，终究是极端残酷的。2018 年 6 月 12 日，开庭结束近 11 个月后，区法院公开宣判。宣判当日，又是法警林立，出庭八天的检察官悉数到场，旁听席全部坐满。我依黑龙江图强林区基层法院安排，就马彬验伤事项抽取鉴定机构，在中国的最北点，密切关注太湖之滨的这场宣判。

邵洪春一审被判 12 年有期徒刑，并处罚金 100 万元。这一消息传来，我气得发抖，绝望痛苦，无以言表。邵洪春本人、家属、辩护人均不服判决，邵洪春坚决上诉。绝望、愤怒之余，唯一的选择只能是坚持到底。二审，我和刘金滨律师将继续为邵洪春作无罪辩护，王飞、李仲伟律师将继续代理家属进行坚决的控告。

而无论案件最终结果如何，无罪辩护的成败，邵洪春案都将因杀猪式审判、八天八夜庭审、多位律师的不懈努力等种种机缘而载入中国司法史。或许还有一个理由，邵洪春案是徐昕教授多年以来始终耿耿于怀的案子。

为人辩冤白谤，救人于水火，难如登天。本书的引子，刻意记载这起无罪辩护暂时失利的案例，正是告诉读者，告诉社会，无罪辩护有多么艰难，也告诉自己，作为辩护人，必须勇敢地直面惨淡的人生。

但即使诉讼结果不利，即便有司法不公、司法黑幕，我还是相信坚持总有机会，相信法治在路上。在通往法治的崎岖山路上，刑辩律师正是少数踯躅前行的勇士。从书斋走向法庭，从法律学者转向刑辩律师，需要超强的决心和勇气。

周虽旧邦，其命维新。不畏失败，不惧风险，不怕艰难，迎着暴风骤雨，我，已经迈出了坚定的步伐。

第二章　正义联盟

漳州郑龙江等涉黑案

2013 年 8 月 4 日，贵阳市郊，青岩古镇，参加周泽组织的"小河案与刑事申诉研讨会"的律师们在古镇悠闲漫步，旧街新貌，蓝天白云，人来人往，热闹非凡。

突然，两个小姑娘拦住我和虞仕俊，诉说一年前全家八人因涉黑罪名被抓被判，惨受酷刑，连74岁的爷爷奶奶都没放过，被以寻衅滋事罪各判刑一年。

两姐妹拦住作者和虞仕俊

两姐妹从微博知道贵阳会议，连夜赶路，坐了最早的火车，站了30多小时从福建漳州赶来。靠我旁边的小姑娘，年仅15岁，她不敢说话，眼中充满忧郁、冤屈和这个年纪不该有的坚韧，而我也不敢多看她的眼睛，怕落泪。伍雷（李金星）律师观察到这一细节，他后来写道，"冤情深似海！徐昕教授当时坐我对面，我想，我们两人都担心自己当众落泪。"众律师团团围坐，稍看材料，就能判断明显是无罪案件。

此后，伍雷收集案卷材料，认真研究，确认为冤案，组织了一个豪华律师团。幕后支持，还是直接参与，经过一段时间的犹豫，我决定出手，和张磊共同担任第二被告人谢永平的辩护人。伍雷、迟凤生、王兴、张磊、刘志强、冯敏、王甫、周立新，漳州案汇集了大批一线刑辩律师。辩护工作，波澜起伏，正义联盟，汇集合力，有效地阻击了"冤案形成"，成为律师团队辩护的经典案例。

走出书斋

介入漳州案确实思虑再三，因为这一决定对我来说并非小事，而意味着我的人生道路即将经历一次重大转型：从书斋走向法庭。

早在1993年，我就取得律师资格，1996年就持有律师执业证，但一直以来，办案很少，每年几件，银行、保险、工伤、电信、劳动争议、普通民事纠纷，最早办理的刑事案件是1997年东莞法院审理的一起贩毒案，没有找到感觉。2010年，周泽邀请我参与小河案辩护，我也没有直接介入，而是作为专家顾问团的一员。我喜欢读书，把自己埋在书堆里，研究私力救济、纠纷解决和司法改革。

随着博客、微博等自媒体的兴起，越来越多的申冤者向我求助，内心最柔软的部分一次又一次被触动，扪心自问，我做不到无动于衷。对他们的帮助，也不可能只停留在转发、呼吁的阶段，而需要作为辩护人直接参与，不仅需要在庭外呐喊，更需要在法庭陈词。

听从内心的召唤，我决意为自由和生命而辩。面对蒙冤者时，正义的使命感难以抑制；救出一个蒙冤者，欣喜是无与伦比的。救一人胜过写十篇学术论文。学术虽暂受影响，但作为司法改革和诉讼制度的观察者、参与者，荷枪实弹的实证经验也为研究提供了无限素材。我计划在未来的适当时机，将更多精力转回学术，研究有切身体会的真实世界的法学。这正是我从《论私力救济》以来开启的，以"中国的""行动中的法"为核心的法社会学研究的中心议题。也许我已经改变，也许从未改变。

学者，还是律师，这是一个问题。走出书斋，走向法庭，势必削减投入学术的时间和精力，而我当时正处于学术事业的快速上升期，与学术高峰几乎是一步之遥。尽管律师是兼职，仍可坚持做学问，但毕竟不能全身心投入，到达学术高峰的目标只能暂停。这令诸多学界朋友倍感惋惜，但我不介意，下山再向另一座高峰攀登。

学术圈存在某种空洞、粗浅、无趣、虚伪，简言之"虚假的中国问题"，也与我率真的本性格格不入，暂时换换环境，从书斋走向法庭，真学问或在现实的法律实践中。我希望且只愿意研究真正有意义的学问，书写真正有价值的文字。多余的字，一个都不要。

转向刑辩

第二大转型，是从民诉转向刑辩。

1992 年在西南政法大学念硕士，2000 年在清华大学读博士，我的专业都是民事诉讼法学，后来在海南大学、西南政法大学、北京理工大学教民诉，研究民诉，依惯例，我被称为搞民诉的。搞，法学圈确实是这么称呼的。

但从民诉转向刑辩，也不意外。实际上，民事诉讼理论是整个诉讼包括刑事诉讼理论的基础，能够为刑事诉讼的制度建构、结构转型以及更深层次的司法制度提供改革的基本方向与理论指引。我的兴趣广泛，从未满足在民事诉讼的领域耕耘。我的硕士论文《区际司法协助》，导师常怡教授不太支持；我的博士论文《论私力救济》，更不是规范的民事诉讼法学课题，导师张卫平教授最初是不同意的。但我习惯了随心所欲，就一意孤行了。当然，这部书取得了相当的成功。

由私力救济到纠纷解决到司法制度，我的学术进路是自然延伸的。2005年，我建立西南政法大学司法研究中心（CJS）；2006年诉讼法学科增设司法制度方向；2007年年初，在我的推动下，经国务院学位办备案，西南政法大学在法学一级学科中自主设置司法制度二级学科，独立招收硕士和博士研究生，这是全国第一个独立的司法制度二级学科；发起司法改革行动项目；主编《司法》杂志、司法文丛；自2009年起撰写每年一度的《中国司法改革年度报告》；每周一次的"司法学术沙龙"举办了180余期……直到2010年西南政法大学老校区搬迁事件，薄欲取此宝地建红岩干校，我被指控带头抵制，不久便离渝北上。

对司法制度的研究，必然要更多地关注刑事司法。中国的刑事司法大抵属于整个法学领域最为落后、顽固甚至是野蛮的领域，是法治建设不得不突破的堡垒。民事案件涉及财产和声誉，尽管绝非小事，但刑事辩护则事关自由和生命，正如漳州案一家8口、全案17人无辜被抓，其重要性和紧迫性不言而喻。我先前对律师实务不重视，有时甚至不屑一顾，主要是财产争执无法激发我内心的正义感。微博高峰时期，每日求助，少则十余个，多则过百件，大多是刑事案件，有一天收到三个命案求助，不能自已，泪如雨下。任何一个有责任感和正义感的人，都无法置之度外。就这样，我从书斋走向法庭，从民诉转向刑辩。

专注洗冤

一经转型，便如长江滚滚，一发不可收。

我想多救人，但精力有限，必须保证案件质量，便严格控制接案数量。虽然接案不多，但几年下来，我也承办了若干大案、要案。幸运的是，很多案件得以顺利解决。

刚进入 2019 年，1 个月就有两起无罪案件。1 月 24 日，民营企业家谢启良案无罪，我介入 20 天，只去了两次，羁押 15 个月的谢启良就被释放，介入 2 个月辽宁省北镇市检察院就撤诉。这是我创纪录的无罪案件。先前的纪录，是天津大妈气枪案 26 天回家过年，大连王晓红 29 天取保，泸州抓五证人之李梅案 31 天重获自由。1 月 25 日，八旬老人李淑贤回家！老人因举报毁林和上访被判寻衅滋事罪，服刑期间，两次腰椎骨折，申请保外就医被拒，我接受老人女儿关桂侠的委托，组织张进华、杨学林、燕薪、吴革等六人的律师团，为老人重获自由尽了微薄之力。1 月 29 日，张玉玺案开庭，我和郑晓静律师共同辩护，夏邑县人民法院当庭宣告张玉玺无罪。该案是中国候审时间最长的案件，1992 年案发，1997 年发回重审，疑/无罪从挂 22 年，终于开庭宣判。1 月 31 日，厦门汪轶案取保候审，回家过年。

2018 年是我的本命年，案件进展都很不错，1 起无罪释放，3 起实报实销，3 起取保和 1 起监视居住，4 起发回重审，1 起减刑年底回家。1 月 20 日，静修庵法律援助案胜诉，扬州市宝应县政府修改规划，原址保护静修庵；春节前，四川陶红勇由贪污罪 13 年改判职务侵占 5 年而实报实销；吉林杨炳军案，法院去掉窝藏罪，以寻衅滋事罪判 2 年，5 月 9 日回家；元宵节前，大连王晓红职务侵占案羁押一年取保候审回家；"两会"前，关建军执行案，山西高院撤销长治中院做出的违法执行裁定；"两会"后，福建刘大蔚案和天津赵春华案等案件推动的涉气枪案件司法解释出台；3 月 30 日，深圳鹦鹉案王鹏二审改判两年，实报实销；4 月 2 日，成都郑尚元诈骗案检察院撤诉，无罪释放；4 月 8 日，唐山涉嫌诈骗、重婚罪的刘秀丽取保；衡水禹建华玩忽职守再审案，5 月 23 日发回重审；5 月 30 日上午，刘兴尚涉嫌违法发放 5 亿元贷款罪二审发回重审；7 月 18 日，杜荣海案二审宣判，减少一年，年底回家；7 月 31 日，江西温海萍申诉案，江西省检察院正式立案复查；9 月 14 日，李安琪案发回重审；11 月，上海药神翟一平取保回家；12 月，我介入 20 天，谢启良变更强制措施为监视居住，获得自由；12 月，厦门汪轶案发回重审。

2017 年，江西抚州朱庆林案被评为 2017 年度十大无罪辩护案例，泸州五证人被抓案之李梅获自由，少年刘大蔚网购仿真枪案再审，湖北陈良英取保判缓刑，天津大妈赵春华枪案判缓刑等。

我的助理肖之娥（笔名肖哲）偶然发现，2016 年度十大无罪辩护经典案例，不仅有我辩护的陈春蕾诽谤案，还有我深度参与的聂树斌案、陈满案、江西乐平案、福建许金龙四人案，后四起案件皆纳入无辜者计划大力呼吁，我也曾是乐平案程发根的申诉代理人。十大无罪案件，碰巧半数与我有关，未来，大概再也不可能遇到了。前一年度十大无罪辩护经典案例也有两个与我相关：河北陈文艳敲诈勒索案，我在背后的推动是无罪的关键之一；福建陈夏影案，纳入无辜者计划大力呼吁。

案件之所以能顺利解决，主要原因是竭尽全力，庭内辩护庭外喊。为自由和生命呐喊，是刑辩律师的职责。再者，我对案件也会进行严格挑选。找的人多，自然要选，作为兼职律师，接案不多，更有必要百里挑一。选择标准，必须是无罪的案件，并具有解决的可能性。

经常有网友问，你为什么总在为当事人喊冤？这是因为，我只接确认无罪的案件。长此以往，"徐昕"本身就成了一个标签，只要我接手的案件，通常可以说是疑似冤案；如果纳入"无辜者计划"呼吁推动，更可确定为冤案。一个普通人喊冤，公众不一定相信，如果徐昕认为是冤案，相信的人就很多，因为"徐昕"在以专业水准和公信力作担保，为洗冤代言。

只接大案

个案推动法治，是我接案的首要标准，也符合免费法律援助的条件。

我承办的天津大妈赵春华枪案，刘大蔚网购仿真枪判无期案，深圳鹦鹉案，都涉及司法解释违反上位法的问题。假枪真罪案件大量出现，是因为公安部红头文件规定的枪支认定标准太低，违反《立法法》，与《刑法》《枪支管理法》相抵触，而司法解释又将仿真枪与真枪同等定罪量刑，对《刑法》《枪支管理法》中的"枪"进行扩大解释。深圳鹦鹉案，《关于审理破坏野生动物资源刑事案件具体应用法律若干问题的解释》将驯养繁殖的动物解释为珍贵、濒危野生动物，远远超出刑法文本进行扩大解释，违反罪刑法定原则。

天津大妈枪案、深圳鹦鹉案后，我和斯伟江律师面向全社会寻求影响性诉讼，我和曾泽东律师承办了苏州假药案，和斯伟江律师为上海疫苗案的孙勇平辩护，为上海药神案的翟一平辩护。

我们介入上海疫苗案时，恰是中国疫苗处在风口浪尖之时，长春长生疫苗造假，在舆论关注之前，当地政府只是罚款了事。而上海疫苗案，新加坡真疫苗成了假药，人民群众求苗若渴，刑法却重拳打击。上海美华丁香门诊部，因为使用未经审批的进口疫苗，第一被告郭桥被以销售假药罪判刑 7 年，其他三人被判 4 到 6 年不等，尽管疫苗药品抽检记录、检验结果单和辉瑞制药等公司出具的回函等书证都证明，涉案疫苗不是假冒伪劣疫苗。"光从结果来看，无一例不良反应，没有造成任何社会危害，相反，客户从中受益了。"（南周报道）

肝癌患者代购救命药被刑拘，翟一平是另一个"陆勇"，是典型的现实版药神。就像电影一样，165 个病友提交求情信，"请理解我们这些生活在悬崖边上的人"。其中最焦虑的，是一些因为翟一平被羁押，即将或已经断药，一时找不到新的购药途经的病友。其中一封求情信上说："说得更自私一点，他不出来，我们就得断药。"

问题发生的原因，是法律出了问题。依《药品管理法》第48条，"未经批准进口，或者依照本法必须检验而未经检验即销售的"按假药论处，真药因此不合理地被认定为假药。我们承办这几起案件，既是为当事人争自由，更希望个案推动法治。我们已经向全国人大提出对生产、销售假药罪进行修法，并对相关司法解释进行审查的立法建议：第一，对自救自助性质的国外代购药品，必须设置有危害后果的条件，如果没有危害后果，无论是否有所获利，都不应入刑。第二，对"生产、销售假药罪"设置入罪门槛，区分哪些情形仅需行政处罚，哪些情形需要升格为刑事处罚。第三，对生产、销售典型假药与拟制型假药，在量刑上区别对待，后者应显著轻于前者，对于"两高"司法解释中的金额标准，不应该适用于没有危害后果的进口真药。第四，加快开放国外好药真药在中国上市的审批流程。

透过这些影响性案件，任何一位有良知的法律人都会看到，法律需要不断完善，中国特色的司法解释制度亟须改革。长期以来，司法解释存在越权解释、解释主体多元、形式混乱、制定程序简单随意、撤销监督机制缺位等问题。未来应当提升立法的可操作性，加强立法解释，减少制定司法解释的必要性；严格规范司法解释的制定、发布等程序，建立司法解释的审查和撤销机制；大力发展案例指导制度，尽可能通过判例方式解释法律，减少"立法性"司法解释之必要。

就上述个案而言，违法的司法解释不应当适用；进而，这些司法解释应当及时撤销和纠正。对于诸如此类的"恶法"，多数当事人默默忍受，任凭不公正的利剑肆意狂舞；普通民众事不关己，高高挂起；多数法律人熟视无睹，认为法律或司法解释既然规定了，就只能遵照执行，毫不反思规则本身的正当性。

从书斋走向法庭，我既不愿身陷囹圄的当事人蒙受冤屈，更不能容忍不合理的制度威胁每一个人的自由。个案推动法治，是我从学术转向法律行动的初衷，也是我接案的首要标准：挑选有社会意义、制度变革意义、"违宪审查意义"的影响性案件，透过个案，点滴推动法治进步。

刑辩艰难

刑事辩护艰难，难以解决的案件很多。前些年一心钻研学术，知道司法存在不公，但没想到司法有时会如此不公，如今越来越感受到律师之难，尤其是刑辩律师。我也算经历了一些案件，但还是经常绝望，一度想金盆洗手，但又不得不在绝望的世界里砥砺前行，尽微薄之力，救一个算一个。就像西西弗斯，明知石头会滚下来，还要冒着被砸伤的风险，不断将石头推上山。

面对赤裸裸的司法不公，看见当事人在自己手中蒙受冤屈，失去自由，甚或生命，刑辩律师必须有超强的心理素质，还不得不克服愤怒心理，甚至复仇心理。百般无奈，备受煎熬，舔舐伤口的同时，还需要安抚当事人，甚至需要维稳，劝导当事人依法申诉，不要报复，避免张扣扣式的悲剧。我想，许多刑辩律师都需要心理治疗，甚至需要心理按摩师，直接对心脏按摩。

以前做学问也罢，现在兼职律师也好，大概过于专注了，生活全是工作，工作也是生活，早上起来，晚上睡觉，时刻都想着手里的案子与身陷囹圄的当事人。心情随着案件的进展而起伏，结果好了，欣喜若狂，结果不好，郁郁寡欢，有时进取，有时退缩，时常萌生一走了之的想法。

经常安慰自己，尽力就够了，刑辩不过是一份工作，再说担心、焦虑也没啥用。律师跟教师、医生一样，都是一个职业，案件与生活应当分离。真想给自己定个朝九晚五的上班时间，此外就不谈案件，不牵挂蒙冤当事人的命运，不恨无底线的司法不公，静心感受生活，看花开花落、云卷云舒。只是，定下的规矩，基本上做不到，只能放弃。

大概从工作性质而论，刑辩律师很难将当事人的蒙冤和司法不公置之度外。对那些蒙冤的被告人而言，刑辩律师是他们的最后一线生机，要是刑辩律师都退缩了，都放弃了，自由和生命就失去了最后一道防线。为自由和生命而辩，哪怕推石上山徒劳无功，哪怕搬起石头可能会砸着自己的脚，刑辩律师也当仁不让，义不容辞，必须竭尽全力，为当事人的自由和正义奋力拼搏。为自由和生命而辩，既布满荆棘和坎坷，也充满光荣与梦想，正因如此，刑事辩护被视为律师业务皇冠上的明珠。

刑辩律师的命运，正如西西弗斯的命运，他们承受着公检法、政法委、纪委、监察委诸座大神推下的石头，而这巨石既与蒙冤者也与推石人的命运连在一起，巨石是否上山，成了推石人自己的事情。正如法国作家加缪所说，"西西弗斯告诉我们，最高的虔诚是否认诸神并且搬掉石头。他也认为自己是幸福的。这个从此没有主宰的世界对他来讲既不是荒漠，也不是沃土。这块巨石上的每一颗粒，这黑黝黝的高山上的每一矿砂唯有对西西弗斯才形成一个世界。他爬上山顶所要进行的斗争本身就足以使一个人心里感到充实。"刑辩律师就是这样，与蒙冤的被告人共命运，痛并快乐着。为了生命，为了自由，为了人权，为了正义，哪怕只为了喊一声"反对"，也只能义无反顾推石上山。

会战漳州

刑辩无比艰难，悲观不可避免。比如，无锡邵洪春案，明明是民事纠纷，明明基层法院没有管辖权，明明是一起案件被检察院人为切分，公检法就是不纠正错误，辩护人申请调取来的侦查同步录像不让观看，连关键的录音证据也不让提交。

为人辩冤白谤是第一天理。开篇提到的漳州郑龙江、谢永平等人涉嫌黑社会组织犯罪案件，经过律师团的有效辩护，漳州中院发回重审，漳浦县法院重审一审时，当地不得已动员家属解聘律师，同时承诺大规模取保和放人。事后法院遵守承诺，只留下第一、第二被告人轻判，二审再次减轻，很快，所有人都获得了自由，一家人开始了幸福安宁的生活。律师会战漳州留下了经验、教训和美好的回忆。

第一轮开庭，2014 年 1 月 17 日开始。15 位被告人，一进法庭，全部鸣冤叫屈，哭天喊地，有人伏地叩首，有人捶胸仰天，有人低声抽泣，一时混乱，立即休庭。

重回法庭，情绪平复，法庭开始核对上诉人身份，发现有人不会说普通话，审判长杨洛琪只好用闽南语问话，然后再做解释。有一位只能说闽南土话，本地人都听得吃力。律师认为这样有失中立，提出配备翻译人员。法庭找来当地一女律师翻译，辩护人对翻译人员的资质、有无利害关系等发表看法，据说惹得这位同行不悦，后来另请翻译。

有一位刑满在外、不认罪、未上诉的被告人，律师事先申请其出庭并由法庭传唤，但当日并未到庭，法庭打算缺席开庭，辩护人提出程序违法，坚持要求，法庭最终将其传至法庭。

申请回避阶段，冯敏律师提出，据参加一审旁听群众反映，审判长曾旁听过本案一审庭审，要求审判长释明。审判长支支吾吾。我决定申请回避，"首先对二审法官旁听一审的敬业行为表示敬佩，但旁听了一审的二审法官可能会先入为主，与案件请示制度类似，导致二审的独立审判形同虚设，实际上剥夺了当事人的上诉权。辩护人、被告人及家属十分担心，按照目前上下级法院的现实关系，上级法院法官下去不仅旁听，而且很可能受到接待，与下级法院的审判法官和领导一起吃饭，交流案情，从而使两审终审制形同虚设，建议审判长自行回避。"

料定会被驳回，我书写了复议申请，并将回避理由整理成文，联系报刊发表。

1月18日，审判长一开庭就宣布驳回回避申请，我申请复议，告知理由参见今天我在《南方都市报》发表的文章《二审法官旁听一审反映的上下级法院关系之错位》，法官和检察官愕然。

1月18日下午，法警给合议庭递条子，审判长很快打断郑龙江的陈述。李金星律师发言，"我看到有人递条子干扰法庭的独立审判，请法庭公示条子的内容以消除误解。"

审判长不同意，李律师继续说："如果不公示，你看我敢不敢上去抢？"

审判长说："你敢？"话虽强硬，但立马敲槌休庭，抓着条子离开。

之后的庭审，再未见递条子传鸡毛信，但审判长面前多了一台笔记本电脑。重大案件的庭审，领导遥控十分常见，但妨碍审判独立，不如领导亲自上场。

律师拜佛

有冲突，也有花絮。出庭检察员对上诉人发问方式不当，多次引来辩护人反对。

有一次刘志强律师说："我反对，审判长。"

审判长杨法官突然来了点幽默感，"你反对审判长什么？"

刘志强立即纠正："我反对，逗号，审判长。"法庭气氛，轻松一刻。

鉴于屡发辩审冲突，律师建议多沟通，并提出与院领导见面。黄副院长与律师见面，在重要问题上达成共识。沟通的重点之一是郑素梅的取保。春节前救个人出去，这是律师团介入的首要目标。刘志强律师在"会战漳州"的庭审记中写道："律师团就这一问题与合议庭，乃至漳州中院进行了多次的交涉、沟通、协商，徐昕老师更像媒婆一样对双方进行规劝与游说。"

1月24日刚开庭，周立新律师表达了对法庭迟迟不予答复取保申请的不满，并向法庭请假，声明要带郑素梅两个女儿去控告。我作为郑素梅丈夫谢永平的辩护人，紧接着发言，详细阐述了对郑素梅取保的法律依据。由于他们两个女儿未成年，且无人看管，我还引用了《联合国儿童权利公约》规定的儿童最佳利益保护原则。其他辩护人争相发言，支持我们的意见，连漳浦当地的律师也明确表示支持，这促成了法庭提前进行对郑素梅的发问程序。1月28日，除夕前两天，郑素梅走出被关押17个月的看守所。

1月25日休庭。7天的庭审只进行到发问环节，只问了3个上诉人。来法院围观者众多，如律师同行吴国阜、陈建刚、刘金滨、常玮平、龚祥栋，厦门大学法学院的一些同学，福清冤狱12年的吴昌龙，山东龙口为母申冤的李宁，湖南双峰为父奔波的刘藜。

围观人群中有不少喊冤者，一出法院，就团团围住律师，冤案太多，无能为力。律师也没有办法。

漳州龙海被刑讯致残的陈惠良拄拐杖携全家旁听，其冤情明明白白，其遭遇令人同情。李金星、迟凤生、王兴、张磊、袭祥栋、熊伟、石伏龙和我等人同意代理陈氏兄弟等11人涉黑案的申诉。

陈雪梅因拆迁问题得不到公平解决，上访维权，多次被抓，愤懑之余，网上发帖，"我有一万个理由学习陈水总"，被厦门公安局集美分局以扰乱社会秩序行政拘留。她提起行政诉讼，请求帮助，我们无暇顾及，推荐深圳李志勇、陕西常玮平律师代理。

2014年1月17日陈乾造在漳浦县看守所突然死亡，亲属拜托，大家推荐山东刘金滨、重庆游飞翥律师代理。

有个周六，我、李金星、刘志强三人游漳州云洞岩，行至山腰，见佛母殿，香火袅袅，梵音阵阵。门口的老人家劝导："烧香祈福吧，心诚则灵。"只见李金星整顿衣容，肃然而立，焚香叩拜，念念有词："我等系来自全国各地的律师，求菩萨保佑蒙冤的人洗掉冤屈……"

必须验伤

第二次庭审，2014年4月8日开始。开庭后，李金星律师的手高高举起，审判长视而不见。几分钟后，李律师开始高举郑龙茂双腿遭受严重刑讯致伤的大幅照片，要求发言。众辩护人看不下去，请求审判长让李律师发言。

经过许可，李金星律师发言，"自去年8月至今，多次要求给郑龙茂验伤，以确定是否受到刑讯逼供，但从检察员到合议庭成员没有一个答复，更无一人去核查。故出庭的五名检察员和合议庭成员都构成严重的渎职行为，要求回避。"

大概由于学者风范与亲和力的与众不同，每次到漳州中院的门口，徐昕教授总是被人群围住诉冤。——刘志强律师

伍雷拜佛

审判长驳回，李金星律师提出请假："我要去福建高院告状。"

审判长巴不得李律师离开："刑诉法没有规定请假，你和委托人协商即可。"

轮到对第四被告人郑龙茂发问，他脱掉外衣，白色短袖前后写满大字，前面写着"冤枉，恳请验伤"，手里举着一张纸，正反面分别画着漳浦、龙海看守所特审室示意图，请求验伤和勘查特审室。法槌不断敲响，郑龙茂持续喊冤。法槌的敲击声与郑龙茂的喊冤声此起彼伏，响彻法庭，那一分钟大家屏住呼吸，随后旁听席哭声四起，气氛紧张，秩序混乱。

先前在陈述上诉理由时，也有多位被告人提出在"特审室"遭受残酷的刑讯逼供。

杨焕照当庭说："我要对郑龙茂说一声对不起，我笔录里指控你的内容不是事实，我上有老下有小，要活着从'特审室'出来，我不得不在笔录上签字。我活出来，是捡了一条命。"

郑龙茂讲到一个没有动手、还给他喝水的警察时说："我一辈子都会记住他，他的警号是 330285 。"

审判长让公诉人发表意见。公诉人称："看守证明郑龙茂没有受伤，同监室人员证明他没有受伤，医生证明他没有受伤，不同意验伤。"

郑龙茂怒火冲天，立即扯下裤子，阴部被打出大大的疝气，卷起裤腿，"伤就在此，你们睁眼看看。"郑龙茂下身肿大，腿上伤痕累累，明晃晃地裸露在庄严的法庭上。法官、检察官虽盯着郑龙茂的阴部，但仍不同意进行伤情鉴定。

李金星律师到福州控告回来，继续手举伤情照片，合议庭仍视而不见。

我忍无可忍，"本人既作为律师参加本案，也以一个学者的身份来观察司法实践。我不明白验伤为什么就这么难？为什么这么长时间不对被告人进行伤情鉴定？伤情亲眼所见，检察官还敢说没有伤？公诉人说到排非程序再验伤，但验伤和排非是两个独立的程序，而且验伤是排非的前提。请法庭慎重考虑郑龙茂的要求。作为研究司法改革的学者，我一直理解法院的难处。但我认为，审判必须独立，法院不应当为某些相关公安的刑讯逼供埋单，不应当为检察院的错捕错诉埋单。刑讯逼供为什么禁而不止，就是因为法院在为刑讯逼供埋单，刑讯逼供禁而不止，谁都有责任。"

张磊律师立即补充："郑龙茂要求验伤，我和徐昕律师的当事人谢永平也遭受了严重的刑讯逼供，手指被打骨折，也应当进行验伤。"陈乃朝、冯敏、迟凤生等律师都进行附议，要求必须先验伤。

休庭后，法官找律师给郑龙茂做思想工作，配合庭审，否则将他押后审理。复庭后，果然押进另一位上诉人。

李金星律师发言，不同意将他的当事人押后审理，而应当立即验伤。一番争执后休庭，继续开庭仍将郑龙茂押进来，郑对不给验伤而进行审理无法接受，质疑法庭的公正性，不断喊冤，一度情绪失控，用手铐砸头。审判长敲槌休庭，一群法警将郑龙茂抬出法庭，法庭内哭声四起，郑的老母亲和另一位老年妇女哭晕在地。

开庭第十天，法庭传另一位上诉人到庭。李金星一直双手高举，审判长依然不予理睬。一刻钟后，张磊律师要求发言，张说李金星律师已经举手半天了，法庭应该允许他说话。审判长猛击法槌，声音震耳。多人申请审判长回避。迟凤生律师说自己有心脏病，加上法槌是国家财产，不能损坏，建议审判长轻敲法槌。

休庭后，审判长把我叫到一边耳语："叫律师不要离开，到另外的会议室开协调会议。"

大家在会上都和和气气，但仍坚持验伤。我说："就是薄工时代的重庆，就是龚刚模也还进行验伤，高子程还当庭查看了伤情，为什么漳州的法院就不能验伤？不理解验伤为什么就那么难。"

迟凤生律师发言时，从35年的执业经历和三届全国人大代表的感受谈起，对法院及杨审判长进行了赞扬，谈到特审室勘验、伤情查验时说："如果不进行这些工作，后续的排非程序必然是走过场。"

李金星律师说："我总是将自己的每一个案件都当作最后一个案件来对待。"

冯敏律师说，"即便一个李金星倒下去，千万个李金星会站出来"，这位福州的女律师首次接触这批勇敢的律师后，受到感染，庭审风格突变彪悍。

必须验伤，法律人对刑讯逼供有坚决抵抗的义务。争议太大，第二次庭审，仅进行三天就结束了。

2014年8月15日，漳州中院裁定，"原审审理存在违反法律规定的诉讼程序的情形"，撤销一审判决，发回重审。

必须验伤，成为律师团最有力的抓手，透过这一关键的辩点，律师团突破了漳州有关部门和二审法院的防线，并最终在发回重审后促使案件得到妥善解决。

后继有人

2015年10月底，我到漳州监狱会见少年网购仿真枪判无期案的刘大蔚，顺道到漳浦县看守所会见谢永平。他很开心，所谓的涉黑大案17人中仅剩他和郑龙江未获自由，家人全出去了，他已经上诉，二审法院承诺轻判，不久就要出来了。2016年2月3日，郑龙江取保，4月13日，谢永平获得自由。所谓涉黑大案的首犯和第二号人物，原审分别判15年和9年半，最终失去自由3年半。一起在当地声势浩大的"黑打"案件，偃旗息鼓，草草收场。

漳州地处闽南金三角，素有鱼米花果之乡、海滨邹鲁美誉，是著名的侨乡，台胞1/3祖籍漳州，早在唐朝，武则天就敕建漳州郡，出了林语堂、黄道周等历史名人。由于漳州案的缘故，我总想回去看看这个四季花开的风水宝地。

来贵阳找律师的两姐妹，姐姐郑丽云当了城管，我们嘱咐她千万不可砸老百姓的摊子。她后来写道：

我父母，二叔三叔，姑姑姑丈，爷爷奶奶，一家八口被判15年到10个月不等，家里只剩下两个婶婶，还有一群读书的孩子。我绝望，不知所措，但我跟自己说，要冷静，我得为他们讨回清白，不能让邪恶的公权力毁了我们家三代人。因此我上网搜索中国知名律师，百度跳出了徐昕教授、迟凤生律师、伍雷律师、周泽律师等人的名字和微博，得知他们要在贵阳开小河案一周年冤案申诉研讨会，我立马买了火车票，我跟15岁的妹妹谢婷只能买到无座票，跟妹妹只能窝在厕所门口的过道，一会蹲，一会站，相看无泪的颠簸34个小时到达贵阳。顺着微博上的信息，我们找到贵州民族大酒店，因害怕打扰律师们开会，不敢上去，到隔壁小招待所开了钟点房，睁着眼睛刷着微博等待律师们的动向，得知他们要去青岩古镇，我们飞奔过去。也许是缘分，也许是上天可怜我们，我们终于找到了律师们，他们比我想象中还要亲切，比我想象中还要热情，认真听了案情后还带我和妹妹一起吃饭，那是我们俩三天吃的第一碗米饭。看完判决书和起诉书，律师们二话不说要代理我们的案子，我和妹妹兴奋得手舞足蹈，赶紧给家里汇报好消息。

15岁的妹妹谢婷，当时父母全进去了，复仇女神在这个女孩内心燃烧着仇恨的火焰。

辩护过程中，谢家的长辈说要让谢婷做我的干女儿，我连说不妥。不过，我也理解当事人家属的心情，李安琪的母亲在北京二中院法官最初决定不开庭拟维持原判时，曾打算以死抗争，也想将安琪托付给我。

2016年，谢婷高考，立志学法，考试成绩不太理想，经我推荐，现就读于昆明理工大学法学院，未来打算成为一名刑辩律师。

2017年暑假，谢婷来到冯敏的律师事务所实习，开始参与刑事案件。刑辩事业，正义联盟，薪火相传，后继有人。

每一起案件的辩护，总能留下深刻的记忆。这本书就是我从书斋走向法庭的真实记录。如有夸张，纯属记忆过于深刻。

第三章　黑客反击

常玉贤等非法经营案

2015年7月，我在日本游学，有一天到东京高等裁判所旁听，中午和同去的中国留学生在法院食堂用餐。日本法院的旁听和用餐对外国人毫不设防，法院食堂随便进，法院也是随便进，进入无须出示和查验身份证件，只需通过安检。第一次到国外的法院食堂吃饭，对比国内法院门难进的现状，颇有感慨。

作者在东京高等裁判所食堂

身处异国他乡，任何事物都能让我想起国内的生活点滴。不久前，我曾以辩护人的身份吃过法院的开庭饭，于是我自豪地对朋友描绘在中国法院食堂吃饭的故事。

作者和黄思敏在潜江法院食堂

此前一个月，在湖北潜江法院辩护常玉贤案，中午赵瑛法官安排我和黄思敏律师到法院食堂吃饭，也安排 6 名被告人吃饭，检察院离得近，就没有安排公诉人吃饭。那是我人生第一次吃法院的开庭饭，兴许是吃了顿吉利饭，此案很快大获全胜。

黑客反黑

常玉贤是位"80后"企业家，毕业于武汉理工大学，精通计算机技术，大学期间曾任中国红色联盟软件开发部部长，中国黑客联盟核心组成员。毕业后，他创立了商丘易联科技有限公司（以下简称易联公司）。

2013年7月5日，他被潜江公安局抓捕，11月11日因突发脑出血被取保候审，后被监视居住，2014年11月因销售假冒注册商标的商品罪被潜江法院判刑3年半，处罚金330万元。

2014年下半年，常玉贤通过邮件向我求助。助理按惯例将邮件转给王甫律师，当时他转到我所在的律所，我们合作建立刑辩团队。经过研究，我们认为，常玉贤案很冤，且有解决的可能性。我推荐了王甫，但他因故未接此案。而常玉贤又一直联系我，希望我介入，最后登门求助，我心软，接下此案。

接案后，我深入研究发现，该案程序明显违法，事实严重不清，证据涉嫌造假，法律适用错误，粗糙办案，目不忍睹。

控方随卷移送的电子证据表明，本案的技术侦查措施远早于接受报案之时，明显属于非法侦查，不能排除警察以非法手段入侵易联公司相关服务器后取得资料。常玉贤凭娴熟的计算机技术，查找和收集证据，发现案发前易联公司的数据库确实受到攻击、入侵和污染，并查明攻击的IP地址来自湖北某地。

控辩双方的证据相互印证，表明侦查人员违法动用技术侦查措施，即采用黑客手段，寻找猎物，最后选定易联公司作为打击对象，此后还将违法证据用于指控犯罪。这一发现令人震惊。也只有常玉贤本人，恰好精通黑客技术，才有可能"以黑制黑"。

当事人的取证能力与诉讼能力，是事关诉讼成败的关键一环。常玉贤所在的中国黑客联盟，以往影响力很大，现在成员基本被收编，据称许多人在国家安全部门、银行等机构从事黑客或反黑客工作。

敲山震虎

综合全案，我确定以控告为切入点，实施进攻式辩护。常玉贤等人先前也在控告，包括网络发帖。但他原来控告潜江市公检法，打击面太宽，对真正的违法者并无杀伤力，策略不当，效果不彰。控告，最好只针对个人，而非单位，所以我通常建议针对制造冤案的真正责任人进行控告，人数一般不超过 3 人。本案涉及大量违法，责任人很多，公检法人员皆有责任，但不能树敌过多。

我问常玉贤："谁是真正的责任人？"

常玉贤答："当然是潜江市公安局经侦支队副支队长郑大洪。"

一拍即合，我修改了控告状，认真推敲，反复修改 10 多次。控告人包括涉案的全部当事人，包括易联公司、常玉贤、许斌、刁康、何胜军、常国安和彭育。被控告人只锁定一人：郑大洪。其实并非郑大洪一人之责任，但从诉讼策略上看，少即是多。少，打击面小，阻力小，地方司法机关警惕性低，但杀伤力更大，敲山震虎，对其他人有警示效应，甚至有人愿看笑话。正如物理学告诉我们，作用力不变，受力面积越小，产生的压强越大。

易联公司是一家合法经营的企业，网站代销几千万商品，无任何投诉记录，未受过一次行政处罚。公司代销货物皆来自正规厂家，持有厂家授权书；公司从阿里巴巴采购进货，拥有产品资质证明；广告销售通过腾讯QQ，推送广告有合法合规的资质证明。因此，易联公司根本没有销售假冒注册商标的商品罪的故意和行为。

然而，郑大洪以妻子的QQ登录，钓鱼执法，故意花45元购买仓库残次商品，栽赃陷害，并由此开始滥用职权、徇私枉法、违法立案、制造伪证、非法拘留、非法搜查、扣押、冻结，对一家正常运营的异地公司进行毁灭性打击。他们还非法关闭与案件无关、合法运营的软件开发平台和商丘房产网，非法冻结公司和个人银行账户1000多万元，非法扣押财物价值过千万元，一年多仍不出具清单，给公司造成直接经济损失过百万元，品牌、名誉损失及间接损失更是无法计算。常玉贤等人也因此被羁押，失去自由。郑大洪等甚至叫嚣"抓错人找共产党"。非法异地办案，实为以办案为名，行创收之实，公权私用，侵害公民权益，打压民营企业，极大地损害了警察形象和司法公信力。

2015 年 1 月 2 日，控告状寄送湖北省汉江市人民检察院，并抄送最高人民检察院、公安部、国家信访局、湖北省人民检察院、湖北省公安厅、湖北省委、湖北省政府、湖北省纪委、湖北省人大、湖北省政协、湖北省信访局。进攻是最好的辩护，针对办案人员存在的违法甚至犯罪行为，进行大规模的控告，是刑事辩护的常用手段。

常玉贤将控告信发在微博，这则微博配图为郑大洪夫妻合影，后来我才知道，这是他利用技术手段从郑大洪 QQ 空间中获取。我提醒他，这有可能涉嫌侵犯他人隐私权，但常玉贤回答，其 QQ 空间是公开的，并未设置保密措施。这对夫妻带给常玉贤的灾难，激起了他满腔的仇恨。常玉贤这则微博获得大量转发，那时言论环境较为宽松，针对个案的言论是被允许的。地面行动和网络控告相配合，产生了一定的影响和压力。

美女搭档

刑事辩护需要团队作战。只要条件允许，我都会建议被告人委托两位辩护人，多个被告人委托的律师应当相互合作。辩护人的彼此配合相当重要，能产生 1+1>2 的放大效应。我承办的案件，基本上都有其他律师的配合。

我向常玉贤建议，本案有 6 位被告人，可以委托我推荐的律师，但他面露难色，所有现金和财产都被公安扣押，他的经济状况相当拮据。6 位被告人皆被取保候审，聘请好律师的动力也明显减弱。

但我坚持需要搭档。经过商量，我们决定就近选择一位律师为同案被告人许斌辩护。湖北的刑辩律师，我认识的不多，先前见过黄思敏律师，印象不错，加上她长期为公益而奔波，又是我在哥伦比亚大学访学时的好友武汉大学法学院张万洪教授的弟子，因此成为首选。由于只能象征性地支付律师费，我向思敏求助的时候，有些不好意思，但她为人豪爽，立马应承。事实证明，我对合作律师的选择是正确的。后来，不少案件我都考虑寻求与她合作。2018 年 5 月 24 日，深圳罗湖区金色年华新秀幼儿园 6 岁女童被保安猥亵案，经我请求，黄思敏联络张巧平、黄溢智律师，共同组成法援律师团。她们都援助过类似案件，有较丰富的经验。

那时，武大樱花初开，我到珞珈山看樱花，与思敏相约第二天去汉江中院沟通案件。

汉江中院，地处仙桃，我们就约在高铁仙桃站见面。2015年3月19日，开往仙桃的列车，窗外的油菜花随风绽放，沉甸甸的一片金黄，就像一个永远冲不出去的吻。仙桃站，宛如花海中的一叶扁舟。我下车后，提前到达的思敏告诉我，我们坐错站了。到天门的，要在仙桃下车；到仙桃的，得到天门下车。有点意思，我们哑然失笑。

开往仙桃的汽车，在花海中穿行。有几处油菜花广阔无边，我们请司机停下来，到田间漫步，土地松软，袅袅娜娜的春风，层层叠叠的金黄，羞羞答答的清香，好似凡间仙境恰遇。花间丽人，思敏备显妩媚。下错站，误入花海深处，我们的运气不错，想必办案也将顺利。

进入法院，大厅屏风是一个大大的繁体"法"字，上面的电子显示牌是对法官的警示："廉洁无小事，荣辱一念间。"

二审承办法官杨艳荣百忙之中接待我们，并耐心听取了我们的意见。我们据理陈情，主张本案要么改判无罪，要么发回重审，没有第三条道路。我们与杨法官的交流简单、直接、明了，亦如春风般亲切，感觉案子大有希望。

确实是百忙之中，杨法官告诉我们，当时汉江中院刑庭的人都在忙着准备开审一起中央交办的大案：原国资委主任蒋洁敏案。

发回重审

仅仅一个月，我们就收到了发回重审的裁定。2015年4月15日，在4月13日公开开庭审理蒋洁敏案后两天，汉江中院即作出发回重审的裁定。这一裁定并不令人意外，我回信对杨法官的公正与效率表示感谢。

发回重审的理由，是"万能"的"部分事实不清"。我们向二审法院提出的法律意见，事实不清确实是重要方面。例如，部分涉案商标居然在立案后几个月才注册，部分涉案商品与涉案商标所使用的商品类别不一，不存在假冒注册商标的商品。

销售额计算方式荒谬，以几个被污染的数据库中查到的电子数据交叉对比，以模糊的方式推断出涉案金额。而且，本案主要电子证据的取得严重违法，没有依法制作封存清单、固定电子证据清单；收集时也未有两名以上具备相关专业知识的侦查人员进行；未制作笔录记录原始存储介质的封存状态，也没有侦查人员、原始存储介质持有人签名或盖章。加上本案存在立案前的违法侦查行为，涉案数据库被入侵，导致数据库中有许多无意义的错误数据，整个数据的真伪无法查证属实，不得作为定案依据。

收到裁定后，我们立即与潜江法院联络，与承办法官赵瑛沟通，主张本案6名被告人皆不构成犯罪，并请法官转告公诉人，检察院撤诉是最优选择。当然，检察院和公安局不可能轻易认输。而现实和网络的控告，也从来没有停止过。

法院没有拖延，很快确定2015年6月4日开庭。

法庭在法院一楼，应该是最大的审判庭。很多警察旁听，直勾勾盯着我们，从架势上，似乎想形成压制律师和被告人的气势，但这样的威慑对我们并无效果。

法官把控辩双方及被告人叫到一个极其简易的会议室，召开庭前会议。会议室的桌椅显然不常用，灰尘足有一元硬币厚，大家围坐一圈。

公诉人似乎不太自信，不敢看我们。有趣的是，马上就要开庭了，他竟提出不开庭。我表现强势，要么撤诉，要么开庭。

庭前会议上，法官还宣布侦查人员即潜江公安局经侦支队队长柳宝和副队长郑大洪将出庭作证。这一点出人意料，说实话，我们根本没有准备对证人的发问提纲，没有想到法院会通知侦查人员出庭作证。事实上，法院几乎很少传唤侦查人员出庭，到目前为止，此案是我承办案件的唯一一例。被告人和辩护人长期通过信件与网络对侦查人员进行控告，的确没想到法院会传唤警察出庭。

我对思敏律师低语，"有戏，法院准备公正司法了"。

"现在开庭"，法槌敲响后，核对身份，被告人不认罪，发问，质证，庭审按常规模式进行。辩护人表现强势，被告人理直气壮。那天的庭审，并不像审判，反而更像一场诉冤与问责大会。

警察出庭

中午我们在法院食堂吃饭后，继续开庭。轮到警察出庭了，庭审逐渐精彩起来。

经侦支队队长柳宝先出庭，开始有些强硬，对辩护人的发问，这不回答那不回答，毕竟下面坐着几十号兄弟，不能丢人。我从控方问过的问题切入，进行补充性发问，柳宝仍拒绝回答，我当场训斥，"你刚刚已经回答过公诉人同样的问题，为什么现在拒绝回答？证人有如实作证的义务，违反将承担法律责任。"柳宝的气焰被压制下去，此后基本能配合回答。

"你是共产党员吗？"我突然抛出这一问题。柳宝都有点意外，迟疑一下说与本案无关，公诉人接着反对，法官也要求我围绕案件事实发问。我借机澄清，这一问题与案件事实相关，因为 2013 年 7 月 5 日，侦查人员未出示搜查证、传唤证、拘留证对易联公司进行搜查时，常玉贤等人要求出示法律手续，他们叫嚣"抓错人找共产党"。我的陈述其实已经达到了法庭效果。接着，我被允许发问，便借机进一步呈现了该问题。

问：你是共产党员吗？

柳：是的。

问：你是否参与了 2013 年 7 月 5 日对易联公司的搜查？

柳：是的。

问：你们搜查时是否出示了搜查证、传唤证或拘留证？

柳：我记不清楚了。

问：没有搜查证，搜查是否合法？

柳：应该不合法。

问：不合法，你们为什么还搜查？

柳：我具体不清楚，是副支队长郑大洪在负责。

问：经侦支队，是队长领导副队长，还是副队长领导队长？

柳：这个具体事情，你们去问郑大洪。

问：你们搜查时是否说过"抓错人找共产党"？

柳：我没说过。

问：在场其他侦查人员是否说过？

柳：应该没有吧。

问：你能确认吗？

柳：不能，我记不清楚。

问：当时有录像，可以调取查证，作伪证要负法律责任，你是否清楚？

柳：明白。

被告人获准向证人发问，常玉贤显得有些激动，以前被警察审，现在问警察，架势上甚至有些"审问"的意味。他说了很多，但犯了所有被告人的通病，以自我陈述和反问为主，不善于提问。当然，这与突然通知侦查人员出庭，事前未准备有关，我只有等到中午才指导他如何发问。交叉询问是法庭技巧的核心环节，多数律师不具有或者根本不重视此项技能，普通人当然更难迅速掌握。

"传郑大洪出庭"。我仔细观察了这个在网上被每日控告的经侦支队副队长，他身材较高，但跟照片相比，明显瘦了，面容憔悴。据说，他老婆把他骂得要死，办假案连累家庭。不过，法官还算给他留了情面，没有传他的妻子出庭作证。

我的发问主要指向：

郑妻对整个案件并不知情，在报案笔录上签字涉嫌伪证。

报案是郑大洪一手策划的，他利用QQ钓鱼执法，以妻子之名购物，安排妻子向自己报警。

QQ"萤光鱼"捆绑的是郑大洪的手机，由其使用。

2013年4月20日，郑大洪以QQ"萤光鱼"在百灵鸟注册，购买P57一盒，支付货款75元，后经鉴定为正品。4月22日，"萤光鱼"又购买P57一盒，指明要求购买便宜的残次品（典型的故意钓鱼栽赃），支付货款45元，平台代收货款45元。

区区45元，本案立案时数额远未达到法律规定的起点标准。

郑大洪应当回避，却没有回避。

郑大洪非法搜查、拘留，非法扣押、冻结，不出具扣押清单。

郑大洪原打算敲诈500万元即行私了。

黄思敏律师和我问得都很细致，郑大洪的脸色渐趋惨白。

临阵脱逃

发问警察刚结束，公诉人突然做出了一个令人匪夷所思的举动。他毫无理由地申请停止开庭，法官都有点莫名其妙。

我和思敏律师当即反对，"控方证据出示完毕，轮着辩方出示证据时，你就要休庭？庭审很快就要结束了，你要求休庭是什么意思？除非一条路，检察院立即撤诉。"

检察官不想开庭，案子问题太大，继续开庭会很难看。法官没有支持公诉人临阵脱逃的无理要求，一点面子没给，决定继续开庭。人民的好法官呀！

真不容易碰上，多年以后，赵法官仍是我遇到的屈指可数的好法官之一。

接着，辩方出示一大批无罪证据，主要包括：钓鱼栽赃的证据；伪造立案，非法入侵以及大量电子证据早于立案的证据；QQ"萤光鱼"系郑大洪使用的证据；郑大洪妻子、亲属QQ聊天记录，证实QQ"萤光鱼"系郑大洪使用的证据；进货凭证与一审认定数据库相矛盾的证据；相关商标的证据等。

大量电子证据系常玉贤通过技术手段收集，这位计算机高才生为证明自己不构成犯罪豁出去了。当蒙受不公，当事人除了依法维权，找好律师，找关系，还能做些什么？当然还有，私力救济。常玉贤利用自身优势收集证据，就是一种典型的私力救济，为洗刷冤屈不得已的反击。

"天助自助者"，正义不会从天而降，法律须掌握在自己手里。面对司法构陷，当事人当奋起反抗，当拥有和运用自我救济的能力，诸如，为自己申辩的能力，寻找律师的决心，收集证据的能力等。许多蒙冤者最终洗冤，自身和家属的努力极为关键，我也偏好接手这样的案件。

公诉人质证称，证据收集手段不合法。我进行了坚决的反驳，《刑事诉讼法》第50条规定："可以用于证明案件事实的材料，都是证据。"非法证据排除程序，只针对侦查人员收集的证据，并不针对辩护人、被告人提交的证据。刑事诉讼涉及公民的自由和生命，保护人权的法益远远超过对隐私权保护的法益。甚至在刑事诉讼中，哪怕以非法方式取得的能够证明被告人无罪的证据，都不应该被排除。比方说，侦查机关隐匿故意杀人案件关键的鉴定意见，被告人亲属潜入公安局撬开保险箱盗取的该份证据，能证明血迹与被告人无关，法院难道不予采纳而要判被告人死刑？即使涉及他人隐私，公开才有可能涉嫌侵犯隐私权，但常玉贤并没有公开，仅提交法庭作为证据使用，应该被允许，应该采信，并证明被告人无罪。

实际上，公诉人可能并没有真正理解什么是非法证据排除规则与证据的合法性问题，或者说只是想把水搅浑而已。《刑事诉讼法》第52、56～60条，《最高人民法院关于适用〈中华人民共和国刑事诉讼法〉的解释》第95～103条专门规定了"非法证据排除规则"，"两高"三部还出台《关于办理刑事案件严格排除非法证据若干问题的规定》，最高人民法院也发布了《人民法院办理刑事案件排除非法证据规程（试行）》。

第一，通过最简单的条文适用对象分析，可以非常清楚地得出"非法证据排除规则"针对的是公检法人员提供的证据。如《刑事诉讼法》第52条规定："审判人员、检察人员、侦查人员必须依照法定程序，收集能够证实犯罪嫌疑人、被告人有罪或者无罪、犯罪情节轻重的各种证据。严禁刑讯逼供和以威胁、引诱、欺骗以及其他非法方法收集证据，不得强迫任何人证实自己有罪。"第56条规定："采用刑讯逼供等非法方法收集的犯罪嫌疑人、被告人供述和采用暴力、威胁等非法方法收集的证人证言、被害人陈述，应当予以排除。收集物证、书证不符合法定程序，可能严重影响司法公正的，应当予以补正或者作出合理解释；不能补正或者作出合理解释的，对该证据应当予以排除。在侦查、审查起诉、审判时发现有应当排除的证据的，应当依法予以排除，不得作为起诉意见、起诉决定和判决的依据。"

第二，这并非否认被告人提供的证据不需要合法性认定，但并不适用"非法证据排除规则"，而只适用常规的合法性检验。例如，对于偷拍偷录获取的证明被告人没有犯罪行为的被害人陈述，对比通过暴力殴打威逼的方式获得的证明被告人没有犯罪行为的被害人陈述，何者具备合法性，何者不具备合法性，其结果不言而喻。

第三，判断被告人提供证据的合法性，很多时候需要与控方（包括被害人）隐藏证据的程度进行对比分析。如上文提及的情形，如果侦查机关隐匿无罪的鉴定意见而是被告人盗取的，显然不应该认定为不具有合法性，因为侦查机关的先前行为本身违法，故被告人盗取证据的行为属于一种可容忍的私力救济——"正当防卫型"取证，不具有违法性。

第四，被告人不得不通过"正当防卫"的方式获取证据，反而证明了公检法人员违反了《刑事诉讼法》第52条规定的客观公正义务，证明了公检法或相关主体直接违反了《刑事诉讼法》第 53 条"公安机关提请批准逮捕书、人民检察院起诉书、人民法院判决书，必须忠实于事实真相。故意隐瞒事实真相的，应当追究责任"，以及第 54 条"人民法院、人民检察院和公安机关有权向有关单位和个人收集、调取证据。有关单位和个人应当如实提供证据……凡是伪造证据、隐匿证据或者毁灭证据的，无论属于何方，必须受法律追究"。

第五，由于存在"正当防卫型"取证的可能，在对被告人提供的证据进行证据三性的质证时，最先进行的是客观性与关联性的检验，而不是像控方证据一样先进行合法性检验。

因此，被告人提供的证据并非不需要合法性检验，只不过不是按"非法证据排除规则"设定的严格标准进行检验。故而，即便是常玉贤通过黑客手段获取的证据，也是由于受害人本身的栽赃陷害行为与侦查机关违反客观公正义务在先，而采取的必要手段，是具备合法性的"正当防卫型"取证。

法庭辩论

天色已晚，法庭辩论只能集中要点。我的第一句话，即震动法庭：本案可以用一句话来辩护，公安违法，检察院事后提供协助。

1. 罪名多次变更

公安侦查以销售假冒伪劣产品罪立案，检察院先以销售假冒伪劣产品罪审查起诉，退回补充侦查后以销售假冒注册商标的商品罪起诉，再变更为非法经营罪，原审法院改变罪名判决销售假冒注册商标的商品罪。奇葩的是，发回重审后，检察院又以非法经营罪起诉。罪名的随意变更，既体现了公检法在办案过程中对事实和法律适用始终把握不清，也表明其认定事实严重不清。汉江中院二审以认定事实不清发回重审，也证明了这一点。

2. 起诉令人拍案称奇

原审法院以新的罪名判决，否定了检察院的非法经营罪指控。检察院未提起抗诉，表明对法院否定非法经营罪的认可。既然检察院已经认可，又以非法经营罪起诉，体现了公诉的极端错乱。默示视为同意，不抗诉行为具有拘束力，检察院的行为损害了国家公诉机关的形象，此种情形起诉是否成立，值得研究，希望转到最高人民检察院作出司法解释。

公诉人提供了大量无关的证据，但没有一项直接证明常玉贤及全案当事人构成非法经营罪。原一审判决详细论证了，被告人不构成非法经营罪，我要求当时的公诉人也是现在的公诉人针对原一审判决第 25 ～ 30 页进行反驳。

3. 公安违法立案，无权管辖

不符合刑事案件立案追诉标准而违法立案。仅以 45 元钓鱼执法，在涉案金额仅 120 元的情形下，以涉嫌生产销售伪劣产品对本案立案侦查，非法拘留、搜查、扣押、冻结，非法抓捕几十人。立案前以黑客手段非法侦查。

涉及网络交易的案件，即使刑事立案，也应由犯罪嫌疑人居住地、侵权产品销售地、涉案网站服务器所在地、网络接入地、网站建立者或管理者所在地的公安机关管辖。本案发生在河南，即使立案，也不应由潜江公安管辖。由于网络交易的广泛性，结果地恐怕会遍及全国、甚至国外，若以购买者所在地作为管辖权的基础，必然会造成管辖法院的不确定和泛滥。本案潜江的所谓受害人仅 1 人，涉案金额仅 120 元，绝对不应跨省管辖。跨省管辖须经最高人民法院指定。管辖是侦查、起诉和审判的要件，是启动司法程序的入口。没有管辖权，导致司法程序自始无效。

常玉贤案极具特点，最集中体现中国特色司法的弊病，我介入此案，也因有助于个案推动法治。在法庭辩论的最后，我表示，今后将以常玉贤案为例，持续呼吁，推动三项制度的变革。

刑诉法司法解释允许法院改变指控罪名作出判决，学术上有争论，我也与易延友、吴宏耀、李奋飞等多位学者讨论过。我认为，《最高人民法院关于执行〈中华人民共和国刑事诉讼法〉若干问题的解释》第 241 条第 2 项"起诉指控的事实清楚，证据确实、充分，指控的罪名与人民法院审理认定的罪名不一致的，应当作出有罪判决"之规定，违反法理，应当废除。起诉决定法院的审理范围，审判受起诉范围限制。该规定违背了诉审同一原则，不告不理原则，也侵害了被告人的辩护权。法院认为指控罪名不妥，只能建议检察院撤回、变更起诉，或者就指控事实和罪名依法作出判决。

虽然实行收支两条线，但公检法机关办案罚没款进地方财政，很高比例甚至全部返还办案机构。这一制度或做法非常可怕，会推动司法机关"制造案件"，抢钱分钱，严重影响司法公正公信。很多案件无法平反就是因为钱被分了，必须彻底废除案款提留制度，建议公检法办案罚没款上缴中央财政。

非法经营罪源自投机倒把罪，仍为典型的口袋罪，有损罪刑法定原则，须尽快废除。这是法学界的共识，也是我多年以来的呼吁。我新近承办九江中院审理的蔡晓伟案，也是希望个案推动非法经营罪的废除。

重新创业

事后观察，当此案发回重审时，汉江中院肯定和潜江法院沟通过，不判无罪，只能让检察院撤诉，因为无罪辩护理由极其充分，律师组合强大且具有影响力。但检察院不想轻易撤诉，公安局更不愿认输。当地的公检法处于一种微妙的关系之中。此时，法院决定开庭，检察院不愿撤诉，你们跟律师打吧，公安不愿撤案，你们上法庭来作证吧。在法庭上，公诉人、出庭作证的经侦支队队长、副队长、旁听的几十位警察，见证了一边倒的开庭审理，亲眼看到律师无罪辩护的理由充分，气势磅礴，看到了违法侦查被揭示得淋漓尽致，看到硬扛下去有可能被追究责任，最终无法收场。

于是，开庭之后的第二天，检察院和公安局就约常玉贤、许斌沟通，还让他们不要告诉律师。其实就是想不留后遗症地大撤退，检察院撤诉，公安撤案，扣押的现金和财产全部返还，但条件是不得追究公安、检察院的赔偿责任，不再举报控告警察，并且还威胁道，敢跟我们作对，我们还可以查你别的问题。

抓错了，放你出来，抢错了，还给你，你已经得谢天谢地了。法治在路上，这是无奈的现实。即使我们律师参与谈判，通常也只能接受这样的条件，算了吧，在傲慢的公权力面前，能全身而退，不错了。

2015 年 6 月 18 日，开庭后两周，我就收到潜江法院的刑事裁定书，准许检察院撤回对常玉贤、许斌等人涉嫌非法经营的起诉。此案速战速决，赢得漂亮。

扭扭捏捏，拖了半年，侦查机关终于撤案。2015 年 12 月 31 日，常玉贤等 6 人收到了公安局的撤案通知，冻结的 1000 多万元现金、当初价值过千万元的财产也被归还。

常玉贤重操电商旧业。他相信自己的创业方向，易联公司仍然存续，只是基本对外开展业务。2015 年 12 月 10 日，他又成立了商丘旭若电子商务有限公司，2016 年年底成立了二类电商业务，充分利用了他本人的技术优势。

很快，他丢掉了拐杖，眼神也更坚定。这让我想起褚时健淡定自信的眼神，这位烟草大王被判无期，2002 年保外就医后与妻子在哀牢山承包荒山种橙，2012 年"褚橙"大获成功，写就一段坎坷、励志的传奇。劫难之后，重整河山。常玉贤很有头脑，积极进取，在劳其筋骨饿其体肤后，相信必定能以旭日般升起的事业，证实人生的价值，接近更高的正义。

3 年后，2018 年 6 月 27 日，我来到商丘，再次见到常玉贤，他的事业已有较大发展。商丘在法治史上有些名气，赵作海在此蒙冤，我这次来办理的张玉玺案也可能在司法史上留下一笔。张玉玺案 1992 年案发，历时近 26 年，仍悬而未决，真凶归案 17 年、发回重审 20 年之后，夏邑法院仍不开庭，既未判决其有罪，也未宣告其无罪，是共和国历史上最典型的一起"疑罪从挂"案件。

右为常玉贤，左为张玉玺

彻底无罪

在东京高等裁判所食堂，跟朋友说完了常玉贤案，下午我们又旁听了两起民事案件，其实是告政府，相当于中国的行政案件。此类案件亦适用民事诉讼法，故日本通称民事案件。一件是诉墨田区政府，要求不得取消两项许可；另一件系违反出入境管理法而强制退去的案件。行政行为有一点点瑕疵，国民和外国人都扭着不放，而常玉贤遭司法构陷，多方努力，最终只能获得一个撤案的决定，还附加了不控告不要求国家赔偿的无理要求。在现实环境下，常玉贤等人确实不敢要求国家赔偿，不敢继续要求追究违法警察的法律责任。

无罪判决的宣告极其艰难，在中国，无罪判决率在极低的基础上继续走低，目前只有万分之八的水平，检方撤诉，不起诉，公安撤案，乃至判缓刑，实报实销，其实都是广义的"无罪判决"。公安对常玉贤等人的撤案，属于绝对的彻底无罪。

第二次吃法院的开庭饭，是湖北陈良英案。钟祥法院刑庭庭长刘安鸿法官安排我、肖哲跟法官、法警吃桌餐，陈良英案后被判缓刑。

第三次吃法院的开庭饭，是重庆孔祥文案。2017 年 6 月底就排非进行开庭审理时，长寿法院刑庭赵蓉庭长安排我、肖哲、傅达庆律师以及以证人身份等待的陈发银到法院食堂吃饭。

第四次吃法院的开庭饭，是吉林杨炳文案。侦查机关企图将该案制造成一起涉黑案件，伍雷组织了包括周泽、何兵、王兴、张磊、王万琼、刘志强、李仲伟、袭祥栋、王飞、周海洋等十几位律师组成强大的律师团。从侦查阶段介入一审结束，律师团结协作，打掉涉黑，审查起诉阶段拿掉集团犯罪，审判阶段又拿掉挪用、侵占、合同诈骗、窝藏等罪名。我和袭祥栋律师辩护的杨炳军，法院认为窝藏罪不成立，以寻衅滋事罪判两年，基本实报实销。

第五次吃法院的开庭饭，是江西杜荣海涉嫌走私案。此案开庭到凌晨两点才结束，江西高院提供了两顿快餐，据说是江西高院的第一次。本案无罪辩护的理由极其充分，王万琼、袭祥栋、周兴武等多位律师为被告人作无罪辩护。2018 年 12 月 29 日，杜荣海获得了自由。

吃过开庭饭的案子，除了孔祥文案还没有结果外，其他案件结果都相当理想。因此，只要有机会，我都会建议法院在开庭时为辩护人提供便餐，不为吃饭，而是为了促进辩审之间的良性沟通。期待孔祥文能获得公正的判决。

（柳宝、郑大洪的姓名进行了处理）

第四章　代号"春晖行动"

陶红勇贪污、诈骗案

2016年6月12日，一个不经意的早晨，我在家摆花弄草，向日葵与满天星，成都的邓玲女士所送，她到北京，顺便看我。认识她很偶然，3个月前，四川高院开庭审理陶红勇案时，因助理肖哲进门的问题，我与法警发生了冲突，我拍照取证，可了不得，一群法警围过来。争执中，邓玲挺身而出，出言相助，指出执法人员执行公务时没有肖像权，不得拒绝公众监督，后来她还要请吃饭，这样就认识了。

喜欢向日葵已经很久了，因为向日葵代表着信念与光辉，因为一位好友挚爱，因为凡·高的名画。我家客厅的正中，挂着凡·高的《星空》，波浪般的白色星云，扭着似要摆脱天空的束缚；粗壮的黑色柏树向上疯长，似要冲出云霄；鹅黄的星与月，点亮了整个世界。这是凡·高在精神病院所做。2013年在纽约时，我整整七天待在大都会博物馆，也曾在凡·高的画前久久伫立，《星空》则藏于纽约现代艺术博物馆。头顶的星空，心中的向日葵，我以凡·高寻找光明。这些花，让我满心欢喜。

实报实销

欢喜刚转为微博，就收到消息：主审法官让陶红勇的妻子雷敏保持手机畅通，等候取保通知。案件群里立即炸开来，陶红勇被羁押5年，终于能回家了。欣喜的同时，雷敏一定哭了，她是一个爱哭的女人，我见过多次。二审开庭结束，就在四川高院门前，她当着大家的面说："徐老师，我想拥抱您。"说完就抱着我哭起来。

这当然不是向日葵与满天星带来的幸运，而是5年来多位律师共同努力的结果。一审左卫民教授等作无罪辩护，二审知名学者易律师和我坚决作无罪辩护。他为人低调，一再要求文中不出现其名字，故称易律师。

陶红勇牵涉的春晖送电影下乡活动，没有任何社会危害性，没花四川省扶贫协会一分钱，免费送万场电影下乡，最保守估计也有6000场，不但无过，反而有功，指控陶红勇贪污罪、诈骗罪是不能成立的。

但在当下的司法环境下，指望无罪判决是极其奢侈的。中国的无罪判决率一直很低，且自2000年以来基本持下降趋势，2010年无罪判决率为0.099%，2011年无罪判决率为0.085%，2012年无罪判决率下降到0.062%，2013年无罪判决率为0.071%，2014年无罪判决率为0.066%，2015年无罪判决率为0.084%，2016年无罪判决率为0.088%。如果只计算公诉案件的无罪判决率，只会更低。目前，1万名被告人中，被宣告无罪的不超过8人。因此，我判断，陶红勇案应该是"实报实销"。

"实报实销"是中国特色"无罪判决"的主要表现，关多久，判多久，免得公安局、检察院和有关部门下不来台，也杜绝当事人要求国家赔偿之"后患"。缓刑，也是"无罪判决"的一个变种。检察院撤诉，公安撤案，则是更好的"无罪判决"，但他们通常会要求当事人承诺不追责，不要求国家赔偿，并精心安排法律文书的措辞。

陶红勇能"实报实销"也算不错，被关5年的人重获自由，摆脱了一审判13年有期徒刑的厄运，值得道一声祝福。

初次会见

陶红勇案是我的博士生王万琼介绍的，当时她已经是小有名气的刑辩律师。为何不亲自接此案？主要为当事人利益考虑，此案在四川影响极大，三位副省级领导批示，在四川政法系统有较大影响力的左卫民教授一审为陶红勇辩护，尽职尽责，都无力扳回，她作为四川本地的律师难以抗衡。为了加强力量，她还同时邀请易律师加入。

到 2016 年 1 月，陶红勇案二审庭前会议时，万琼已成为名满华夏的知名律师。她作为拯救无辜者洗冤行动的发起人之一，是推动陈满案解决的最重要力量，担任陈满的再审辩护人，到央视露脸，大放光彩。而陶红勇案，万琼的作用不限于引入律师，她和助理也为我们两位律师做了大量辅助工作。

接案后，首先是会见。为了保障会见效果，我细致研读了一审判决书、辩护词，大致浏览了案卷，对案情有较充分的了解，对会见的重点了然于心。

初见陶红勇，明显感觉到他的悲观。为了帮助他树立信心，我首先告诉他，他的妻子在外面如何为他奔波，如何找到我，以及第二天将来会见的知名学者易律师。随后，按照判决书认定的事实和证据，我逐项与他讨论。陶红勇详细描述了春晖送电影下乡行动的运作情况，坚决否认自己构成犯罪。之所以身陷囹圄，是因为与四川省扶贫协会法定代表人颜承录有矛盾，最后相互举报。颜承录能量巨大，拿到了三位副省级领导的批示，一审法院虽然迟疑不决，但后来不得不定罪重判。

陶红勇的思路相当清晰：春晖公司与赞助企业合作开展"春晖行动"，收受的是广告款，并非捐赠款；司法会计鉴定的问题很大，鉴定人与颜承录的儿子熟悉，本应回避；传哪些证人出庭；颜承录有哪些话是谎言，希望与他当庭对质；要继续控告颜承录等。

经过两个多小时的交流，陶红勇的悲观情绪明显缓解，也建立了对我的充分信任。律师与当事人的信任极为重要，这也是所有刑事案件首次会见的重要目的。

"春晖行动"

此案在四川影响极大，三位副省级领导亲自批示此案，涉及两个罪名：贪污罪和诈骗罪，但案情并不复杂。

2006 年经颜承录邀请和安排，陶红勇被聘到四川省扶贫协会工作，任副秘书长。颜承录要求干点事儿，陶红勇便提出春晖送电影下乡活动的具体方案。关于该活动，陶红勇多次与颜承录商讨。整个活动，扶贫协会没有投入一分钱，全部由春晖公司自负盈亏，资金源于广告宣传收入。春晖公司与爱心企业签订广告合同，约定放电影时插播企业产品宣传广告，企业支付一定费用。由于爱心企业所需发票不同，广告款小部分进入扶贫协会账户，大部分进入春晖公司账户。颜承录怕引起审计上不必要的风险，不希望广告款打入扶贫协会账户，广告款进入扶贫协会账户，也会通过报账等方式返还春晖公司。

"春晖行动"实质上是公益项目引入商业运作的典型模式。不采取此种模式，根本无法开展活动。而且，这是经扶贫协会同意、省扶贫办支持并出具相应文件，明确由扶贫协会挂名、春晖公司具体实施的免费送电影下乡活动，完全符合法律和政策。同时，不只是扶贫协会，县域经济学会、民生经济协会等其他社会团体也都挂名"春晖行动"。作为承办"春晖行动"的春晖公司的法定代表人陶红勇，对这一公益活动作出了巨大贡献。

春晖送电影下乡活动，耗费了大量人力、物力、财力和时间，让生活相对封闭甚至偏远乡村的百万农民看上好电影，丰富了文化生活。企业选择春晖活动，插播广告、推广宣传、塑造形象、推介产品，广告效果好，企业满意，合作期间没有任何一家企业投诉，多家企业连续签订广告合同。

四川省扶贫协会没有投入一分钱，却将春晖送电影下乡活动作为几年来最重要的两项文化扶贫工作之一，多年来成果简报、工作总结、新闻报道、编书写传，都将此活动作为重大政绩宣传。

群众满意，看了电影；扶贫协会满意，作为政绩宣传；企业满意，有的续签合同。可见，送电影下乡、送文化下乡是件好事，但陶红勇却被指控贪污、诈骗，羁押 5 年，一审被判 13 年。

高墙寄诗

失去自由，方知自由之宝贵。为了平静内心，陶红勇在看守所研习《道德经》和佛学，偶尔亦写诗抒情。他写了一组诗，汇集为《囚之华》，托人寄给我，"作为无辜者计划的证词"。原来他在里面也知道"无辜者计划"的一些情况。被困牢狱之人，律师是他们黑暗之中的光明，"我在黑暗之中能给望见的唯一光明处，于是我奔向您"。追寻正义的路上，有血有泪也有诗。可惜，这些寄托无限希望的信和诗，我在开庭后才看到，仍然感动。

囚之华

谨以此献给墙内墙外囚笼中希望与绝望交替并行，至今万般无奈而倔强的朋友。

冤情似海，囹圄如冰川冻土，缧绁不住的惟有那些破土的嫩草。心如此脆弱的蛰伏在桎梏的身体之内，万能的神啊，却也无法剪掉它颤动的翅膀！——题记

情人节

你像迎春花伸出枝蔓，黄花朵朵，在峭壁傻姑娘独自婀娜，我如梅枝悄悄伫立，树干枝枝，在大地默默诉说。初春在你我之间款款走过，如隔着薄纱，泻出水银般的抚摸。

无论山色渐暝水天杳远，梅枝摇曳春深情，不在乎花朵早已飘落。你有你的高度，俯览着霓虹闪烁的朝朝暮暮；我有我的深度，舒展着根须细数残

寒退缩。故你在绿叶中开放，故我追至你，在泥土里穿梭。

你说

牵着你温滑的手，踩着满地残叶，登上浑远苍郁的山坡。偶尔有红叶从肩头滑落。你说安静真好，人要纷聚也要寂寞。

流浪是人类，生生世世向往自由的注脚。延展向无垠的道路，仿佛远古盘荒的叨叨诉说。不知有海浪湛蓝，不只有星辰零乱交错，不只有城里灯如霓虹，不只有树影斑驳，你说落英飘洒云破光耀，人选择快乐。

窗外的红叶飘飘洒洒，任寒雨任骄阳敲敲打打，冷漠地看着，锁住手脚，锁住亲情，刺刀如铁网簇拥的这座监狱。翻开辽阔的土地，从一个城市到另一个城市，跨越森林和沙漠，从一条江河到另一条江河，刺刀无法将天空挑破，铁网也不能，让大地永远分割。你说要去流浪，人创造也选择生活。

冤案妻

从市区到安靖，车马熙熙。将车停在一隅，望着大门，你独自泪啼，不肯离去。

从市区到安靖，春来冬去。站在大街对面，望着大门，你紧咬嘴唇，百感交集。

从市区到安靖，有些距离。送些生活物品，望着大门，你缓缓离去，一生叹息。

从市区到安靖，共七公里。偶尔路过此地，望着大门，你倏忽转头，不忍触及。

从市区到安靖，五个年头。道路模糊依稀，大门在否？你不敢想象，强忍思绪。

从市区到安靖，暑酷寒袭，吞噬凌波黛眉，命薄如此？你怨嗔交集，问着自己！

那一个拥抱

我转过身来，看见，扑进我怀里的你，早已泪如雨湿。5年了，终于能够手手相扶，看见你孱弱憔悴的躯体，还要牵着稚气的儿子，还要扶着双目失明的老母，我哽咽的脸庞，汩汩地流出，从不轻易示人的悲苦。

我行寻一座辽阔而平静的天然湖，租一个小岛，建一幢能够远眺水面的小屋，在夏天的周末，带着老人和孩子钻进林荫，惬意地躲避酷暑；我想带着一群孩子，在溪边寻觅人头大的鹅卵石，冲洗发亮后放在凉席上，在夜晚每人抢着一个，仰望天空，说起牛郎追逐织女的路途；我想栽下一片核桃林，开放我收藏和征募的书籍，让四面八方携妻带子的朋友，打了核桃，各自寻找草坪和石凳，仰躺或斜坐着阅读喜爱的图书；孩子们在追逐着蝴蝶，而你远远地呼喊着我们，该吃饭了。这时朋友们才发现，并嘲笑，彼此手上、脸上，核桃浆液涂满，反复冲洗也无法清除。

我的核桃苗已成大树，五年的时光，核桃已在树上密布。如果没有美丽善良的法官，人性大度地流露，今天的我们，咫尺之间仍有天涯隔阻。尽管旁边的法警，只是故作姿态的守护，但积蓄五年的万语千言，此时仍不知如何倾诉；无法抑制的泪水，百般凄清的无助。直到我走到法庭大门，回头望孤零零的你，像初秋斜挂的桃叶，呆呆地跟着我，无语无措。

偷渡者

那个穿红衣的叙利亚小孩，伏埋在地中海沙滩，任海浪将柔顺的卷发谑玩。再也看不到身后的天空那么碧澄湛蓝，再也听不见母亲撕心裂肺的呼喊。尽管父亲最大的愿望：用生命将儿子的死亡替换。

逐水草而居的时候，为了生命繁衍，飞鸟走兽被猎杀，异族他民被驱斩。飞箭能到的天空，画出了空中识别的弧线；鲜血渗透的地方，矗起界碑成了恣欢的边界。

候鸟是幸运的，自由地往返于蓝天，野鹿是快活的，草地与高山都是家园。叙利亚小孩啊！恐惧无助中夭折在三岁的瞬间。夭折在人类被分割，夭折在人与兽的边沿。

宣判

那个下午，天色微暝，法庭有些混乱，律师迟迟没有来临。法袍后面漂亮的女法官，故作若无其事似的，显得十分镇静。特别强调是审委会的决定，用以安慰，有些无奈的良心。

一片沉寂，高大的法庭顿时没有声音。似乎一切都不曾发生，因为无法置信。院长和陪审员在门前一闪即隐，只有法庭外的亲人，守着拿着证据的律师在哭泣。但没有行人驻足而停，天色微暝，大街上的人们都匆匆而行。

我无法抗议，在这里，抗议也没有人倾听，返回安静的囚车上，法警偷偷地看着，抖动的反光镜。我睁大眼睛，远远看着灰蒙蒙的城市上空，如一幅电子幕屏，隐约晃动着两个汉字：死刑！

微笑的看守

穿过阴暗冗长的走廊，你打开铁门，走进异味熏腾的监房。你的微笑如门外的八角金兰，在秋天盛开。虽然粗放，却让人在枯槁的季节，骤然忘了铁栏冰凉，忘了千百年来，那些卑鄙者装扮成正义的模样，用以法律的名义，恶狠狠地把无辜者锁紧森严的高墙。

阴谋是卑鄙者强大的秘方，迫害是卑鄙者横行的刀枪，公正是高尚者生命的力量，善良是高尚者本然的流淌。你的微笑，如腊月梅花，暗度飘香，如山岩挺拔的青松，潇洒飒爽。让人们知道，还有一个地方，值得徜徉。

放风井

待在这块十来平方米的井角，木然坐在低矮的独木凳上，看一双双穿着拖鞋的赤脚，机械地围着周围转晃。家虽仅在数里之外，却缥缈得不知什么模样。没有期待也没有遐想，单调的四季全是秋凉。

不再细数入监的天数，也不等待铁门开启的声响；不再月月期盼开庭，也不年年翘望昭明真相。掸去坠在头上的鸟粪，漠望匆匆爬过的蟑螂。晨祷心经暮道经，可仍抑不住满腹惶惶悲怆。

为什么我们无助的泪水，常常脆弱得无法自禁的流淌，是因为这片残忍晦暝的天空，反复不断地覆灭所有稀微的希望。在没完没了的等待中，人类蜕化了远古天生的想象；在凄凄惨惨的绝望里，我们被畜养成待宰的无声的牛羊。

首次交锋

首次会见后不久，我向法院提出尽快开庭，时间最好定在 2015 年 6 月初，但检察院尚未阅卷，法院无法安排。我从日本访学归来后，9 月下旬开始，一直与法院协调开庭时间，但由于种种原因，一直拖到年底。

拖再拖，陶红勇再度陷入悲观，希望之火接近昏暗。他托人带话，希望律师会见。两位辩护人皆在北京，到成都会见，稍有不便。故在许多案件中，我常与一位本地律师搭档。处于长期被羁押的环境，被告人往往视律师为救命稻草，律师也是被告人与外界沟通的唯一通道。会见较少，辩护人确有失职。

2015 年即将过去，拖无可拖，法院最终确定 2016 年 1 月 14 日开庭，后临时改为庭前会议。

审判长莫红是个气质美女，系王立军案的主审法官，很有水平。庭前会议，莫红法官给我和易律师倒水，客客气气，在检察官、辩护人之间来回协调，细致耐心。

辩护人申请数位证人出庭，提出鉴定人应当回避，并申请鉴定人出庭作证，再次要求调取四川省公安厅调查处理陶红勇涉嫌经济问题的案卷，申请法院对陶红勇取保候审。

刑事案件中的取保候审难度极大，即便如此，我们仍坚决要求。辩方阐述了充分的理由：我们坚决作无罪辩护，确信陶红勇不构成犯罪，现已被羁押 4 年半，不应继续关押；陶红勇能够按期到庭，即使判他有罪，也可以及时收监；被告人的孩子正上初二，此事对孩子的打击非常大，希望法庭考量人情，同意取保。

庭前会议本不公开举行，但经过争取，法官同意让家属参加旁听。庭前会议结束后，我立即跟法官沟通，争取让雷敏近距离与陶红勇说几句话。他们哭着拥抱，虽然被法警和法官立即制止，但我迅速抓拍了夫妻对望的场景，感人至深。

庭前会议上，辩护人申请证人颜承录、何世义、房强、成池高、扈远仁、严福昌、马永江、刘建忠出庭，并逐一说明了申请理由。但出庭检察员一概反对，态度强硬，称考虑庭审效率，认为没有出庭的必要。

我决定杀杀检方威风，立即进行了强硬的回应："辩护人对控方的反对很不理解。第一，本案事实争议极大，应该让证人出庭澄清事实真相，法庭

五年后夫妻法庭相见

不是审几张纸，而要以审判为中心，司法的目的在于澄清事实，还原真相，检方有何反对之必要？控辩审三方本应抱着追求真相和正义的目标推进庭审，但检察员的态度令人遗憾。第二，本案涉及大量证人，我们只申请传唤8位证人出庭，充分考虑了庭审效率，况且本案进入二审近一年仍未开庭审理，以庭审效率为由反对证人出庭是可笑的。法律人时常把司法公正与司法效率挂在嘴边，似乎这二者是对等的，但公正与效率从来都不是同一位阶的概念，司法的核心要求，除公正、公正还是公正，只有在保障公正的基础上才能追求效率。这就是为什么刑事诉讼中简易程序的适用条件非常严格，而如果是被告人上诉或再审的案件，绝对不可能将效率置于公正之上。"

我注意到，控方席坐着三位检察员，但四川省检指定的出庭检察员仅一人。为了压压控方的嚣张，我不客气地提出："出庭检察员必须有指派文书，如果没有，其他人坐在上面是不合适的，庭前会议原谅你，开庭审理时，没有指派文书的，请坐到下面去。"

申请的8位证人中，颜承录最为关键，我们据理力争。

易律师说："颜承录的证言不仅和陶红勇的陈述完全矛盾，也与其他证人证言冲突，甚至和常识相悖，虚假的可能性极大，坚决要求传唤其出庭作证。"

我补充道："大量书证证明，颜承录说谎，他作为扶贫协会负责人，对于他本人的工作总结、报告、书籍中出现的春晖行动应该知情，一概否定完全不符合逻辑和常识。颜承录涉嫌伪证，甚至诬告陷害，传唤其出庭作证，便于直接对他进行揭露、控告，或当场将其扭送司法机关，追究其违法、犯罪行为的法律责任。"

我们再次申请法庭调取相关证据：一是四川省公安厅对陶红勇经济问题立案侦查的案卷；二是检察院没有向法院移交的部分案卷材料。出庭检察员又是坚决反对。

调取证据的理由十分充分：第一，省公安厅曾对陶红勇案立案侦查，且得出结论，调查卷中有大量证明陶红勇无罪、罪轻的证据，也涉及检察院对本案是否有管辖权的问题，特别是有陶红勇不属于国家工作人员、不符合贪污罪主体要件的证据。第二，房强等人的讯问笔录可证明陶红勇无罪、罪轻，但检察院未曾移交，希望检察院不要隐匿这些证据。

审判长询问一审是否提出调取证据的申请，法庭是否审理？陶红勇与李智的辩护人均表示提出过，庭审笔录也有记载，只是没有正式提出书面申请。

陶红勇说："公安厅调查后，领导找我谈话，说犯了罪的逃不脱，诬陷也不可能得逞，让我放下包袱安心工作。当时公安厅向证人调取证言，当时他们讲得更真实、更客观、更公正。我被羁押之后，检察院介入调查，颜承录又威胁利诱，证人证言对我不利，可以理解，但检察院调取的证言有失公正。"

李智说："证人出具不利证言是因为颜承录的干扰。"

审判长将辩护人和被告人提出的问题归纳为：证人证言的真实性需要出庭检察员核实，并确保提交到法庭是全面的、客观的。

易律师立即纠正："辩护人的意思并不是让公诉机关去核实这些证据，而是希望法庭调取这些证据，最后是否采信，自然由法庭衡量。一审时确实申请过，但法院不置可否，而这些证据可能证明被告人无罪，又与检察机关调取的证据相矛盾，且公安机关是以谈话的形式调查，不带结论性，立场更客观、公正，证人提供的证言也更真实可信。"

辩护人提出调取证据有理有据，检察官仍坚决反对："辩护人认为公安厅有对被告人有利的证据，检察员认为没必要调取，因检察院调查了这些证人，形成了书面证言，证言均真实可信，建议法庭不予调取。"

易律师反驳："公安厅有相关证据，只是被告人提供的线索，证据是否有利于被告人，调取过来一看便知。不调取，怎知有利不利？如果有利，辩方的诉求可以得到满足，如果不利，公诉人正好用作指控犯罪的依据。所以不论证据是否有利于被告人，法庭都有必要调取，再加以综合评判。我们坚决要求法庭调取上述证据。"

审判长称庭后合议庭会研究，充分考虑是否调取。但二审开庭审理时，这些证据并未调取，我在庭审中再次要求法院调取。

在这次庭前会议中,检察人员明显违反了客观公正义务。《刑事诉讼法》第 52 条规定:"审判人员、检察人员、侦查人员必须依照法定程序,收集能够证实犯罪嫌疑人、被告人有罪或者无罪、犯罪情节轻重的各种证据",注意,是"必须"!第 53 条又规定:"公安机关提请批准逮捕书、人民检察院起诉书、人民法院判决书,必须忠实于事实真相。故意隐瞒事实真相的,应当追究责任",又是"必须"!

我在想,当律师反复要求调取这些可能证明被告人无罪的极其重要的证据时,检方一概拒绝、法官不予理睬时,算不算"故意隐瞒事实真相"?我对出庭检察员又心怀怜悯,因为这很可能不是他们的真心话,他们内心也可能面临真相和人性的拷问。真希望检方出现像公诉曼德拉的检察官 P.J.Bosch 一样的人物,有一次庭审前,他突然跑过去跟曼德拉握手,"我鄙视我所做的事情,我不想把你给送到监狱里去。"

重燃信心

庭前会议,陶红勇看到两位辩护人据理力争,法官对辩护人相当尊重,信心倍增。回到看守所,他写信给我,对我们表示感谢。初次会见之后,我和易律师便消除了他的顾虑,特别是庭前会议之后,让他从绝望之中看到了生机。我能体会他的心情,高墙之内,唯有尽责的律师,才是当事人之希望。

徐教授:

您好!

原来我很担心时间匆忙,我无法让您和易教授了解整个案情全貌,但 13 日、14 日两天您完全消除了我所有的顾虑。特别是 14 日在法院,您和易教授缜密中的犀利,让我感受到什么叫大无畏的凛然正气,让绝望中的我倍感庆幸:此生有您,死而何惜。虽然我只是你们普度众生的一人。

千百年来，在中国的土地上，善良无助的老百姓总把寻求公正的希望寄托于明君或青天大老爷身上，或等待侠客英雄的降临。可真正明君或青天大老爷能有几人，侠客几乎也只能在臆想中留存。所以，我多希望你们不是青天大老爷，也不是侠客，而是终结中华民族最后一个惨遭欺凌与迫害的芸芸众生的缔造者和见证者。我希望我是你们解救的最后一个受难者。

您的善良与高贵，给冰冷如铁器的法律赋予了生命力，也使我对公平与正义重新充满希冀。以致让我无法组织出合适的语言，表达我对您和易教授的感激之情，在这春节来临之际，只能笨笨地说：好人一生平安！祝您与家人永远幸福顺利！

陶红勇

2016 年 1 月 16 日

此信托人寄出时，正是陶红勇在看守所度过第五个春节之时。我猜想，陶红勇原本希望我看到此信，为案件开庭更加尽力。但由于看守所审查等原因，此信在开庭之后我才看到。而这并不会影响开庭时我为当事人权利而斗争。无论钱多钱少，抑或法律援助，无论当事人是否感谢律师，律师都必须为当事人的权利而竭尽全力。

决战前夕

到雷敏家吃了顿饭，第一次见到陶红勇的儿子，瘦高，话少，初二学生，他当时已经近 5 年没见过父亲了。

雷敏后来告诉我，儿子有段时间很抑郁，不去上课，待在家里，要见父亲，还曾在上课期间冲出教室，跑到法院门口，等父亲回家。

开庭如打仗，必须认真准备。我提前两天到了成都，专心备战。但紧张之余，亦需张弛有度，保持良好的心理状态。

　　宽窄巷子号称"最成都",由宽巷子、窄巷子、井巷子及其之间的四合院群落组成,是成都唯一遗留下来的清朝风格的古街,如今又洋溢着现代时尚。酒店离宽窄巷子很近,走路约一刻钟,我们去过两次。第二次人多,陈满、雷敏、易律师和助理小姜,我和助理肖哲。陈满刚平冤不久,知道我和易律师在成都,特意赶来看我们,请吃饭,表示感谢。他的状态不错,正在申请国家赔偿,也在找女朋友,他对女友的要求是:35 岁以下未婚,长得不难看,孝顺父母。

　　锦里,秦汉时期就是闻名遐迩的商业中心,如今传统与现代并存,是到成都必去之地。锦里之夜,灯红酒绿,随性行走,悠闲漫步,逛得累了,桥上小坐,走进酒吧,听歌喝酒。酒是扎啤,一桶三升,在摇曳的灯光中,闪烁着诗情画意。中国歌手,嗓音深沉,外国歌手,调侃幽默,多唱老歌,怀旧经典,似听非听,推杯换盏,酒不醉人人自醉,旁若无人,沉浸于自己的世界。后来我们才知道,铜雀台在锦里一带名气很大。离开时已步履蹒跚,深夜的锦里,依旧人来人往,回酒店,Uber 了一辆令人印象深刻的车,车牌尾号 384HY,昵称"我的小乖乖"。

　　酒店早餐,偶遇老友,广安市人大常委会主任余恽,2007 年他担任广安市委副书记、政法委书记时,我主持的西南政法大学司法研究中心与四川省

陈满赶到成都看我们

检合作，在广安开展人民监督员制度改革试点，得到了他的大力支持。此项试点改革效果理想，被称为人民监督员制度的广安模式，对国家层面的制度设计有一定的影响。后来我又与广安司法局合作进行调解制度试点改革，仍得到了他的鼎力支持。余主任盛情邀请，我们一起去了杜甫草堂和浣花溪公园。

浣花溪公园是成都面积最大的开放性城市森林公园，公园南大门有388米长的诗歌大道。"生当作人杰，死亦为鬼雄""念天地之悠悠，独怆然而涕下"等千古佳句，镌刻在脚下的大理石上。杜甫草堂位于公园内，工部祠内有明、清两代石刻杜甫像，史诗堂中的杜甫塑像出自雕塑家刘开渠之手。茅屋稍显奢华，不太合杜甫当时茅屋为秋风所破歌之境况。瞻仰诗圣，我也附庸风雅，作诗一首：

春分时节偶逢君，浣花溪畔去踏青。露游虞美蝶双舞，海棠佳人柳如眉。草堂内外怀工部，万佛塔上思古今。豪墅顷刻烟云散，不及茅屋秋风情。

解除脚镣

2016年3月21日，雨，第一天开庭从早晨10点到晚上10点，中间午饭30分钟，两次休庭共15分钟，连开11小时。第二天开庭，从上午10点到下午2点半。庭审对抗激烈，唇枪舌剑，律师不仅需要专业过硬，反应迅速，冷静理性，还得有充沛的体力。

雷敏开车送我们前往四川高院，每个人状态都不一样。易律师看着手机上的材料，说昨晚睡了不到4小时。我碰巧睡得好，状态佳，信心也很足。雷敏说已经开了4次庭，这是唯一一次下雨，她显得紧张焦虑。我安慰她说："春分刚过，雨水来临，春雨贵如油，润物细无声，万物复苏，生机勃勃，陶红勇平冤大有希望。"

四川高院安检极严，法警只认律师证，登记之后才能进。易律师先进去，我要带助理进去，法警强硬拒绝。交涉中我拍照，大批法警围过来要求删除照片，邓玲帮理论，说公务人员从事公务期间没有肖像权等，场面僵持，直到法官派书记员下来方得以解决，我遂带着肖哲和易律师的助理一起进去。

三楼第二审判庭，很宽敞，有几十人旁听，十多位法警把守。出庭检察员一男一女：陈梅强、刘超法。陈梅强为主诉检察官，矮个、马尾、齐刘海，给人辩论队一辩的感觉。上午庭审，男检察官一言不发，一直低头。发言、讯问均为女检察官，她说话经常不对着麦克风，旁听人员多次表达听不到后，稍有改善。相比而言，易律师准备充分，有理有据，娓娓道来。据旁听者说，我声音洪亮，气势逼人。

在雷敏家看过陶红勇 5 年前的照片，满头黑发，神采飞扬；今庭上之人，头发花白，跟当初判若两人。我庭前与审判长再三协调，要求庭前解开陶红勇的手铐，审判长慎重考虑之后允许。陶红勇被带入法庭时，未戴手铐，未着囚服。陶红勇进入法庭，先扫视旁听席，安检极严，雷敏还没进来。

审判长确认陶红勇、李智个人信息后，我发现陶红勇还戴着脚镣，当即提出异议。无罪推定，不应戴手铐，更不该戴脚镣，以往只见过涉嫌重大犯罪的被告人戴脚镣开庭，而陶红勇只是涉嫌经济犯罪，应当解开脚镣。审判长说是看守所羁押安全的需要，可以转达意见，但法庭没有钥匙。我再次强烈要求，技术上解除绝对没有问题。审判长再问法警，技术上可否解开，法警答可以，审判长命法警带陶红勇出去，解开脚镣后重新进来，陶红勇的脸上多了一份信心。

委派之争

检察官举证：会议纪要，扶贫办同意聘任陶红勇、李智作为工作人员。认为"同意聘任"是委派，并以王思铁的证言作为证据，证明"同意聘任"是委派。但王思铁在笔录中说"同意聘任不是委派"，检察官认为这是王思铁的个人意见，他们认为王思铁就是想说明"同意聘任就是委派"。

委派和聘任的区分极为重要，因为这涉及陶红勇的身份问题，涉及他能否成为贪污罪的主体。

这不是睁眼说瞎话吗？我立即反对："王思铁明明说同意聘任不是委派，检察官怎么就能得出相反结论？"

判断是否委派，要看其任职是否基于国家机关、国有公司、企业、事业单位的委任、派遣，再看是否代表国家机关、国有公司、企业、事业单位的利益，最重要的是否从事公务。即一要有委派性，且以书面形式确认；二要有公务性，因为国家工作人员区别于其他主体的关键在于从事公务，且委派要代表委派机构从事公务，被委派人还要接受委派机构的领导。

委派非常慎重，不能以推定的方式来说明是否委派。即便退一万步讲属于委派，委派也要求代表国家机关从事公务，陶红勇并没有代表扶贫办从事公务。这说明陶红勇根本不是接受委派从事公务的人员。

实际上，这一争议很好解决。从形式上判断，是聘任不是委派；从实质上判断，陶红勇不行使国家权力，即不行使"扶贫办公室的行政权力"。所以，无论是形式还是实质，都不是委派。

关键证人

检察官举示颜承录的证言和其他几份证言，证明颜承录不知道春晖公司承办送电影下乡的活动。辩护人举出多项书证，包括扶贫协会的会议纪要、简报、颜承录主编的书，多位证人证言，证明颜承录撒谎，颜不但知情，而且直接决定此事。

检察官多次说："书证不能证明颜承录知情，颜承录证言说自己不知道。""书虽然是颜承录主编，但他没有看过，并不知道其中的内容。"

"这完全不能理解，主编不审核自己主编的书，甚至不看，符合常理吗？"

我坚决反驳:"检察官跟书证有仇吗?白纸黑字写得明明白白,为什么检察官就是不认?"接下来,我当庭念了几段颜承录主编的书中的内容,将送电影下乡活动作为扶贫办重大政绩来宣传,作为其个人领导工作的荣誉来记载。

实际上,根据经验法则分析,颜承录是"当然、必须、明显、确定、绝对"知道的。作为大前提的经验法则是:作为机构的领导人,肯定知道本机构的核心政绩,即便没有也得精心编织几个;作为小前提的本案事实是:"春晖行动"是四川省扶贫办的核心政绩;结论当然是四川省扶贫办领导人肯定知道"春晖行动"。

还有一种更直接的论证方法,即利用"众所周知的事实"免于证明之规则。"春晖行动"至少在四川省扶贫系统属于众所周知的事实,颜承录作为四川省扶贫协会的领导人,竟然声称不知道,就类似于中国人说不知道10月1日是国庆节一样。还有比这更胡扯的吗?谎言能低级到这种程度吗?

两位辩护人一致强烈要求颜承录出庭作证。我说:"颜承录的证言与其他多份证人证言矛盾,与书证矛盾。颜承录主编的书《纪实辑要》《往事拾遗》,以及扶贫协会向春晖公司的划款证明,均说明颜承录知道春晖公司及送电影下乡行动,并作为政绩宣扬。颜承录、陶红勇相互举报,有直接利害关系,必须出庭。颜承录是中共党员,副省级领导,应当带头守法,出庭作证。颜承录不出庭,原因是不敢出庭,怕谎言被当庭拆穿,涉嫌伪证罪。合议庭应传唤颜承录出庭作证,无正当理由拒不出庭应当将其拘传到庭,查明案件事实,提升四川高院的司法权威。基于法律规定,特别是本案的特殊情况,若颜承录不出庭作证,其法律后果只能是:未经出庭质证,证言不得采信,不得作为定案根据。倘若如此,辩方也同意其不出庭。证人出庭作证是以审判为中心的诉讼模式的基本要求,更何况颜承录的证言与多项证据矛盾,是本案最关键的证人。"

法庭模棱两可,似乎说过传唤了颜承录,但因各种原因不能到庭,法庭会综合考虑是否采信颜承录的证言。法庭若能传唤或强制一位副省级领导出庭作证,司法权威和公信力将大大提升。

款项性质

检察官坚持认为涉案的款项是捐赠款。易律师引用《公益事业捐赠法》《国家扶贫资金管理办法》，提出多部法律法规均明确规定捐赠款要求自愿、无偿，扶贫资金要求是政府拨款，法律法规均有规定，足以说明款项不是捐赠款，也不是扶贫资金。

检察官回应："无偿捐赠并非无条件捐赠，春晖公司与爱心企业签订的合同与广告合同、商业合同有实质性区别，辩护人是有意混淆无偿捐赠与无条件捐赠。"

我反驳："分明是检察官混淆了捐赠与赞助的区别。若捐款是为捐赠，为何企业要与春晖公司或扶贫协会签订合同，要求放电影时播放企业广告，且约定违约金呢？"春晖公司与企业签订广告合同，名称为《宣传合作协议》《电影广告委托发布合同》等，约定企业支付费用以打广告、做宣传为附加条件，金额多少与广告播放时间、场次、宣传力度直接相关，且规定了违约条款，违约须承担高额违约金。这明显是有偿合同，有对价，有具体明确的义务，未按合同要求播放广告必须承担违约责任，是典型的双务合同。而捐赠是单务合同行为，捐赠人只承担交付捐款的义务，而不享受任何权利；受赠人则只享有取得捐款的权利，而不承担任何义务。春晖公司与企业签订的广告合同显然不是捐赠合同，而是以广告宣传为对价，在春晖公司放电影的片头播放广告，达到宣传赞助企业和产品、提升其形象的目的，双方是平等、对价、有偿、双务关系。相关文件也证明是广告款。例如，2007 年 7 月 18日春晖公司致扶贫协会《关于成立四川文化扶贫电影剧团开展送文化下乡的请示》清楚地载明：剧团活动的工作经费由春晖公司筹措承担，主要由帮助企业宣传获得的广告收入构成。

检察官又说："如果春晖公司不是以扶贫协会的名义，爱心企业可能不会捐款。"

我断然反驳："如果春晖公司不给爱心企业做广告，企业肯定不会捐款、赞助。仅此一点，是捐赠还是赞助，就有明确答案。扶贫协会的名号只是引子，广告才是核心。"

设想，即便没有扶贫协会批准或同意，春晖公司主动去偏远农村地区放电影可不可以？春晖公司以做广告的方式主动拉企业赞助行不行？企业给钱是需要做广告的商业行为还是无须广告的爱心行动？需要做广告才给钱的能不能称为捐赠？这时候的企业算不算献爱心？对于如此简单的问题，以及诸多常识性问题，检察官的反对立场令人不解。

实际上，到底是捐赠款还是广告款，依据法律明确规定即可判断。捐赠，无论有条件还是无条件，都不可能约定违约金，最多不过退回捐赠款。本案所涉款项是春晖公司与赞助企业合作开展"春晖行动"的广告款，并非捐赠款，不是《刑法》第91条第3款规定的用于扶贫和其他公益事业的社会捐助或专项基金的财产，不属于公共财产，扶贫协会对款项没有所有权和管理权。依据《社会团体登记管理条例》，社会团体不得从事营利性经营活动，不得超出章程规定的宗旨和业务范围进行活动。因此，扶贫协会无权从事其业务范围之外的广告宣传及电影放映业务，更无权通过为企业打广告做宣传的方式获取广告款。春晖公司与企业合作收取的广告费不属于《中国扶贫开发协会章程》规定的经费来源。春晖行动，扶贫协会未投入任何资金。本案所涉款项均由企业赞助，系春晖公司用于放电影的开支，丝毫不涉及扶贫协会自身所有的财产或管理的扶贫资金。且送电影下乡自行筹措资金，是扶贫协会要求的。春晖公司按合同约定、自主使用、支配合作费用以实现合作目的，是正常的商业行为。所有进账和开支皆有清晰的账目。部分资金进入扶贫协会，都经过报账、转账回到春晖公司，说明扶贫协会对款项没有所有权和管理权。后来，春晖公司起诉要求扶贫协会归还借款51.2万元时，2011年扶贫协会在反诉状中提出款项分成，这也证实涉案款项并非捐助款。

诈骗之争

检察官提出："诈骗罪跟盗窃罪类似，自己是否意识到被盗窃，不影响盗窃罪的构成，诈骗罪也是一样，被害人是否意识到被骗，不影响诈骗罪的构成，诈骗不要求被害人知情。"

易律师轻松地予以反驳："检察官犯了一个致命错误，连诈骗罪的犯罪构成都不了解。盗窃罪，被害人不知道自己被盗窃不影响盗窃罪的构成，但诈骗罪除了虚构事实、隐瞒真相以外，被害人一定要因为虚构事实、隐瞒真相而错误处分财产，其为主观标准已有定论。即全世界的人都认为被害人被骗了，只要被害人自己觉得没有被骗，对方也不构成诈骗。陶红勇没有虚构事实，没有诈骗，本案中也没有受害人，爱心企业从未投诉或对插播广告表示过不满，说构成诈骗罪，简直可笑。"

对于诈骗罪，我发现管辖权有重大问题，"诈骗罪应当由公安机关管辖，检察院侦查过程中发现诈骗线索，应当办理并案管辖的手续，但控方证据并无相关手续，根本没有诈骗罪的立案文件，属于严重程序违法。辩方多次提出调取公安厅对本案立案和调查的相关材料，公安厅曾经做过处理，得出了结论，检察院再次自侦，涉嫌违反一事不再理原则，再次要求调取公安厅案卷材料。管辖权是司法机关获得案件查处权、指控、最终判决的基础，没有管辖权，没有立案，此后的侦查、起诉、审判均是违法和无效的。"

戏剧休庭

下午1点45分开庭，中间休庭一次，直到晚上8点多，控辩审都未用晚餐。

检察官提出休庭，理由是考虑到被告人的身体状况，为了维护被告人的人权，要求结束今天的庭审，明天继续开庭。因开庭时各方确认，当天拉完，故审判长当庭询问，两被告人均表示可以坚持到庭审结束。

休庭后，女检察官进来，与法官小声交流。有人听到她跟审判长说，领导要求休庭，明天再开。

辩护人反对，因为已经事先说好了当天开完，证人已经等候一天，辩护人也买了第二天一早的机票会见其他当事人。

此时，戏剧性的场景出现了：女检察官向法庭提出自己低血糖，不能继续开庭，要求必须休庭，明天继续。

争执之中，旁听席一位短发、黑衣女子冲上法庭，向审判长莫红说："检察官低血糖，不能继续坚持开庭，必须结束今天庭审。"

审判长未予回复，我正在旁边，立即质问："你是谁，凭什么对法官指指点点，难道是四川省检察院领导？公诉处处长？"女子低头，匆匆退下法庭，坐入旁听席。我紧跟其下，逼问道："你叫什么名字？你有什么权力指挥法官？"女子不敢抬头。

检察院至少有十多人旁听。一些人解释，女检察官确实低血糖，中午就一直难受，现在确实是坚持不下去了。莫红法官协调，旁听人员你一言，他一语，最后散去。

法官十分耐心，经协商控辩双方，最后考虑到二审通知证人出庭很难，且证人当天已经等候 10 多个小时，决定询问完证人和鉴定人之后，次日继续开庭。

交叉询问

刚刚还在争取结束庭审，但继续开庭后，检察官不仅没有节省时间的意思，更看不出任何低血糖的状态，强势依旧。检察官对证人和鉴定人的发问拖拉重复，无效问题多，问完了还总要加一句"对不对"。为节省时间，辩护人多次提出，检方提问与案件无关。法官打断，检察官马上回应，该问题与下一问题关系密切。可是，下一问题也与案件关系不大。

交叉询问是控辩双方交锋的舞台，也能充分展示律师的辩护技巧。基于辩方申请，3位证人、1位鉴定人出庭。庭前会议时，关于鉴定人是否出庭，控辩双方争论激烈。陶红勇称，"鉴定人任上林与颜承录大儿子颜永清是好友，颜永清经常提到他，绰号任胖娃。一审时提出此问题，法院置之不理。"法庭最终传唤鉴定人任上林出庭作证，值得肯定，就以对鉴定人的交叉询问为例。

易律师发问："鉴定意见提到'春晖公司以上收入全部为截留的应属于扶贫协会收取的送电影下乡活动赞助款'，一头牛属于张三还是李四，能通过会计鉴定出来吗？怎么会用到专业法律用语'不能认定为陶红勇个人投资，涉嫌侵吞扶贫协会收入'这样的表述？"

任上林半天不语，后来说："我是确认收入款项的来源，非专业人员看鉴定意见的角度与专业人员不同。"

这明显是谎言，"截留的应属于扶贫协会收取的"显然指款项的所有权归属，而将广告收入曲解为"赞助款"则直接属于会计核算本身的定性错误。《企业会计准则——基本准则》第16条明确规定：企业应当按照交易或者事项的经济实质进行会计确认、计量和报告，不应仅以交易或者事项的法律形式为依据。故无论是形式还是实质，都不能定性为"赞助款"。

陶红勇问了鉴定人几个具体问题："（1）爱心企业签订广告合同，有多少与扶贫协会签，多少与春晖公司签？鉴定中的60万元，是如何区分的？（2）51.2万元划出的那天，春晖公司、扶贫协会账上各有多少钱？（3）100万元的钱款，最多多少存入？最少多少存入？分几次存入？"

任上林支支吾吾，最后只能说："我不能回答细节问题，鉴定是在当时的委托情况下所做的鉴定，只针对大的环节，陶红勇的问题过于具体、太细，目前没办法回答。"

我立即顺着陶红勇的问题追问："会计、审计必须具体细致，你为什么不适合回答过于细致的问题？目前没办法回答，什么时候可以回答？"

任上林被追问得无言以对，只得说："确要回答，希望庭后作出书面回复。"

此时审判长莫名其妙地发问："是否当时委托的鉴定事项中没有这些细节问题？"

任上林马上顺杆爬："是的，当初的鉴定事项中没有对这些细节问题委托鉴定。"

我当即提出强烈异议："鉴定人的本来意思是，在法庭上不适合回答细节问题，只是暂时没有材料、没有时间审查回答。而法官刚才发问，完全是误导鉴定人。而且，陶红勇提出的发票、事业性收据、抵扣税款等问题，并不是细节问题，而是鉴定人刚刚与检察官一唱一和、低声细语对答的问题，为什么不回答？"

审判长有些后悔："刚才我是想归纳一下鉴定人的回答，没有误导鉴定人的意思，归纳有所不妥。"

我继续打击："审计、会计要求细致、严谨，陶红勇提出的细节问题，鉴定人回答不了，说明鉴定人对鉴定根本不了解。且法庭通知鉴定人出庭，鉴定人应当提前熟悉鉴定意见，仔细研究，做好准备，但鉴定人对细致的问题回答不了，不细致的问题又不回答，说明其根本不专业，不应采纳其鉴定意见。"

实际上，会计的严谨是行业和专业的必然要求，行话说得好：会计管钱一分钱不能少，少了要自己掏腰包；会计做账一分钱不能错，错了账就不能平。

询问完证人、鉴定人，已到深夜，11 个小时的庭审终于结束。

唇枪舌剑

3 月 22 日上午 10 点，继续开庭，控辩双方首先对昨天出庭证人、鉴定人的证言进行质证。

检察官坚持认为："陶红勇送电影下乡的活动，是预谋已久、精心策划的；依据扶贫协会章程得出刘建忠撒谎；成池高的证言印证了陶红勇擅自决定；春晖公司将捐助款据为己有；颜承录不知道春晖公司的存在；鉴定意见合法有效，应当作为定案依据。"

易律师反驳："根据扶贫协会章程得出刘建忠撒谎，此逻辑可笑至极。"

我举例说明："8千多万共产党员，是否都能按《中国共产党章程》为共产主义奋斗终身和献身？不能依据党的章程得出所有党员都按章程行事，否则就不会出现前四川省委书记、政法委书记周永康的案件。"

检察官嘴硬反驳，我又换了个四川最新的例子："1984年最高法明确规定对死刑犯都不能游街示众，不能公判，为什么你们四川阆中法院刚刚对讨薪农民工判刑、公审、公判、游街示众，'规定'不代表行为如此。"

这是"应然"与"实然"的关系，用应然永远也无法论证实然，然而我们人民的检察官，居然这么论证了。

换一种方法论证，检察官强调说："刘建忠的证言印证了陶红勇擅自决定。"

易律师反驳："刘建忠昨天的证言明明是说颜承录决定，亲自拍板的，检察官反而得出是陶红勇擅自决定，怎能睁眼说白话呢？"

关于颜承录是否知道协会款项进入春晖公司，易律师说："依常理推测，依事实推定，3万多元转账，单位法定代表人当然知道。放上万场电影，需要那么多人，那么多车，还要放映设备，扶贫协会一分钱没出，且30多万元进入扶贫协会，用于放电影开支报销。难道有一个雷锋公司，雇了很多雷锋同志，去送电影下乡？只能假定颜承录认为全世界都是活雷锋，除了他自己以外，才能得出他对相关款项进入春晖公司不知情。但他是这样的人吗？"

检察官发表出庭意见前，先指责辩护人断章取义、偷换概念、本末倒置、花样式辩护，把法庭变成展现个人技巧的竞技场，博取被告人眼球，辩护人不该说检察官指鹿为马，与书证有仇，不能客观公正地履行义务，律师应当平和地发表意见，遵守法庭规则，不应把法庭变成竞技场。

易律师打断："我抗议，检察官涉嫌人身攻击。检察官指责辩护人的问题，断章取义、偷换概念、本末倒置、不遵守法庭规则，恰恰是检察官自身的问题。"

审判长提请检察官注意发言后，检察官仍惯性地指责律师几句，才转到实质问题，发表的出庭意见却十分简单，只能算是简要说明。

易律师进行了充分准备，详细论证了贪污罪、诈骗罪均不能成立，有理有据。

贪污罪，首先陶红勇不是国家工作人员，扶贫办没有委派。易律师举了一个有趣的例子。扶贫办是共产党领导的政府的一个机构，共产党不是地下党，共产党对公务人员的委派是光明正大的事情，不能像地下党那样委派特工要长期潜伏，敌人安排什么工作就是什么工作，本案中也是一样，陶红勇的工作、去留是扶贫协会说了算，这是委派吗？如果是委派，那么扶贫办就是地下党了。

一审将陶红勇工资源于财政，按照省事业单位处级干部标准发放，就判定陶红勇是国家工作人员，完全没有依据。工资发放与身份判断没有关系。工资怎么发是团体自己说了算，协会自己定。

是否是国家工作人员，要看是否委派。不是国家工作人员，不符合贪污罪的主体要件。涉案款项不是捐赠款，是广告款，是经营所得，最多是经济纠纷，没必要上升为刑事案件。陶红勇没有贪污的故意。不构成贪污罪。

诈骗罪，陶红勇没有虚构事实，隐瞒真相，被害人也没有基于错误认识处分财产，甚至连被害人都没有。陶红勇没有诈骗的行为和故意，不构成诈骗罪。

我发表辩护意见，先调侃式地回应检察官对辩护人的指责。"辩护人从未说过指鹿为马，说检察官和书证有仇，违反客观义务，是很客气，《纪实辑要》《往事拾遗》和转账凭证等大量书证均证明颜承录知情，但检察官就是不承认，说与书证有仇是轻，说重了是颠倒黑白。以偏概全，恰恰是检察官的做法，只有4家企业通过委托书付款，不超过5%，被检察官说成好像是全部。无罪推定是法治的基本原则，辩方没有义务证明被告人不构成犯罪，辩方哪怕以偏概全、指向一点也是正确的辩护策略，因为只要推翻证据体系中的任一个环节，都能完成证明任务。而检察官却不能以偏概全，而必须超越合理怀疑证明被告人有罪。辩护人完全遵守法庭规则，恰恰是检察官有不少违反法庭规则的行为，如控辩审一致同意当天开完庭，检察官突然提出休庭，理由开始是被告人权利保障，后来在领导指示后就变成'低血糖'。"

我的辩护意见针锋相对，直接回应检察官当庭发表的意见。

首先，我反驳检察官所说的社会危害性，认为陶红勇不但不构成犯罪，反而有功。免费送万场电影，民众受益；爱心企业，做了广告，效果满意，从无投诉；扶贫协会未投入一分钱，多年来作为政绩宣传。社会危害性何在？"春晖行动"实质是公益项目引入商业运作的典型模式。经扶贫协会同意、省扶贫办支持并出具相应文件，明确由扶贫协会挂名、春晖公司具体实施的免费送电影下乡活动，符合国家文化扶贫政策和法律。其他协会也有过挂名。陶红勇作为承办该活动企业的主要负责人，对该项公益慈善事业作出了贡献。

继而，我抓住检察官的关键错误，论证陶红勇根本不构成贪污罪和诈骗罪。检察官称："无论采取何种形式，只要是……委派，就是委派。"这完全是同义反复，逻辑错误。检察官说，"如果春晖公司不是以扶贫协会的名义，爱心企业可能不会捐款。"

我反驳："反过来说，如果春晖公司不给爱心企业做广告，企业肯定不会赞助。仅此一点，是捐赠还是赞助，就有明确答案。扶贫协会的名号只是引子，广告才是核心。"《公益事业捐赠法》《国家扶贫资金管理办法》明确规定，捐赠款要求自愿、无偿，扶贫资金要求是政府拨款，涉案款项并非无偿捐赠，也不是政府拨款，足以说明款项不是捐赠款，不是扶贫资金，不是公共财产。

本案没有被诈骗的对象，没有任何企业或个人认为自己上当受骗，合作的赞助企业多年来没有一家投诉和不满，即没有被害人存在。赞助企业作为合同的相对方，不仅没有基于春晖公司欺骗产生错误认识而处分财产；相反，由于合作顺利，广告效果好，有多家企业与春晖公司续签广告合同。

且诈骗罪不属于检察机关的自侦案件，而应当由公安机关管辖，检察院对本案的诈骗罪根本没有管辖权，没有立案，后续的公诉和审判完全是没有根据的。

第二轮辩论时，检察官特别提到："辩护人多次说副省级领导批示和干预案件，本案中领导干部对案件进行批示是正常的批示。"这恰恰佐证本案确有领导批示。

我当即回应："领导干部干预司法的记录和追责制度已正式建立，孟建柱书记就明确说从来不对个案进行批示，这是保障依法独立审判的必须。几位副省长领导就本案作出批示是欠妥的，如果检察官认为是正常的批示，建议公开，交由法庭和社会来判断，希望法庭顶住压力，依法独立公正审判，宣告陶红勇无罪。"

李智其人

李智一审判无罪，检察院抗诉。他当庭陈述时，对检察院及其抗诉提出了强烈异议。他站着讲话，有理有节，吐字清晰，对检察官的抗诉理由驳斥到位。由于情绪激动，他拿着材料的手时而颤抖。

李智说："我按照单位的安排，辛苦工作，拉来赞助，却被认为有罪，这完全是鼓励多干不如少干，少干不如不干。我只是一个打工仔，一个农民工，今年 38 岁，牵扯此案已经 5 年，由于被指控贪污，女朋友都找不到。别人介绍的女孩，一听到我涉嫌贪污，马上就被吓跑了。"

他讲得动情，5 年来受此案拖累，着实可怜。说到悲凉处，法官、辩护人、旁听人员均为之动容。

李智思维缜密，讲话极有逻辑，庭审中多次给检察官普法。尤其对于涉案款项的性质，李智认真研究了《公益事业捐赠法》《国家扶贫资金管理办法》，有力地批评了检察官的观点。

作者和李智的辩护人雷福根律师

对于检察官不认可颜承录知情的事实，李智愤怒地驳斥检察官指鹿为马，颠倒黑白。他相当细心，关注细节，提出通过委托书付款的爱心企业只有 4 家，不超过 5%，显然他是认真统计过的。

庭审结束，我跟李智开玩笑说："你具备成为律师的素质，如果未来有意从事法律行业的相关工作，我可以指导。"

李智的辩护人雷福根律师，在四川小有名气，庭审表现也相当出色，为李智作了充分的无罪辩护，对我们为陶红勇的辩护进行了有力的配合和补充。后来，我们一直保持联系，还曾推荐我参与一起无罪理由充分的藏族大学生强奸案，但家属不积极，我没有介入。

庭审纪实

庭审结束后，肖哲写了篇《陶红勇案庭审记》。文笔对律师很重要，写庭审记是必经的训练方式。那是她的第一篇庭审记，总体不错，大家都说我收了个好徒弟。

庭审记发布后的第二天，有人发文《与徐昕律师助理肖哲商榷：关于"庭审记"的几点意见》，匿名，文风像是法官或检察官。微博也来了大量水军谩骂，甚至有人专门注册微博账号来骂肖哲。此文针对肖哲，但更像是批评我，我倒不在意，也不理会，一直以来，我都是只专心做自己的事。肖哲初出茅庐，没有经历过这些，没看出有压力，心理素质甚好，写了篇回应，收录于此。

对某匿名检察官／法官就《陶红勇案庭审记》商榷的商榷

谢谢您花时间读我那篇文章《陶红勇案庭审记》，并写文商榷。从您的口气，似乎是司法官员和前辈，我还是在校学生，谢谢您教导新人。但您隐去姓名，实无必要，写文商榷，坦坦荡荡，再若能以文会友，也是我的荣幸。

一、客观

《陶红勇案庭审记》，我尽量客观。但任何客观都是主观之投影，若您看到了倾向，实属正常。任何一位旁听者，听完庭审，写了记录，都可能有个人观点。而我的个人观点，或者说倾向，主要是听完庭审后得出的判断。您可能没有参与庭审（或可能旁听，但您拒绝表明身份），庭审的情况您并不了解？并且一开篇，我就表明了身份，肖哲是徐昕律师的助理，过去旁听。我作为律师助理看案件，与您从检察官或法官角色看案件，当然会有所不同。

诚如您最后所说：自己，唯有自己，才是正义的标准。旁听庭审之后，作为旁听人员，我内心依照正义标准得出的结论就是：陶红勇无罪。还不用说左卫民教授一审无罪辩护，徐教授和另一位知名教授二审也作无罪辩护。当然这些只是个人的内心标准，所以我说期待法庭公正审判。

此案在法庭审理当中，未下裁判，难道就不允许公众评论？不管我作为律师助理也好，旁听人员也好，文中所写，皆是个人观点，些许评论，有何不妥？审判独立，既独立于权势机构，亦独立于大众观点。一个独立的法庭会受到我如此人微言轻的律师助理的影响吗？此案经三位副省级领导批示，您或许更应该关注一下权力的滥用。

二、法院门难进

两位律师均出示了律师证，友好地告知有两位助理，我出示了律所的律师助理证明和身份证，但法警说只认律师证，不让我进去。为什么律师助理拿了手续不让进呢？《最高人民法院关于依法切实保障律师诉讼权利的规定》明确规定：律师带助理出庭的，应当准许。出庭都应当允许，为何四川高院连律师带助理进门都不让？作为律师助理，除旁听外，还要协助律师工作，为何四川高院要将有手续的律师助理挡在门外？何况即使按旁听人员对待，我们也出示了身份证，为何不让助理随律师进门？

两位教授都是有较高知名度的法学家和有较大影响力的律师，您妄自揣测徐教授没带律师证就去开庭，怎么揣测得下去？您还假设："如果确实是因为自己手续不全，不配合接受安检，最后法警不让进，当事人却反过来倒打一耙，在网上撰文说公检法的大门不是给人民开的，指责法院的大门难进，这样的行径就太令人不齿了。"这是以假想的事实进行人身攻击，您认为妥当吗？

旁听人员带身份证登记，经过安检可进，理论上如此。但限制旁听的情况少见吗？徐教授、伍雷律师作为推动陈满案平冤的重要人物，到海口旁听陈满案，且事前已经联系好，法院临时不让他们进门。我作为律师助理三个月来，参与了十多起案件，也是亲身体验了法院、检察院进门的不易。不远千里到赤峰中院，询问上诉案件为何3个月没有安排法官主审，保安非得联系某位法官，法官没告知联系谁呢？那根本就进不去。到南阳检察院，几位律师无法进门，说要电话联系经办人，上次接见过的副检察长又故意留下错误的电话号码，控申大厅又不给电话。没有联络，不让进门。

日本、美国等许多国家的法院，中国香港、台湾的法院，很多都无须出示证件，只须经过安检，有些安检都不要，无论是哪国人，都可以随便进入。很多国家，律师作为在野法曹，与司法官一起走专门通道。国内法院、检察院对律师都防备成这样，更不用提普通民众。

四川高院，一个堂堂的高级法院，高耸的大楼，几平方米的安检室，那天早上让几十人拥挤排队，窗口写明《上访须知》，这样对律师和公民尊重吗？公检法门难进，难道不是公认的事实？请问您是否认为法院的门难进？

三、法院安检与法官安全问题

我文中所说：法院大门难进的根源在于司法不独立，法院没有公信力。您觉得暴露了我的无知。那请您告诉我，法院门难进的根源在哪儿？

您以美国为例，其是司法独立、法院公信力高的国家，可是美国法官屡屡遭受当事人威胁、辱骂、杀害的依旧不在少数。您所引数据是否准确？

我说根源在于审判不独立，法院没有公信力。并没有说法官的安全与审判独立、法院有公信力有必然联系。为何香港高等法院、瑞典法院、日本法院等都可以直接进法庭？难道跟审判独立、法院公信力没有关系吗？我说若法官得尊重、法院有权威，法院不用戒备的像碉堡，法官不用躲在碉堡之中。有何错呢？

您还觉得显示出我对法官生命安全的冷漠。我从未说过不要戒备，不要安全防范机制。法官被暴徒杀害我非常痛心，我尊重法官、敬佩法官、关心法官，才会去探讨法官人身安全保障的根源，若真如您所说那么冷漠，根本就不会关心这个问题，也根本不会选择做刑辩律师。刑辩律师就是在捍卫生命、自由、财产啊，且在我眼里最重要的就是生命。您怎可随意说我冷漠？

四、手铐、脚镣

基于无罪推定原则和人权保障的需要，刑事案件的开庭审理，不应对被告人上手铐、脚镣、穿囚服。陶红勇只是涉嫌贪污、诈骗案，庭审就有三个法警坐在其后看管，门口亦有法警若干，有何社会危险性需要对其施以手铐、脚镣？河南高院张立勇院长就曾提出要求：刑事案件开庭审判中不得给被告人设置囚笼，被告人有与公诉人同等的坐着发言的权利，甚至被告人应与辩护人坐在一起，而不应置于被审讯的中间位置，对被告人给予充分的程序保障。对薄熙来、王立军等高官的审判所展示出的司法文明也受到大家的肯定。徐教授提出解除手铐、脚镣的请求合理合法，审判长许可体现了法院对无罪推定原则和人权保障的认可，都值得肯定。刑事案件开庭，从无罪推定原则和人权保障的角度，不应对被告人上手铐、脚镣、穿囚服，您也承认了该观点本身没错。

五、庭审时间

当天控辩审三方一开始均同意一天拉通庭审，法官作了正式宣布。后开庭时间确实过长，检察官提出休庭可以理解，但休庭理由的变化太过于牵强，开始的理由是为保障被告人的权利，后来竟变成"低血糖"。更过分的是，旁听席一位女检察官在休庭时冲上法庭，在审判台下，当着辩护人的面，向法官指手画脚，要求必须休庭，即使是四川省检察院公诉处领导，此时身份也只是旁听人员，有何权力越过警戒线冲上法庭向法官发号施令？

检察官提出的是休庭之后明天再开，并非短暂休庭去吃晚饭，您大概没有细读。若是短暂休庭去吃晚饭，被告人、辩护人、法官怎么可能不同意呢？辩护人坚持开庭的原因，不只是在法院安排明确的情况下买了机票、安排了第二天的工作，而是早已误计，主张询问完证人、鉴定人再结束。但检察官坚持休庭，第二天再开，无视证人、鉴定人已等候 10 多个小时，是否妥当？

最终决定继续开庭的是合议庭。合议庭主要考虑证人等候太久，二审传唤证人出庭又难，才决定继续庭审。检察官想明天再开庭不成，只一句"检察官回去要挨领导的骂了"，怎么成了想表达辩护人争取继续庭审成功后的得意扬扬之状呢？检察官就那么脆弱？何况确实有旁听人员听到说，是领导要求休庭。

您妄自揣测，妄下结论：因为律师的私人理由而坚持要当天拉完庭审，又因为私人理由而"考虑到时间问题"只做有效补充，那么，这样的律师也确实是太大牌，也太任性了。徐教授说简要补充，是考虑法庭的时间，而不是他自己的时间。开过庭的人都会知道，法官最怕观点重复，浪费时间。审判长很少打断，但也是提请大家注意时间，不要重复，唯有徐教授最予配合，简洁明了，这恰恰是对法庭的尊重，却被您批评。另外，简要补充也只是客气的说法，徐教授的辩护也非常全面深入。说任性，是您假想，说大牌，当作夸奖，倒是真相，徐教授专业、敬业，学界、实务界均是有目共睹。并且，两位教授作为陶红勇的辩护人，当然应该相互合作、相互配合，两人的辩护意见是一个整体。一位辩护人辩护得非常细致，发表两小时的辩护词，徐教授无须在庭上重复相同观点，没有太多必要，所以针对另一位辩护人的观点进行针对性的补充。庭后两位辩护人的辩护词分别提交，徐教授肯定会提交完整的辩护词，不日也将公之于众。您作为法律人难道不知道辩护人通常是在庭后提交书面辩护词吗？

六、反思法治

此案中，检察官实力确实赶不上辩护人，这是事实，有多少检察官能与两位法学家兼律师联手辩护相抗衡呢？庭审激烈争论，一篇小文，难以尽述，用"激战"描述，并不过当。比如，检察官对若干书证坚决不认，辩护人强烈反驳，就相当激烈。

如您所言，我还没毕业，不可能在法院、检察院工作。但我在法院实习过，亲耳听法官说某某案件怎么判由不得他。现实的司法状况，我从事律师助理三个月来更有所了解。

我并没有说法院的裁判结果都要征求检察院的意见，那是您说的。但刑事审判中，法院确实经常会征求检察院的意见。最近，徐教授、伍雷律师就王协力案强烈要求山东高院开庭，法官就多次说开庭需要检察院的同意，检察院不同意，庭都开不了。这是事实啊。

您还说：如果法院的裁判结果如作者所说，都要征求检察院的意见，那作者还来参加什么旁听呢？作者的老师又何必千里迢迢来参加庭审呢？这不是自己打自己的耳光吗？也许，唯一可以解释作者和其老师行为的，就是明知不可为而为之的悲壮吧；再不然，就只能是检察官在庭审中所说的花样式辩护，将法庭作为自己的竞技场，通过作秀的方式以博取被告人和旁听人员的喝彩。

刑事辩护之难，难于上青天。中国每年刑事辩护的无罪率极低，就是明证。但即使再难，被告人聘请律师洗冤的权利受法律保护，律师尽力为被告人辩护是职责所在，您岂能以己度人，以作秀视之。这不只是对两位教授的误解，也是中国刑事司法的悲哀。难道在检察官和法官面前，被告人只要老实认罪，律师只有唯唯诺诺，才是所谓的出路？两位教授有哪句话没有事实和法律根据？在律师有力的辩护面前，所谓花样式辩护、将法庭作为竞技场的指责，实在站不住脚。刑事法庭正是涉及当事人自由乃至生命的竞技场，律师必须以最充分、精湛的刑辩技术为被告人辩护，何种花样，如何竞技，都无可指责，这根本不是问题。更何况两位辩护人均是著名教授、律师，有何必要作秀、博取被告人和旁听人员的喝彩？徐教授几年来未去领取中国十大法治影响力人物等多个奖项，另一位辩护人就是因不愿声张才要求隐去名字。两位教授岂要作秀，只是为被告人喊冤，辩护人义不容辞。

"体制就是流水线，侦查机关屠宰，检察院搬上台面，法院盖章"，此话流传于民间，我只是引用。这话大致概括了当下中国刑事司法的现状，尽管并非绝对。体制内有健康力量，有好警察，有好检察官，有好法官，但司法体制本身存在缺陷，不可否认。

文末您都记得徐教授说过"有时杀法官的心都有了"这句话，但请您列明这话出自何种背景和上下文，不要误导公众。请看看徐教授在此案中对法庭和法官的尊重，看看昌平杀法官事件中徐教授如何强烈谴责暴力，被删帖后仍然坚持，而你们只能等上级表态才敢说上几句，看看多年来徐教授如何竭力为法官呼吁，为提高法官待遇呼吁，批评当下并不合理的司法终身追责制，为呼吁法官独立甘冒风险……您是法律人，于我还是前辈，但您这样误导大众，我为徐教授多年的呼吁感到不值。您们就在党政领导司法的体制性机床中做一颗骄傲的螺丝钉吧。

您借与我商榷之名，多次暗批徐教授，他其实根本不在意。他的性格，只专心做自己的事。即便有您这样的法官对他有所误解，他仍然会为审判独立而呼吁。在他看来，法官的真正权威是法治建设成功的标志。

若如您所想象，我对中国的司法充满敌意，我就不会选择做一个法律人。我对中国的司法不仅没有敌意，相反，我一直以最大的善意在期待中国法治的春天。司法公信不足，是客观现实，需要我们共同面对，点滴改进，我们能做的就是从个案推动法治。

作为体制外的律师助理，我也想送给体制内的法官、检察官和警察一句话：心中有敌处处敌，心中无敌，方能无敌天下，中国法治没有那么多敌对势力，法治是我们所有法律人的期盼。

回应文章发布后，好评如潮。匿名者又回一篇，肖哲认为不值得理睬，这事很快过去了。公开促公正，这两篇文章使公众了解了陶红勇案的来龙去脉，对于陶红勇的取保候审及案件解决有所助益。

重回公益

2016 年 6 月 14 日，陶红勇被取保出来，第一时间通过微信感谢我和易律师。在接下来的几个月，他多次为我介绍案件，但我接案的愿望很低，只选择有意义的案件，都没有成案。

3 个月后，因轰动全国的泸州五证人被抓案，我到成都，短暂逗留，见到取保出来的陶红勇。他气色很好，心态稳定，吃饭、喝酒、K 歌，第二天又去了武侯祠、锦里。我们聊了很多，他的狱中故事，重获自由百日的生活，未来的打算。他还关心我被《环球时报》构陷诽谤，说要请人写文章骂胡锡进，我笑笑说不用。此后，我和肖哲为郑尚元案多次到成都，每次他们夫妻都一定要热情接待。

他被羁押 5 年，在看守所没怎么遭罪，还颇受尊重，当了几年班长，帮看守所领导改过文件、写过材料。领导跟他讨论未来中国局势，陶红勇说信息不全难以判断，领导又特意给他订了《参考消息》，叮嘱其看完撕了扔水里。

在看守所，烟象征着身份，并不是所有的人都能抽到烟，虽然家属带的烟会经常被降级换包后再给他们，那也说明他们在外面是有头有脸的人。而

陶红勇自由后，我们首次相见

陶红勇是有烟抽的人。

狱警惩罚不守规矩的人有很多方法，有一种"135"，晚上值1点、3点、5点班，2点、4点可睡觉，但刚躺下又得起来。有位狱警觉得升官慢，想加入民主党派，跟陶红勇探讨，陶红勇说可以介绍……这些故事真是人生难得的经历。

陶红勇是个善人，在看守所时就说想做更多春晖送电影下乡那样的公益活动，想做世界华文图书馆。他出来的第二天，就回到四川省民生经济研究会开始工作，继续履行一直为他保留的秘书长职务。5年来，研究会的领导和同事坚信陶红勇无罪，出来后能把协会的工作做得更好。事实证明如此，他已经启动了新的公益项目：西部乡村读书行动，动员社会为西部乡村的孩子捐书、赠书，建立西部乡村图书馆。虽然我形象一般，但西部乡村读书行动聘请我担任形象大使，以发文、访谈等形式谈读书的意义，励志励人。

一年多后，法院仍未判决，想必法官十分犹豫。判无罪，怕检察院有意见；判有罪，又担心律师和家属的批评。当初，如果实报实销，家属和律师都会十分感谢，但陶红勇重获自由一年多后，再判有罪，难免责怪法官。

2017年6月，看到《四川法制报》报道《"美女庭长"莫红：专办刑事大要案》，我借机写了一篇小文章，以表扬的方式敦促法官作出无罪判决：

作为学者和律师，我的风格是批评，很少直接表扬。但今天看到一篇法官的报道，很愿意附议。透过我承办的陶红勇案，我能深深地感受到莫红法官的公正、专业、良知和担当。甚至我多次向朱明勇律师、何兵教授建议，他们辩护的四川泸州合江前县委书记李波上诉案（我曾为此案涉及的泸州抓五证人案之李梅辩护，一个多月李梅就获得自由），选莫红法官来审理——当然，这需要有当事人挑选法官制度。

莫红此前曾入选四川省第十一次党代会党代表的候选人，但最终未能当选。对此，我深表遗憾。另外，这个报道写得也有点空，并不能客观地反映莫法官的事迹。

获得中央政法委、中纪委、最高法院、省委、省委政法委主要领导的肯定固然重要，但法官好不好，律师和当事人的评价最重要。我曾经学习台湾民间司法改革基金会，发起旁听庭审促进计划，由旁听人员、律师和当事人对法官进行评价，但由于"你懂的"的原因，很快停了下来。就法律使用者的视角而言，尤其是一个批评导向的学者型律师，愿意发自内心慷慨地赞扬一位法官，足以说明一切。

2018 年 2 月 8 日，四川高院委托成都中院送达判决书：撤销原一审以贪污罪、诈骗罪判 13 年，以职务侵占罪改判陶红勇 5 年。

典型的实报实销。作为辩护人，我坚持认为陶红勇无罪，既不构成贪污罪、诈骗罪，也不构成职务侵占罪。从 2011 年 6 月 15 日开始羁押，到 2016 年 6 月 14 日取保，我最初的预期就是实报实销，只是取保后长期未宣判，我们对无罪判决存在一定的幻想。判决书落款 2017 年 8 月 8 日，推迟半年宣判，也体现了法院的犹豫。

但毕竟得面对现实，无罪面临的阻力太大，办案人的责任，国家赔偿，这些都是无法绕过去的问题。从某种意义上看，实报实销、缓刑、撤诉、不起诉都可以算作中国特色的"无罪判决"。尽管留下遗憾，毕竟早已获得自由，未来再艰难地寻求最终的正义吧。

　　看到客厅中凡·高的名画，我总会想起邓玲送的向日葵和满天星，想起为陶红勇辩护的经历。向日葵代表勇敢地去追求自己想要的幸福、梦想和生活。满天星则像一朵朵小向日葵，我喜欢这些花，喜欢这样的搭配，喜欢它们灿烂绽放时的生机，如生命歌唱，如正义来临。

　　（颜承录、颜永清、陈梅强、刘超法、任上林等人的姓名进行了处理）

第五章　省府行贿第一案

杜文贪污、挪用公款案

2016 年 7 月 4 日，杜文案终审宣判。王银柱法官电话通知我，希望辩护人都去，我说，"你判好点，我才去"。他自然不肯透露。我猜测结果不会太好，没有去。

内蒙古高院终审判决，杜文因犯贪污罪和挪用公款罪，判处有期徒刑 11 年，并处罚金 200 万元。比一审减了 4 年，在我的意料之中。我原来猜想，大概判 10 年。但判处 200 万元罚金，我没想到。这是公然违反上诉不加刑原则，一审未判罚金，二审却处巨额罚金。这家人经济困难，二审连律师费都给不起，也肯定交不上罚金，现在按规定，不交罚金不减刑，杜文未来减刑的机会都可能没有，够狠。

此案其实非常简单，所有证据指向内蒙古自治区政府公款送礼，杜文只是个棋子。全世界都知道这是中国首起曝光的省级政府公款行贿案，只是内蒙古的检察院不认，法院假装不知道。

证据显示，自治区政府有关领导清楚此事，乌兰特格尔秘书长知道送礼之事，乌兰特格尔与杜文的谈话录音提到"主席"，武志忠亲自安排，赵黎平受命操作。但不追究单位行贿的决策者、安排者，不追查受贿官员，只将链条末端、跑腿跟班的小人物杜文作为替罪羊与唯一追责者，既不公平，更是涉嫌徇私枉法，放纵犯罪。在中央大力反腐的背景下，如此公然放纵官员犯罪，令人不解。我认为，杜文只构成单位行贿罪，不构成检方指控的贪污、挪用公款罪。

案件历时 6 年，媒体广泛报道，杜文的妻子王伟华从一个温婉的主妇，变成了刚毅勇敢的女斗士，持续不断进行网络揭露，为杜文呼吁，作家赵秋原写出长篇纪实文学《杜文案件》并在香港出版。

公款送礼

杜文案牵扯出 2007 年一宗省级政府公款行贿案和内蒙古自治区政府原副秘书长武志忠腐败案，轰动一时，后来又牵涉内蒙古自治区政协副主席赵黎平杀人案，风波再起。

该公款行贿案始于内蒙古自治区在深圳福田的一块土地。该地块系 1996 年深圳市政府出于对少数民族地区的特殊照顾，以优惠地价 470 万元专项扶持，把土地使用权出让给内蒙古自治区政府办公厅。后办公厅委托深圳市蒙帝国际投资发展有限公司开发建设内蒙古大厦，并约定大厦产权归该公司所有，相当于无偿赠送土地。该公司董事长系乌可力。

2007 年 3 月 22 日，内蒙古自治区政府接到通知，该地因一笔 600 万元的债务纠纷被长沙铁路运输法院查封，即将卖给深圳普华凯达公司偿债。得知此事后，自治区政府紧急派出政务、法务两个工作组，想要拿回土地。杜文在法务组参与协调，当时的对外身份是内蒙古典章法学与社会学研究院院长、自治区政府法律顾问室副主任，非政府公职人员。

2008 年 11 月，内蒙古法制办向财政厅暂借的深圳土地案专项办案经费 2200 万元打入研究院账户。自治区政府法律顾问室经自治区领导同意，从财政支出 210 万元，时任法制办主任的武志忠、秘书处处长张小和杜文三人，专程前往深圳给相关官员送礼，感谢对方在办理该土地案件上给予的帮助。对此次赴深圳送礼事件，武志忠、杜文、张小等人均承认专程前往，只是细节表述不同。从深圳回来后，根据时任自治区政府秘书长乌兰特格尔的批示和武志忠的安排，210 万元由财务直接销账。

杜文在法庭上描述：

2008 年 11 月 28 日起，我与张小一道 7 天、7 次取出公款，统交武志忠、于惠珑保管，12 月 3 日，武志忠给了张小和我 4 个封好的黑包，启动代号"送奶豆腐行动"。我和张小在四个地方，分四次送出。四个地点分别为深圳的格兰云天大酒店、某高档会所、深圳市政府北门外停车场、必胜客餐厅。我开车，跟张小一起，到哪儿、给谁均写在便签上，第一次目的地是格兰云天大酒店二楼咖啡厅，一位女士看一本杂志，我停车，张小回来说送给了一个黄头发、白皮肤、蓝眼睛的外国人。

但张小供述称，他是武志忠派来监督杜文送钱的，每次送钱都是杜文独自进去，他不知情，且送礼的主意也是杜文提出来的。

乌兰特格尔则说："经研究同意去深圳做前期工作，怎么使用责成武志忠同志监管。"检察员问："如果该款系向深圳土地案有关人员送礼，事先是否向你请示过？当时相关部门或人员是如何向你请示的，你是怎样答复的？"他回答："记得研究过，细节记不清。"

经多方运作，该地块又回到内蒙古自治区政府手中。但 2009 年 12 月 28 日，最高人民法院裁定此前的判决违法，该地并未判给内蒙古自治区政府。于是，法务工作组继续运作。2010 年，在自治区有关领导授意下，杜文从专项办案经费中借支 412 万元（含 12 万元差旅费），用于内蒙古警方"协调"公安部，以使公安进行刑事立案。此次"协调"中，杜文不仅充当有关领导与时任公安厅厅长赵黎平的联络人，亦负责按指示运送钱款。对于这 412 万元，无论武志忠、乌兰特格尔还是赵黎平，均否认曾安排或介入此项公款送礼。但重审一审恢复的一段录音中，乌兰特格尔亲口说："咱们现在花的钱给这次公安 400 万元，给这边是 120 万元，深圳 200 万元，剩下评估费用是 80 万元，还有个 100 多万元是咱们的差旅费……"

2012 年 8 月，呼和浩特中院一审判决认定：杜文贪污了 210 万元中的 80 万元，412 万元中的 130 万元，以及虚报冒领 8 万余元，判处有期徒刑 15 年。杜文上诉后，内蒙古高院撤销原判，发回重审。

2013 年 12 月，武志忠因贪污、受贿、挪用公款等罪被判处无期徒刑，研究院曾用于 1200 万元贷款质押担保的 1420 万元存款被认定为挪用公款。杜文案发回重审后，检察院追加起诉，指控杜文任研究院院长期间，在武志忠的指使下，帮助武志忠妻子于惠珑挪用了上述 1420 万元。

初见杜文

杜文案二审发回重审后，杜文的妻子王伟华找到我，几番恳请，我才介入，并安排工甫律师共同作为辩护人。

会见过杜文很多次，但第一次会见的情景，至今印象深刻。

2014 年 11 月 21 日，我第一次见到杜文。杜文以前做过律师，中等身高，挺胖，国字脸，戴一副黑框眼镜，走路很稳。他早就知道我，见面后很开心，"徐老师，您终于来了"。

杜文被羁押多年，在看守所学画画，我这个外行看着还不错。有素描、国画、油画，画了岳父、妻子、给妻子的玫瑰、给儿子的狮子，有几幅画是呼市第三看守所，取名《窗外》。我鼓励他将这些独特的观察画出来，"未来可以出书，开画展，画展的主题就叫《高墙》吧。"他笑笑，很平静。

我早已研究过案件，问了近况之后，就直奔主题，特别是下一步的行动策略。杜文的思路清晰，口若悬河，意志坚定，是我所有当事人中自我辩护能力最强的一个。我们就很多问题迅速达成了共识。例如，必须申请进行录音、短信的数据恢复，申请对乌兰特格尔与录音进行声纹比对，申请法庭调取内蒙古区政府的会议纪要，控告检察院以红头文件没收杜文购房款 100 多万元

杜文的画

等违法行为。杜文特别强调，"希望你们找记者，报道事实，希望尽快开庭。"

说到深圳送礼的部分，我单刀直入，盯着杜文的眼睛："深圳送礼中的80万元，你究竟有没有拿？"杜文否认，但他的回答无法令我确信。

我继续追问："你说80万元是你父亲看风水赚到的，有何证据？"

他不能提供任何支持性证据，"我父亲精神出现了问题，不见人"。

事实上，两个多月前，杜文的妻子王伟华向我求助时，我也突然问过她这个问题。

我和王甫律师共同为杜文作无罪辩护，但坦诚地说，杜文是否拿了这80万，我们无法确认。在深圳公款送礼的同时，杜文父亲杜凤和的账户上增加了80万元，杜凤和也供述过80万元系杜文的钱，但后来否认。我们都曾怀疑杜文拿了这80万元。

但刑辩律师不是警察，不是检察官，不以探究真相为目标，而是基于证据作有利于被告人的辩护。真相与证据，有时可能会有矛盾，律师的角色和职业伦理决定了律师只能选择基于证据进行辩护，而不是感觉，甚至要克服反向的感觉。对真相的好奇心会妨碍刑事辩护的效果，真相只属于当事人和上帝。

基于在卷证据，无法证明这80万元与杜文或公款有任何联系，并不能得出杜文贪污这80万元的唯一结论。这是几次开庭时我的辩护意见。认定被告人有罪的结论应当是唯一的，即必须达到排除合理怀疑的证明标准。而认定 80 万元为杜文贪污尚有不少合理怀疑：

（1）杜文没有义务证明 80 万元之来源，控方并无直接证据证明杜文拿了这笔钱。无罪推定是现代法治的基本原则，中国仅有巨额财产来源不明罪设定了例外。

（2）检方没有证据证明杜文是公款的最后经手人。杜文供述由他开车，张小送钱；张小称是杜文进去送钱；而常锐证明杜文一直在开车；刘凯证明多次将车辆借给杜文。因此，钱有可能是张小所送，但检察院却不追查张小。

（3）检方远未穷尽调查可能的受贿者。为深圳土地案件行贿，检方并未调查国土部门，深圳市相关领导，甚至案件中显示很可能受贿的人，如深圳市法制办官员，检方也视而不见。

（4）检方未充分调查集体行贿的决策者。作为送礼的实际决策者、执行者和监督者，武志忠夫妇亲自带队到深圳送礼，乌兰特格尔作为公款送礼的主谋，他们都应该知道钱送给了谁。检方未尽充分调查，却简单地归罪于杜文。

（5）检方的指控逻辑是：检方到深圳、广州、长沙等地调查了 15 人，都说没有受贿，没有收到杜文的钱，所以钱就是被杜文贪污了。这种逻辑何其荒唐？检察院既未查清决策人，亦未追查收礼人，还未排除同时送礼，且更可能实际送礼的张小，凭何指控杜文贪污？检方没有任何证据证明公款 210 万元未送出，没有一个证人证明杜文贪污了 210 万元中的 80 万元，仅仅以 15 人说没收到就指控杜文贪污，是不能成立的。没有任何人会说自己收到了内蒙古自治区政府送的钱。

证据灭失

本案伊始，怪事连篇，杜文的录音笔、手机、电脑中的录音和短信等数据尽遭删除。最早是杜文非法持枪案中，所谓"神探"冯志明局长，报道指其为呼格吉勒图冤案的主要制造者，以查枪为名，搜走了杜文备存的所有 7 份电子数据介质，查抄杜文岳父 101 枚银元，退回时还变成了假货。杜文夫妻认为是设局陷害，武志忠先送枪给杜文，很快举报杜文非法持有枪支。此后，案件从公安到检察，证明杜文无罪的电子数据大量消失。

2011 年 8 月，杜文案进入审查起诉阶段，杜文见到了呼和浩特市检察院白建军检察官，他当时内心充满了希望，把视为救命稻草的三份录音证据，从电脑中找到交给了白建军，其中包括乌兰特格尔当着杜文的面给赵黎平打电话的录音。白建军在重审一审时也当庭承认，审查起诉阶段，他从杜文电脑拷贝了三个录音文件到 U 盘。

杜文认为，这些录音足以证明他是无辜的，等着白建军给他主持公道。但没想到，白建军不仅将他起诉到法院，还将他的救命稻草连根拔起，毁灭殆尽，杜文的电脑坏了，录音不见了。白建军称，"录音是拷到 U 盘过，U 盘的文件转移到办公电脑，但 U 盘又丢了，办公电脑坏了。"

一直到 2012 年 3 月，在杜文的强烈要求和家属承担录音鉴定、恢复费用的情况下，遭到删除的录音和手机短信得到了部分恢复。重审一审，我们将这些录音提交法庭作为辩方证据；重审二审，我们再次要求恢复录音，但并没有比第一次恢复得更多。杜文仍坚称，最关键的录音还是没了，这段录音里含有公款送礼的决策人、执行人、收礼人信息。他多次说道："一听录音，就能证明我无罪了。"

申请回避

2014 年 12 月 11 日，杜文案重审一审第一次公开开庭审理。因杜文提出回避申请，审理约半小时即告结束。

书记员宣布开庭，全体起立，请合议庭入审判席，但有一位检察官没有起立。王甫律师举手，建议让这位公诉人起立，众目睽睽之下，袁检察官缓缓起身，神情尴尬。

杜文申请公诉人白建军回避，理由是其删除并长期隐匿杜文无罪的证据，包庇乌兰特格尔等领导涉罪事实，涉嫌犯罪，与本案有利害关系。

白建军回应："录音设备在赛罕区检察院保管，我认为录音证据与本案关系不大而未提交，并非隐匿。"

我的发言直奔主题："所有证据都证明本案是一起内蒙古自治区政府集体决策的公款送礼行为，有人送钱，有人受贿，白建军作为国家公诉人，不仅不调查这些人还公然隐匿政府领导涉案证据，删除杜文的无罪证据，本案处理结果与其有利害关系，理应回避。"

杜文继续申请呼市检察院副检察长云鹏飞回避。"2010 年 6 月 30 日至 7 月 2 日，我从看守所被提押到检察院三天内，云鹏飞指使法警对我实施殴打、饿、渴、吊、烤全羊、熬（用探照灯照眼不让睡觉）和灌煤渣尿。"杜文当场泪流满面，狂吐不止，"五年来一提云鹏飞的名字我就忍不住呕吐。""赛罕区检察院在终审判决前非法没收我家的 101 万元购房首付款，云鹏飞先负责侦查后又负责起诉，违反法定的侦查起诉相互制约规定。"审判长打断杜文，"对云鹏飞的回避应向检察院提出，而非法院。"

杜文接下来申请原一审审判长、现刑二庭庭长吴建平回避，"吴建平在担任一审审判长期间，拒不核对被告人无罪证据，隐瞒涉及乌兰特格尔等政府领导涉罪证据，本案处理结果与其有利害关系，其继续以刑二庭庭长身份领导合议庭参与本案有碍司法公正。"

在许多案件中，申请回避是一项策略。刚开庭时，领导和各界人士旁听审理的较多，申请回避可以将案件的问题一开始就展示出来。申请白建军回避，目的在于一开庭就揭示隐匿和毁灭证据。申请云鹏飞回避则是为了揭露刑讯逼供，刑讯有初步证据，如杜文被打得尾椎断裂，有拍片为证，曾经病危，住院十多个月才恢复过来。

重审一审

再次开庭，已是 7 天后，2014 年 12 月 18 日。杜文的第一句话是，"我是无辜的，我没有贪污过一分钱。"庭审进行得非常激烈，多次中断，有一次我忍不住拍了桌子。

公诉人白建军宣读武志忠的证言：武志忠第一次作证说他没有批准，借条上的签字是杜文伪造的；第二次证言说借条上的签字是杜文从其他文件上移植到借条上的；杜文要求进行笔迹鉴定，检察院也同意后，武志忠怕了；第三次证言承认借条签字的真实性，但又说部分内容"实为赴北京办案支出，暂从政府办案款中支付"是杜文后添上去的。

如此矛盾重重的证据，公诉人竟然说，证明了杜文使用公款未经批准。

"武志忠的证言翻来覆去，明明是个骗子，赤裸裸地做伪证，你作为国家公诉人是如何得出这个结论的？你看看签字内容是武志忠的笔迹，还是杜文的笔迹？"

这位公诉人竟然说："没错呀，是杜文添加的。"

我怒不可遏，拍了桌子。

休庭后，审判长杨晓光在厕所跟我聊："有话好好说，别那么大火气。"

我说："当场说瞎话，在古代的衙门要被掌嘴的，法官大人应该抽他。"

我认为证明杜文犯罪的证据不足，进行了比较彻底的无罪辩护。杜文家人账户上增加的 80 万元，无法排除合理怀疑，先前已经说过了。贪污 412 万元中的 130 万元，也是无法成立。412 万元有借据，经武志忠签字批准，且其亲笔加注了款项用途和财务处理方式。杜文当庭供述，130 万元交给了赵黎平。赵黎平时任公安厅长，后升任自治区副主席。赵黎平称北京一位领导爱古董，他看上了一件价值 130 万元的古董可以送过去。此前两次审理，杜文为保命，始终坚持"打死不说"。此次开庭，杜文将其视为最后揭露真相的自保机会，首次当庭供述该重大事实。除此 130 万元外，其他款项杜文锁于保险柜，并留下字条："此为公款，夫人勿动。"

内蒙古典章法学与社会学研究院系民办非企业，公益性社团法人，杜文只是挂名院长，而且 2008 年时就将自己的 49% 的股权转让出去，没有编制，不属于国家工作人员，从未领取过财政工资，收入皆以劳务费、咨询费方式支取，属于典型的临时工。杜文接受的委托是就深圳土地案参与执行异议等司法程序，而非接受公款送礼的委托。国家机关的委托必须具备合法性，公款送礼乃非法之委托，不能成立委托的法律效力。杜文不符合贪污罪的主体要件。

挪用公款罪，杜文不仅不构成，反而有功。2010 年 3 月，杜文发现武志忠夫妇挪用公款的犯罪事实后，第一时间向乌兰特格尔汇报，迫使武志忠夫妇归还挪用的巨额公款，导致被举报人获刑。但法院不仅没有认定杜文立功，检察院在二审发回重审后，在武志忠已成为"死老虎"之后，竟追加起诉杜文为挪用公款的共犯，令人瞠目结舌。

青城相聚

开庭后一个月，2015 年 1 月 27 日，从看守所传来杜文绝食的消息，次日我紧急前往会见。杜文绝食主要是抗议超期羁押，当时他已被连续羁押 4 年 8 个月零 18 天。他还说，"乌兰特格尔对账会议和杜文与武志忠通话录音证据完全可以证明我无罪，一天内便可核实清楚，可以进行鉴定，可以传唤出庭作证"。会见之后，杜文停止绝食，我也向呼市中院提出了变更强制措施申请。

从呼市中院出来，我去看望呼格吉勒图父母。早在 2013 年 6 月，应王振宇律师的请求，我开始就呼格吉勒图案每日一呼，"又一个聂树斌"，并同意作为呼格吉勒图父母的申诉代理人，共同推动这起当时备受冷落的重大冤案。一年半后，2014 年 11 月 20 日，呼格案终于启动再审。案件申诉阶段，我接受呼格吉勒图母亲的委托，作为申诉代理人；但呼格案进入再审程序后，由于有三位申诉代理人，内蒙古高院只接受两位律师作为辩护人，我退出案件，"我所做的只是呐喊"。由于这段缘分，我与呼格家保持了比较密切的联系，到呼市也常去看望两位老人。

呼格案已平冤，呼格父母李三仁、尚爱云仍挂念追责事项。但他们提交的控告书，很不完善，我提出了一些建议。比如，真正的责任人必须追究，但追责也不应扩大化，因为冤案的发生主要是制度原因。后来，对27人追责，"自罚三杯"，严重警告，行政记过，连撤职的都没有，呼格的父母气得浑身发抖，再次要求追责，写下控告信，也是趁我到内蒙古出差之机，请我和肖哲修改后提交。

1月29日晚，我与呼格的大哥昭力格图、滑力加、王伟华聚会，商谈如何推动杜文案的解决。我介绍杜文的妻子认识呼格的父母、大哥、滑力加等有助于洗冤的人物，他们后来确实高度关注杜文案。

滑力加原为呼和浩特市新城区检察院检委会专职委员，多次撰文为呼格吉勒图案呼吁，退休后举报检察系统的贪官，遭遇报复，被疯狂殴打，造成右侧肋骨骨折，并插入右侧肺叶造成严重气胸，遭受锐物划伤的面部缝合七针。他告诉我，他有确凿的证据证明是某检察长买凶杀人，他一定要将其绳之以法，听起来惊心动魄。

当晚，恰逢2015年的第一场雪，我无限感慨，写下一段札记："呼和浩特，

王伟华、滑力加、作者、昭力格图

会见杜文，劝其保重，停止绝食；看望呼格父母，喝香浓奶茶，谈冤案控告；呼格大哥、滑力加、杜文之妻，三起大案当事人和一个律师，共进晚餐。此时窗外，灯火阑珊，雪花纷飞，心潮澎湃。新年伊始，瑞雪洗冤，惟愿公平如洪流滚滚，使公义如江河滔滔，司法公正，天下无冤。"

王伟华和诗："苍茫四九雪，纷纷降青城。学者徐昕至，为冤鸣不平。绝食抗议止，鉴定即成行。再访呼格母，一缕奶茶香。滑检同前往，把酒话人狼。不诉奔波苦，只为无冤枉。无惧危和险，披荆斩棘忙。无语亦无泪，丹心雪中藏。"

赵黎平案

2015年3月20日，内蒙古前政协副主席赵黎平驾车追赶一辆白色轿车，李小红拨通110，告诉接线民警："赵黎平要杀我。"在赤峰市百合新城小区内，赵黎平追上白色轿车，持枪击中李小红头部，后将其带至提前踩点的荒山中焚尸、掩埋。3月21日，警方截住赵黎平，赵黎平身上带血，没有反抗。报道称，赵黎平是中华人民共和国成立后首个亲手杀人的省部级高官。

2015年年初，内蒙古公安系统就传出赵黎平将被调查的消息。时间节点，正是杜文案重审一审开庭之后。被调查的原因之一，大概有杜文案重审一审开庭，一改此前"送礼去向打死不能说"的严密口风，首次当庭供述和举报：赵黎平以领导看好一尊铜鼎为由拿走130万元。

此案定将引爆舆情，正是关注杜文案的最好时机。我立即发布微博："内蒙古前公安厅长、政协副主席赵黎平涉嫌杀人。去年杜文曾当庭供述，130万元交赵黎平，赵黎平称北京某领导爱古董，他看上一件130万元的古董可送过去。但是否送，不得而知。这是杜文首次当庭供述，先前为保命而不敢说。但呼市检察院未作任何调查而直接否定，此次公开举报，请有关部门核查。"进而，我又追问，"如果赵黎平被杜文举报后就立即调查，或许不会发生此次的命案，呼市检察院你们会感到内疚吗？"

2014 年 12 月 18 日，一审庭审，杜文描述了 130 万元交给赵黎平、赵黎平拟给北京某领导送古董的细节：

2010 年 3 月 5 日，赵黎平发短信：办吧。这是下达执行命令。3 月 6 日至 9 日，我到北京联系专家出具论证报告。3 月 9 日至 14 日，武志忠到北京给任亚平写要求公安厅立案的报告。3 月 14 日，武志忠在全国两会驻地元大都饭店向任亚平、乌兰特格尔汇报情况。3 月 23 日，我根据武志忠的批示办理借款手续，3 月 26 日到账，4 月 1 日完成提款。而后赵黎平对我说吃饭送礼的方案行不通，说他干了 40 年警察，从普通刑警到公安厅长从没做过这种事，但是主席、秘书长 1 天 1 个电话催他，扛不住，不能全送也不能不送，还不能让政府承担 1 分钱的损失，他们会出国，他也会。后来赵黎平给我写了个便签，让我在指定时间、地点送出。4 月 23 日，大约赵黎平出国后的第二天，让我按照便签要求在首都机场高速 3 号航站楼进京方向，过收费站 1 公里处路边应急停车带，将 130 万元现金提包以送土特产的名义交给一个叫老孟的人。但随后，赵黎平又说办事人不敢见。现金送不出去，赵黎平又说领导看上一件古董，130 万元，让我给他拿钱，他直接买，由他直接送出，剩下的钱先放到我那里。

2010 年 4 月中旬，乌兰特格尔和武志忠出国，赵黎平出国之前。我按赵黎平的要求在自己家旁边的交通厅门口旁，用黑包装了 13 捆现金，给了赵黎平 130 万元现金。赵黎平当时驾驶一辆民用白色别克陆上公务舱汽车，车里有个红色警报灯。门是电动的，赵黎平按开关，开门，我把钱放在后座，赵黎平将电话扣在胸口，示意让我坐副驾，坐下后，赵黎平摸我的上衣口袋，看我是否带了录音设备。赵黎平好像正在同一个女人通话，让她检讨什么的。之后，赵黎平交代，不能让政府承担任何风险，先把事办成再说，回头看咋处理。任何人问，都不能说送了也不能说没送，有异议让他们直接跟赵黎平说。那天刮风，是扬沙天气。

这一举报详尽具体，本应引起高度重视，认真调查。但检察院未作任何调查，公诉人仅凭先前赵黎平声称对 400 万元公安部送礼之事毫不知情的所谓"证据材料"——一张连签名都没有的打印纸，就断然否定。内蒙古检察系统对此毫无反应。倘若检察院重视，深入调查，很可能避免半年后赵黎平故意杀人案的发生。公诉人未依被告人和辩护人请求，将案件线索转交相关部门，有渎职行为。

此后，媒体大范围报道杜文案。对于采访，我向来尽可能回避，全部让王甫接受采访。公款行贿，再被揭露。赵黎平案发后，中纪委曾有人到看守所提审杜文，事关机密，就此打住。

此前，一起重大的反腐案件也与杜文案有关联。2014 年 11 月 28 日，广东省政协主席、省委副书记、政法委书记朱明国涉嫌严重违纪，接受调查。指控杜文虚报冒领的 8 万余元中，杜文供述，其中一笔系购买皮画送朱明国等人。

2008 年 12 月，武志忠带杜文到朱明国的办公室，请其协调广东高院执行土地案异议问题，"送给朱明国的画，价值6000多元，画就挂在他办公室里。"杜文还对在朱明国办公室的一块翡翠印象深刻，"一看就价值不菲"。我曾申请法院调取该画，不被理睬。其他支出系装修研究院办公用房等，有现存的实物及金鹊木门、马克森地板订货单、收据等为证，报销皆经武志忠签字批准，履行了正常的财务手续，发票的问题多为商家开票不规范。

2015 年 7 月 1 日，杜文案再度开庭。7 月 17 日，呼市中院开庭宣判，再次判处杜文有期徒刑 15 年，刑期不变，但罪名增加了挪用公款罪。杜文当庭提出上诉。当时，我正在日本访学，恰逢日本国会前数万人反对安保法案的示威，我亲眼看到一位警察把示威群众从专门的示威通道领进来，知道杜文被重判的消息，我掩面长叹。

拜祭呼格

2016 年 3 月 15 日，因呼格大哥昭力格图介绍的姜何龙案到内蒙古。内蒙古自治区检察院拒收姜何龙案的控告材料，我们拍照取证，控申大厅刘主任命法警强制删照片，我和肖哲因此被扣留不让走，后删除照片才得以离开。当天，我和肖哲再到呼市第三看守所会见杜文，听到更令人震惊的内幕，那130 万元或涉及更高层官员。

失望之中，我们到大昭寺寻求心灵安慰。大昭寺香火缭绕，酥油灯长明不灭，信徒们在寺前磕着长头。一缕阳光，穿过庙宇斑驳镂空的天窗，抵达佛殿，仿似佛光显现，殿内的银佛威严而慈祥，竟给我一个未信仰佛教的凡夫以爱和前行的力量。

那一次，我再去拜祭呼格，同行还有呼格的大哥、杜文妻子和肖哲。呼格已迁了新坟，新墓由一个大大的问号围起来，仿佛在询问这个年轻的灵魂，

拜祭呼格。左起：作者、昭力格图、王伟华

能否感受到迟来的正义，又像在质问中国法治，质问呼格为何活得如此短暂。孤坟寂寥，感慨冤案易发，洗冤艰难，追责奢望，竟无语，唯有泪千行。

呼格吉勒图，以自己的生命推动中国法治向前一小步。墓前，是江平先生撰写的墓志铭："呼格吉勒图，内蒙古呼和浩特人。一九七七年九月二十一日生。十八岁时，危难攸降。蒙冤而死。一九九六年四月九日夜，一女子被害身亡。呼格报案。被疑为凶手。后不堪严刑而屈招。被判死刑，六月十日。毙。呼格负罪名而草葬于野。父母忍辱十年。哀状不可言。二零零五年十月。命案真凶现身。呼格之冤方显于天下。令华夏震惊。然案牍尘封无所动，又逾九年。内蒙古自治区高级人民法院再审。二零一四年十二月十五日宣布呼格无罪。优良的司法，乃国民之福。呼格其生也短，其命也悲。惜无此福。然以生命警示手持司法权柄者，应重证据，不臆断。重人权，不擅权，不为一时政治之权益而弃法治与公正。今重葬呼格。意在求之，以慰冤魂。"

第一次凭悼呼格吉勒图，是在旧墓。2014 年 11 月 21 日，呼格案启动再审的第二天，我和王振宇律师、王伟华等赴呼格坟前凭悼。呼格的哥哥昭力格图说，弟弟抽烟，给他烧了三支烟。孤坟，火焰，青烟，无语问苍天。

我们又去拜访呼格的父母。那日依旧是同呼格大哥、滑力加和杜文的妻子共进晚餐。没想到那日一别，竟是与滑检永别，几个月后他因癌症去世。

重审二审

2016 年 4 月 28 日，杜文案二审庭前会议。杜文被 4 个法警押进法庭，手铐脚镣，行动缓慢。杜文坐下，审判长命法警去除手铐，我强烈要求之后，审判长也让法警去掉脚镣。杜文要求脱掉囚服，审判长也同意，要求法庭给一支笔，记录相关内容。女法警马上反对，建议法庭不予允许。我们马上反对法警发言，但法庭最终没有把笔给杜文，至于庭审是否要给，合议庭将评议决定。

庭前会议一般不允许旁听，虽经请求，法官仍不同意。杜文妻子进不去，没等到看见杜文，就出了高院大门，恰好听见门卫法警用对讲机说："杜文老婆出来了，兄弟们盯紧了啊。"一个手无缚鸡之力的女人，至于如此防备？

庭前会议结束时，法警带走杜文，脚镣拷得太紧，弄疼了杜文，杜文提意见。法警说杜文是犯罪嫌疑人，引发争执。杜文大吼："我还没有被定罪，即便是犯罪嫌疑人也有人权"，与法警大吵起来。

整个庭前会议，杜文一直都很冷静，那一刻爆发。后来，为了不影响第二天庭审的思路，我到羁押室劝导杜文，不要计较，也要求放松脚镣，并建议第二天不要戴脚镣。第二天庭审确实没有戴脚镣了。

主审法官王银柱，满头白发，戴副眼镜，个头不高，非常温和。他耗费两个多月，逐条逐句，听取录音，并有重大发现：2010年3月26日例行会议后，录音笔没有关，恰好记录了杜文向武志忠汇报与赵黎平一起送礼之事。此次录音系公开录制，具备真实性、合法性。王法官提审时将此重要信息告诉杜文。只有慢速，才能听清，我当庭向王法官致敬。他也同意肖哲以律师

作者和王甫、肖哲

助理的身份坐在辩护席辅助辩护。他表示理解杜文和他妻子，庭审结束后会安排他们短暂见面。王法官是个有人情味、负责任的法官，但此等大案，他说了也不算。

2016年4月29日，内蒙古高院一楼中法庭，杜文案重审二审公开开庭。此次开庭，据说高层关注，要求尽快、公正处理。法警林立，安检严格，旁听人员要脱外套，严格安检之后才能进去。第三排才准许旁听人员入座，基本坐满。法庭为被告人、检察官和律师都准备了水，也给杜文准备了一支软笔。旁听席有记者以旁听人员身份潜伏，有写杜文案纪实文学的作家赵秋原，有内蒙古检察系统的检察官，有杜文家属，还有关心此案的普通民众。

一开庭，杜文申请书记员回避。理由是书记员昨天庭前会议未按照自己的陈述记录，篡改庭前会议笔录，并拒绝杜文提出的按同步录像修改笔录的要求，打算绕开杜文直接由律师确认。杜文仔细核对庭前会议笔录，认为法官、律师、检察官所说的均不是他们本身的表达，笔录是书记员撰写。他还说，不想当导演的书记员不是好编剧，对书记员提出控告，认为书记员与本案有利害关系，应当回避。但主审法官当庭驳回，不允许复议。

杜文详细陈述了上诉理由："重审一审重口供，轻事实，认定事实错误，适用法律错误，我没有贪污、没有挪用公款，上诉要求改判我无罪。6年来，我经历了太多伸手不见五指的黑暗，唯独没有看到公正。我不明白自己执行组织安排的工作，却被指控犯罪，面临15年有期徒刑。虽然知道在强大的权力面前，可能永远也回不去，但坚决不会放弃，哪怕只有一线希望，为了真相、尊严和家人，甘愿流尽最后一滴血。"

我因重感冒，声音沙哑，频频咳嗽，稍加补充："大量证据证明，此案是内蒙古自治区政府单位行贿，检方多年掩盖真相，毁灭大量电子数据，拒绝提供录音录像。内蒙古政府向深圳送礼，自治区领导知道此事，到底是谁决定送礼，谁收了钱，有人安排指使行贿，有人受贿，为何检察官不调查这些问题，明知有罪而不追诉，涉嫌徇私枉法。杜文只是临时工，没有从事公务，公款送礼是非法委托，即使有这样的委托，也不具备法律效力。且重审一审，杜文当庭举报 130 万元给了赵黎平，时间、地点、环境描述非常细致，但公诉人没有任何证据就认定杜文说谎，检察官没有移交犯罪线索，没有采取任何行动，半年后赵黎平故意杀人，检察官有责任。"

检察官提讯杜文期间，杜文提出自己举报武志忠属于重大立功。检察官经调查核实，庭审中出示了内蒙古自治区检察院反贪局提供的《关于杜文检举自治区政府法制办原主任武志忠涉嫌职务犯罪线索查证情况的说明》，证明杜文检举武志忠经查证属实。听到这一点，杜文和辩护人都长舒一口气。杜文 6 年来想要的东西，终于得到了。

杜文父亲

在指控杜文贪污 80 万元的质证过程中，杜文的父亲杜凤和对证据有异议，庭下大声发言。法官予以训诫，责令法警带杜文父亲出去，杜文父亲坚决不出，跟法警吵起来。后来杜凤和答应不再说话，庭审得以进行几分钟。检方进行证据突袭，提供讯问杜凤和的同步录像，并要求当庭播放。

杜文说："我父亲在场，我担心父亲受不了打击，我父亲回避的情况下可以播放。"但杜凤和无论如何不离开法庭，开始讲话，无法控制，审判长敲槌，休庭。

法警向审判长解释说，杜文父亲的精神有问题，所有旁听人员全部离开，旁听席就杜凤和一人一直在大声说话，站着、用手指着、面向法庭说话。他是个风水师，戴个大框眼镜，头发全白，个矮，疯狂地讲话，无人劝得住。

王伟华曾发微博，以真实版狂人日记描述杜文父亲的情况："（1）杜文父亲坚持认为：申冤等于找死！只要杜文认罪，替当官的把一切都扛下来，大老爷一句话就会放他回来。因此他认为我替杜文申冤是精神不正常的体现。（2）杜文父亲十分不服气，他告诉所有的人：武志忠从来没进去监狱，就在外头，还光临过克旗；赵黎平杀人没人管，早就回家了，为此他还跑去法院上访抗议。（3）过年了，很多亲戚叫杜文父亲去吃饭，他不去，通通拒绝，他认为他们都是检察院派来的，都收了武志忠的钱。他弄个筛子，深夜十二点趴在窗台上喊：'杜文，回来吃饭'，一遍又一遍。"开庭结束，走出法院时，杜文父亲与王伟华争吵起来，相互指责，差点动手，拦都拦不住。

有几分钟的时间，整个法庭就剩下杜文父亲和肖哲，我们都在外面。杜文父亲在庭下发泄。他大致是说，要看证据，这是法院，要公正。杜文姐姐安抚不下来，也哭，吵闹声充斥法庭，之后9个法警围在旁听席周围。

我和法官均到旁听席与杜文父亲沟通，他不听，谁也制止不了他大声说话。带来杜文与其父亲沟通，也拦不住。杜文说："爸，今天法院很公正，我有今天的机会真的非常不容易，您这么闹，法院就没办法判了。您体谅儿子，我已经六七年没见您了，我想您，您要是真的爱我，为我考虑，就帮帮我，不说话了，咱继续开庭。"杜文父亲还是难以平复。

法庭伴随杜文父亲的讲话声，继续开庭。随着庭审的进行，杜文的父亲慢慢安静下来。辩护人不再坚持非法证据排除，录像不再要求播放，对杜文父亲证言的合法性不提出异议，但对其真实性仍有异议。

救命稻草

辩护人举示多份录音证据，证明自治区政府单位行贿的事实，证明送礼是政府行为，武志忠、乌兰特格尔、赵黎半对此明知，杜文没有和武志忠、于慧珑共谋挪用公款。

录音证据一直是争议焦点，本次举证的仍是先前恢复的录音。在杜文和律师的强烈要求下，录音笔被送往鉴定机构，恢复了12条已删除文件，重审二审再次恢复提取，但只恢复了7条，杜文怀疑鉴定对象被调包或被删改，提出以第一次恢复的录音为准。

重审一审过程中，呼市中院决定由赛罕检察院到上海鉴定这些设备。其间呼市和赛罕两级检察院出具说明称：自治区检察院叫停本次司法鉴定。但在 4 月 28 日庭前会议上，出庭检察员答复称，自治区检察院从未叫停过该鉴定。几个检察院的话，谁真谁假，不得而知。

对于恢复的录音证据，检察官认为是私自录音，称录音断断续续，听不清楚，无法确定是否经过删改、编辑，合法性、真实性均无法判断，不应当被采信。我反驳，这完全是拒绝客观真相。

所谓录音断断续续，听不清楚，完全是托词。主审法官能用两个月听录音，而且听出了律师都未听清的内容，检察官为何不能学学法官的客观公正、认真细致、尊重事实、追求真相呢？如果怀疑录音经过删改、编辑，如果怀疑录音的真实性，完全可以进行专业鉴定，但 6 年来检方和法院并没有做这项工作。何况还有公开录制的一段录音证据，即 2010 年 3 月 26 日会议录音的自然延续，例行会议后，录音笔未关，恰好记录了武志忠询问杜文与赵黎平一起送礼之事。谁能否定此次录音的合法性、真实性？

录音未经许可，不等于违法，绝对不是刑事诉讼中需要排除的非法证据。依据法理，非法证据排除规则的适用对象只限于控方证据。相比发现真相及被告人洗冤对于人权的价值而言，私下录音对法益可能的损害微不足道。刑事诉讼涉及公民的自由和生命，杜文能够利用录音证明自身清白，没有任何理由予以排除。

录音、短信等电子数据是杜文最后的救命稻草，乌兰特格尔等人既不认可、不做声纹鉴定也不出庭作证，而检察官或警察却删除数据，检察官还试图排除现有录音证据的采信，法院又不敢强制证人出庭，这相当于扔掉杜文唯一的救命稻草，或许从此不再有真相。这是不公正的。在相关人员拒绝进行声纹比对和出庭对质的情况下，这些录音证据必须采纳并作对杜文有利的认定。

录音被删，短信不见，恢复不成，拒做声纹鉴定，又不出庭作证，导致案情扑朔迷离。但现有证据其实足以还原真相，多次通话录音就是明证。例如，2010 年 4 月 1 日乌兰特格尔、武志忠、杜文三人开会对账，乌兰特格尔明确说：

"咱们现在花的钱这次给公安 400 万元，给这边是 120 万元，给深圳 200 万。"

2010 年 3 月 26 日会后录音，武志忠问杜文："公安厅那个联系的怎么样了？现在这事？"

杜文答："最早的这个计划一变更，还需要给公安部联系好了才行。之后呢，等他们通知。老赵说，你等我电话，争取这个周末咱们过去。但是这个事呢现在还说不好，各种变化都有。原来约的是这个礼拜三，计划秘书长一块儿过去，后来礼拜三这个款没办下来，所以说着急也没办法。"

然而，乌兰特格尔一直拒绝配合声纹鉴定，又以年老身体不好为由拒绝出庭作证。我在呼市中院司法鉴定处，工作人员当场以免提方式拨通过他的电话，他中气十足，态度傲慢，气场强大，感觉其身体非常健康。

辩护人提出，深圳送礼 210 万元，公安部送礼 400 万元，杜文举报武志忠挪用公款，乌兰特格尔都知情，他与案件有直接利害关系，是公款送礼的主谋，是本案的关键证人，必须出庭对质，才能查明事实真相。二审开庭，辩护人 10 多次要求强制其出庭作证，但法院不置可否。辩护人也多次申请调取赵黎平的笔录，亦无进展。这些都导致真相难寻。

事实上，只要树立司法权威，强制乌兰特格尔出庭作证，调取赵黎平的笔录，或传唤其出庭作证，只要针对所有原始存储介质恢复数据，不再隐瞒，只要强制白建军交出隐藏的录音文件，本案接近真相，并非完全不可能。

但检察官却认为，乌兰特格尔没有必要出庭作证。这完全是拒绝真相，违背检察官的客观义务。我坚决反驳，"出庭作证是公民应尽的义务，乌兰特格尔作为中共党员，副省级领导，更应当带头遵守宪法和法律，配合法庭，积极出庭作证。法庭传唤其出庭，乌兰特格尔以年老身体不好为由拒绝出庭作证，是藐视法庭。且基于现有证据，乌兰特格尔明显涉嫌单位行贿罪，出庭作证又担心触犯伪证罪，从其拒绝进行声纹比对可推断其不敢对比，拒不出庭可推断其不敢出庭，怕谎言被当庭拆穿。合议庭应传唤其出庭作证，不出庭可由院长签发强制出庭令，无正当理由拒不出庭应将其拘传到庭，以查明案件事实，树立司法权威。"

检方纠缠

检察官三人各有分工，分别负责贪污罪、挪用公款罪和发表公诉意见。发表公诉意见的检察官一改先前的和谐庭审，挑起争执，开篇就批评辩护人庭审表现，认为辩护人法律概念使用错误，激情辩护，没穿律师袍，不尊重法庭等。

检察官称："法律规定证明标准是排除合理怀疑，不是超越一切合理怀疑，辩护人所称证明标准是错误观点。"

我回应："出庭检察员纠缠表达的不同，显然是误解，不了解两种表达主要是翻译的问题，实质上几乎没有差别，任何认定被告人有罪的结论都应当是唯一的，都必须排除合理怀疑，即排除一切合理怀疑。"

检察官又说："辩护人激情辩护，法律是远离激情的理智，靠激情、渲染解决不了问题，不会实现公正。辩护人用大量可能，说明相关人员涉嫌毁灭证据，辩护人发现存在这样的情况，有权利举报控告，如果恶意诽谤司法人员，要承担相应的法律责任。辩护人本人可以去举报信访。"

王甫律师当即反对，称检察员涉嫌威胁辩护人。

我强调："检察院是宪法规定的法律监督机关，检察官有义务接受犯罪线索，调查犯罪。二审程序之所以称出庭检察员，而非公诉人，就是更突出检察院的法律监督职能，对于发现的违法犯罪线索，不应回避，必须接受，并转交本院的反贪或控申部门。这不仅是出庭检察员的职责，更是其义务。"

检察官称："辩护人没有遵守法庭规则，不尊重法庭，律师应当着律师服出庭，但两位辩护人都没有着律师服出庭。"

王甫反对："是否穿律师袍，法律并没有强制性规定，律协的规定只是一种倡导，《律师法》并无规定，且着装是否规范与否，是否不尊重法庭，应当由法庭提出。检察官明知庭审时间宝贵，通过这些问题浪费宝贵的辩论时间，希望合议庭制止。"

法庭要求控辩双方不要再纠缠这些问题。检察官拒不服从，又坚持念了两个法条：一是举报涉嫌诬告陷害的法条，二是要求律师出庭穿律师服的规定。

我在分析案件争点之前，稍作回应："本案存在大量违法犯罪，诸如毁灭证据、玩忽职守、徇私枉法、刑讯逼供、伪证、伪造公文、渎职、检察院违法罚没，出庭检察员多次撇清责任，让被告人和辩护人自行到有关部门控告。这是不负责任，漠视犯罪，放纵犯罪。检察院是宪法规定的法律监督机关，检察官有义务接受犯罪线索，调查犯罪。"

检察员发表的公诉意见，倒是简单，不说理，模板化：一审认定贪污，挪用公款，证据确实充分，上诉理由不能成立。杜文是受委托从事公务的人员，符合贪污罪主体资格。80万元，不要求播放录音录像，表明对合法性、真实性没有异议。130万元与其他证据矛盾。杜文故意使用虚假发票报账，贪污6万元多。挪用公款，参与其中，知道于慧珑控制九合公司，受武志忠指使，挪用公款成立。揭发同案犯犯罪，经查证属实。提请法庭，依据事实，结合杜文认罪态度，依法判决。

无罪辩护

王甫律师发表辩护意见，情绪有些激动。我观察到他在庭审过程中，多次声音颤动，手指发抖。"贪污492万元不构成，理由非常充分。对于挪用公款，请合议庭考虑发回后追加起诉的居心。并且赛罕区检察院检察官跑到杜文家，对其妻子说，不要以为发回就没事了，马上追加起诉挪用公款……杜文案的意义不仅在于是否杜文能获得自由，还在于国内首起省政府行贿，主要领导能否逍遥法外，让杜文成为替罪羊。不希望经手杜文案的检察官、法官在自己的司法生涯留下不光彩的一笔。"

我的辩护意见简明扼要：本案非常简单，两项罪名，几句话就可以说清。所谓贪污罪，内蒙古高院以事实不清、证据不足发回重审，但控方基本未补充证据，增加几份笔录甚至还有利于被告人，就这样又端上来，结果当然还是事实不清，证据不足。重审二审，主审法官仍是王银柱审判员，合议庭仍是先前三人，面对同样的证据，难道还能得出与先前不同的裁判？

所谓挪用公款罪，恰恰是因杜文举报，迫使武志忠夫妇归还挪用的巨额公款，导致被举报人获刑，杜文不仅不构成犯罪，反而有重大立功。二审开庭，检方出具证据，认可杜文举报武志忠立功。此份证据亦赢得辩方的尊重。

出庭检察员称杜文只是"举报同案犯"，完全错误。2010 年 7 月 1 日举报，杜文未被调查挪用公款，2011 年 4 月 25 日武志忠夫妇才被立案调查，举报时有何"案"可同？挪用公款对杜文而言没有任何个人利益，且当时杜文与武志忠已产生相当大的矛盾，杜文何来挪用公款的动机？举报与挪用怎能并存？2010 年 3 月 31 日乌兰特格尔与杜文的对话录音表明：杜文发现武夫妇挪用公款的犯罪事实后，第一时间向乌兰特格尔汇报。研究院的会议上，杜文表示坚决维护公共财产所有权，封存账目和公章。于慧珑说，"杜文在出事以前就到处说我和武志忠犯罪了，挪用公款了""还跟领导说武志忠挪用公款"。正是由于举报，杜文引来了武志忠的疯狂报复，从而蒙受牢狱之灾。

本案是典型的单位行贿，中国首起省级政府行贿案，但法庭不认，检察院掩盖。本案的事实真相应当是可以揭开的，数据恢复、赵黎平、乌兰特格尔等关键证人可以帮助解开此案真相。但赵黎平没有询问笔录，乌兰特格尔拒绝声纹比对，又以身体不好拒绝出庭作证。

本案隐瞒了大量证据，检方在掩盖政府行贿。现已恢复的录音完全可以证明杜文在整个行动中只是个跑腿的，不应当承担如此之重的刑事责任。杜文只构成单位行贿罪的一环，希望法院依据法律，改判单位行贿罪，或宣判无罪。

律师既为被告人辩护，也应当坚持客观真实和正义立场。我在法庭辩论阶段也坦然陈述了这些观点：

杜文有没有错，有错，一个极其聪明的年轻人，聪明反被聪明误。杜文有没有罪，有罪，他构成单位行贿行为的一环。当然，在单位行贿罪中，杜文的角色是跑腿跟班的小人物。本案实质是一起单位行贿罪，倘若如此指控，我只能为正义而作罪轻辩护，倘若如此判决，我将为正义而劝其服判息诉，争取减刑，早日回家。杜文的行为和过错，判决前已有近6年的羁押，已经给了他足够的惩罚和教训，他得到了"其所应得的部分"。但检察院并未追诉单位行贿罪，而是指控其犯有贪污罪和挪用公款罪。然而，从证据和法律出发，杜文并不构成此两罪。

虽然检察院未指控单位行贿，一审判决未提到单位行贿，但二审法院完全可以查明事实，依司法解释改变指控罪名作出单位行贿罪的判决。《最高人民法院关于执行〈中华人民共和国刑事诉讼法〉若干问题的解释》第176条第2项明确规定，"起诉指控的事实清楚，证据确实、充分，指控的罪名与人民法院审理认定的罪名不一致的，应当作出有罪判决"。尽管我个人认为该规则违反法理，但现行规则是可以适用的。

杜文最后陈述，感谢上苍、法庭、辩护人，将终身铭记，感谢检察官对武志忠举报的认可，请求法庭依法作出公正判决。

2016年7月4日，杜文案终审宣判。我坚持认为，此案证据不足，不应当对杜文定罪，只是无力再做什么。杜文从待了6年的三看转到了呼和浩特高度戒备监狱。判决后，有一段时间生病，但意志依然坚决。他的心态很好，期望早些出去，他的妻儿在耐心地等他。

杜文之幸

没有这场人生的劫难，杜文恐怕不知道自己有个如此坚强为夫啼血鸣冤的傲骨贤妻。

王伟华在父母和哥哥的呵护中成长，一帆风顺，上学毕业，小学老师，认识杜文，结婚生子，原本简单平淡。2010 年 5 月 5 日，杜文被抓，王伟华也同时被刑拘，几天后关在呼市第一看守所，一关就是一年半。2011 年 11 月 16 日，王伟华被撤案释放。她出来后，就开始为夫申冤。她找律师，找办案单位，不顾个人安危，开微博，发文章，求记者，找作家，上访，控告，一直为杜文奔走呼号。终审判决之后，她又开始了艰难的申诉之路，绝不放弃。

王伟华是个才女，又有悟性，喊冤很有艺术。最初，是我建议她用微博，后来，她用自媒体比我溜得多。2015 年 1 月 30 日，我们到呼市的公园看雪，雪地里，她录了一段话给杜文："一年一年又一年，转眼已近整五年。一天一天又一天，总是从早盼到晚。孩子长得你都不认识了，老人也都老得快走不动了，爱你、为你洗冤的心从未改变！在徐昕教授的鼓励下，我录下了五年来的第一段视频。我相信总有一天，你能看见！下雪了，回来吧，老公。"杜文案终审判决后，王伟华开始视频喊冤，制作视频节目《伟华说》，一人扮演警察、检察官、杜文、法官等多个角色，以嬉笑怒骂的艺术形式，告诉这个世界自己丈夫的冤屈，点击量极大。

一个女人，要教书赚钱，独自拉扯孩子，与司法抗争，得承受多大压力？由于抗争，她还受到了单位和有关部门的压力。有妻如此，夫复何求？我有时在寻思，她多年来一直那么坚定地为夫鸣冤，是因为爱情，因为孩子，因为信仰上帝，还是因为别的什么。

此案之后，杜文与王伟华都信仰了基督。杜文被羁押多年，在看守所结识了神父，会见时跟我讲了神父的种种故事，也说了自己对《圣经》的理解。

杜文案是共和国史上爆料出来的省级政府行贿第一案。本案涉及的相关人员，结局各有不同，有的因其他犯罪东窗事发，有的目前还平安无事。2014 年 9 月，武志忠因贪污、受贿、挪用公款、巨额财产来源不明、隐瞒境外存款终审被判处无期徒刑，其妻子于惠珑因受贿、挪用公款被判处有期徒刑 9 年。赵黎平因故意杀人罪，受贿罪，非法持有枪支、弹药罪，非法储存爆炸物罪被判处死刑，2017 年 5 月 26 日被执行死刑。最初审讯杜文、抄杜文家的呼格案专案组组长冯志明，因受贿罪，巨额财产来源不明罪，非法持有枪支、弹药罪，贪污罪被判处有期徒刑 18 年。2016 年 11 月，广东省政协原主席朱明国因受贿、巨额财产来源不明案被判处死缓。2010 年 4 月，乌兰特格尔卸任内蒙古自治区政府秘书长，担任内蒙古马业协会会长。这一震惊中外的公款送礼事件的收礼人均未浮出水面。杜文和妻子仍在喊冤，坚持申诉……

（此案被广泛报道，本文提及的人物及言行皆来自公开报道或公开开庭，但乌兰特格尔、白建军、云鹏飞、张小等人的姓名还是进行了处理）

第六章 两判无罪
陈秋菊诬告陷害案

2016年11月2日，陈秋菊拿到彻底无罪的判决后，回了趟职工宿舍，墙上挂历定格在2008年4月，这是她离开的时间。屋里到处弥漫着发霉气息的灰尘味，靠墙生了锈的自行车和带卡通图案的板凳把她的思绪拉回12年前，那时屋里充满了女儿的欢笑……

2004年，陈秋菊开始举报原工作单位领导的经济问题。2008年，河北唐山市丰润区法院以诽谤罪判处其有期徒刑一年半。此后，案件共经历了十次审理。

原审两次发回重审，陈秋菊始终被判有罪，罪名从诽谤罪变成了诬告陷害罪。申诉阶段，法院两次启动再审。第一次再审，由知名律师杨学林携金宏伟辩护，2012年10月24日，唐山中院作出了无罪判决，但判决称，陈的控告行为"严重侵犯了他人合法权益，妨害司法机关的正常活动，主观恶性较小，犯罪情节显著轻微，社会危害不大"。陈秋菊不服判决法院认定部分，继续申诉，法院第二次启动再审，河北高院提审，最终于2016年10月第二次判决无罪，彻底无罪。这起普通的刑事轻罪案件，就这样成为司法史上极为罕见的案例。

当下中国的无罪判决率极低，近年来申诉成功的刑事案件，诸如赵作海案、浙江张氏叔侄案、聂树斌案、陈满案、江西乐平案、福建陈夏影案，或有真凶出现，亡者归来，或有颠覆性的客观证据。但陈秋菊案，并无上述情形，却八年抗争，两次再审，尤其在第一次再审无罪的情况下，第二次提审改判彻底无罪。以前没听过这样的案件，之后怕是也很少会再有这样的案件。

2017 年 1 月 14 日，陈秋菊案被评为"2016 十大无罪辩护经典案例"。在这次发布会暨刑事辩护高端论坛上，我没有谈自己的辩护经验，而只强调了一点：为权利而斗争，是申诉成功的关键。

秋菊其人

记不清楚，陈秋菊是何时开始找我的，也许是微博刚开始热闹的时候。她给我发私信，发得很多，经常看到，我便回复她，"建议你请律师，律师如果认为无罪，我可以帮你呼吁"。内容大概是这样，这是我当初回复求助的标准文本。我接的案件很少，只考虑极冤且具有无罪可能性的"大案"，而陈秋菊案显然只是个"小案"。

但她还是持续不断地找我，有一次打电话恳求，我仍然没接受委托。不清楚陈秋菊怎么知道我电话的，当初找我的人太多，我的电话严格保密，微博上没有，律所网站我不让放，也叮嘱同事不随便给人。后来听陈秋菊说，为了当面见我，她到北京理工大学法学院楼下等，等了好几天没等到，到饭点儿不敢去吃饭，怕错过，就吃咸菜啃馒头。这一幕被法学院的老师多次看见，后来就告诉她我的电话。

被人反复找，往往会厌烦，但我对陈秋菊的印象一直不错，她当时虽然倔强，但还是比较理智的。她的案件，无罪理由充分，她是个讲道理的人，没有因为拒绝而怨我，尤其是她为权利而斗争的努力，值得高度尊重，中国就缺乏这样的"秋菊"。后来我发现，她比秋菊还秋菊。

　　最终，我被她的执着感动，接受了委托，但也附加了一个条件，"如果获得了彻底无罪的判决，要听我的，好好生活。"

　　陈秋菊毕业于石家庄财经学院，1986 年到中国农业银行上班，1997 年调到丰润区新城支行。凭能力，她现在至少应该跟她的同事一样，升到银行主任。但由于种种原因，她走上了一条艰辛的路。万事万物皆有始有终，我接案，就是希望她的案子有个了断。结束后，好好生活，就像她母亲期望的那样。

　　2004 年 5 月起，陈秋菊开始向检察院实名举报单位领导涉嫌贪污、受贿和逃废银行债务等经济问题。此后的十二年，她开始了漫长的举报、控告、上访、被截访、被拘留、被判刑，捡垃圾，睡马路、车站，八年未见女儿的艰难生活。

　　陈秋菊曾接到丰润区检察院的调查报告，称不能认定有关领导涉嫌犯罪，只存在违规问题。陈不认同调查结论，继续向唐山市、河北省、中央有关机关实名举报。持续不断的举报、上访，使她丢了工作，成了无业人员，唐山市有关部门开始对她进行约谈、截访，丰润区公安局甚至致电陈秋菊的哥哥，称陈秋菊在网上发布信访信息，要抓她，要求家属配合。

　　2008 年 7 月 29 日，奥运会开幕前夕，她在北京上访时，被丰润区公安局的人带走，警方要求她写息访罢诉保证书，陈秋菊不同意。次日，陈秋菊被带回丰润，即因涉嫌诬告陷害罪被刑拘，后被批捕，被公诉，被判刑。

　　检举不成，丢了工作，进了监狱。陈秋菊一度想认命，有时又"想杀人"，但最终还是决定用法律武器，为自己讨个说法。但她从此不敢再见女儿，不知道该怎么向年幼的女儿解释。"她妈是个犯人！我女儿能理解吗？要是拿不到河北高院给我的彻底无罪判决，我不想见女儿。"她决定，洗冤之后，再见女儿。大姐陈秋艳收留了她，照顾并支持她的洗冤，甚至自学法律，担任陈秋菊的辩护人。

细致阅卷

阅卷是刑辩律师最基础的工作。接受委托后，我向河北高院提交辩护手续，联系阅卷。阅卷在法院诉讼服务中心进门后的一楼进行，拍摄案卷的过程中，我和主审法官王建英进行了深入友好的交流，我希望法院尽早开庭，妥善处理此案。王法官表示，陈秋菊案是河北政法系统的大案，一定会依法处理。我说："陈秋菊为此事耗费了十多年的精力，令人同情，只要给她一个公正的判决，我作为律师愿意做她的工作，让她开始新的生活。"

案卷的主要内容，我在陈秋菊先前提供的材料中看到过，这次阅卷的重点是没有见过的部分。案卷的物证袋，装有一个光盘，我要求复制。刑事法官对待光盘向来十分谨慎，王法官说不清楚具体内容是什么，需要看完之后再决定。我说："光盘是案卷的一部分，律师有权利阅卷。"后来商定，法院审查后，刻盘邮寄给我。

收到光盘后，我立即打开看了其中内容，发现这是一项极其关键的证据，即所谓陈秋菊的举报视频。据陈秋菊说，原来多次审理皆未在法庭播放，她本人不清楚有光盘，光盘具体是什么内容，先前律师阅卷也未注意到这份证据。她希望我将光盘复制给她，我说依据目前的法律规定，律师不能将案卷给被告人，这样的规则很不合法理，但也不便突破。

细节决定成败。针对原审判决书认定的每一项证据，我细致阅卷，逐一寻找突破点，很快发现了以前没有提出过的新问题。例如，举报视频没有提到哪里的农行，哪个人的名字，且视频从何而来，何处上传，由谁上传，后期字幕由谁添加等重要问题，原审在没有查明的情况下，就将该举报视频作为定案依据。

由此可见，此前的判决存在重大的程序违法行为，《最高人民法院关于适用〈中华人民共和国刑事诉讼法〉若干问题的解释》第63条规定："证据未经当庭出示、辨认、质证等法庭调查程序查证属实，不得作为定案的根据，但法律和本解释另有规定的除外。"由此再看所谓被害人崔能波、孙会林的报案笔录，漏洞百出，视频没有提到过他们，他们却去报案，并称侵犯了自己的人身权益。

上电视了

申冤难，难于上青天，冤案的解决除了当事人、家属、律师、媒体、专家、体制内健康力量的合力外，还得苍天开眼。

我接手后，陈秋菊的案子没什么动静，也很少有媒体关注，我想在此方面作一些努力，但找过不少记者，都没有兴趣。

有一天，广东电视台的陶凌记者找我，我上过该台《社会纵横》栏目，和浙江张氏叔侄、朱明勇、赵作海案前检察官等合做过一期冤案的节目。陶凌问我是否有合适的报道题材。

机不可失，我把陈秋菊十多年举报、蒙冤和申诉的曲折故事渲染了一番。尽管有其他案件更需要媒体的关注，但我同情陈秋菊，优先推荐了她的案件。

我的叙述打动了陶凌，她说服了节目组，报道进入了操作阶段，我叮嘱陶凌和陈秋菊，节目播出前一定要绝对保密。陶凌带着摄影师潜入唐山，进行前期制作，陈秋菊再去广东，进行现场拍摄。

有一天，我接到陈秋菊的电话，说一定要见我。我正在家中，不愿外出，就让她到了我家。陈秋菊红光满面，先前和此后，我都没有见过她如此愉快的表情，哪怕是宣判无罪时，她都没有这么高兴过。

她的话停不下来，"到广东做节目刚回来，坐飞机来回，要上电视了，我的案件上了电视，就能解决了"，"姐姐陈秋艳也是节目嘉宾，还给了我1000元稿费"，"还有，做节目的时候，他们竟然电话连线我的女儿，太意外了，好多年我们都没联系了，我都不知道说啥，净在电视上哭……"

陈秋菊的兴奋是可以理解的。我提醒她一定要注意保密，保证节目顺利播出，不会被砍掉。同时，我借机重复我一贯的劝导，"案件解决后，一定要听我的，好好生活"，她点点头。我相信，这次她是真诚的。

2015 年 11 月 25 日，广东电视台知名栏目《社会纵横》首次播出专题片《举报人的离奇遭遇》，陈秋菊和陶凌都提前给我打电话，让我看节目。听陈秋菊的声音，她依然兴奋得像个孩子。

冤民来访

我不断跟法官沟通，要求尽快开庭，最后确定 2016 年 1 月 20 日召开庭前会议，21 日开庭。

当时，肖哲刚跟着我实习一个月，坚持要从武汉到唐山去旁听。我说，陈秋菊家经济困难，她又说，可全程自费前往。这样就不好再打消小姑娘的积极性了，当然不可能让实习生自己承担费用。肖哲的法律专业基础不是最好的，但优势是文笔流畅，尤其是勤奋、积极，很快成长起来。肖哲的成功促使我将法科实习生培养项目推广为大案刑辩实习计划，邀请全国十多位知名刑辩律师担任导师，开放申请，目前已发掘和培养了十多位优秀刑辩律师的苗子。

1 月 19 日傍晚，我们抵达唐山。肖哲第一次见陈秋菊，她的印象是，"头发花白，略有驼背，上身灰衣，黑色裤子，单肩运动款学生包。一眼看得出是个强势的人，一口唐山话，拉过我的手说，辛苦了，问冷不冷。简单聊了后天开庭的事，她说有很多人想来旁听，担心法院不许太多人来，也不许有媒体。"

唐山曾毁于大地震，1976 年 7 月 28 日，这座百万人口的城市顷刻间被夷为平地，20 多万条生命离去。我们所在的酒店、附近的唐山中院都是震后重建的。我偶尔好奇过，40 年前的刻骨伤痛，会对这座城市中人们的维权、上访以及司法公正产生何种影响。拉开窗帘，看一眼夜景，除了近处霓虹灯的黄，就是远处看似雾霾的白，北国严冬，万物沉睡，萧条，凄清。

一到酒店，我们就开始商议庭前会议和开庭事项。我让陈秋菊在庭前会议上提出一切要求。肖哲是律师助理，可能上不了庭，只能旁听。

陈秋菊则说："肖律要是上不了庭，后天我就不开了。"她又说，"若是此次法院还是不给彻底无罪的判决，我就跟法官同归于尽。"

我劝她："这次开庭，还是蛮有希望的。而无论结果如何，案件结束了，都要开始新的生活，如果有合适的人，找个伴儿，安个家。"陈秋菊沉默不语，总觉得她憋着一股子劲儿，等着爆发。

1月20日下午两点的庭前会议，我们提前十几分钟到，在法院大厅等候。陈秋菊一帮朋友随她一起来，向我求助，其中有两起死刑案件。一起是73岁老头强奸杀人案，一审判死刑，二审期间死亡，终止审理，家属希望为他洗清"强奸犯"的罪名。我说或许有冤，但在监狱坐十多二十年牢的人还在等着我们援助，被告人已死，这样的案件在我这里排不上号了。另一起打架斗殴致人死亡的案件，被告人被判死缓，有一份关键的鉴定意见可证明凶手另有其人，却被公安隐匿了。此案就是后来无辜者计划提供法律援助的河北郭占玲案。这些冤民听说我来开庭，有的专程从外地赶来，但法治在路上，个人时间、精力、能力有限，能接几件呢？每每想到，心情沉重。

实际上，当天早上我们就在酒店接过访了。有个东北的强奸案家属追到唐山来要见面，母亲为儿子申诉。案件系体育大学的女学生同时谈两场恋爱所引发。男方一个是空乘，一个是警察。空乘男友以曝光视频、照片威胁女大学生发生性关系，后女学生报案称强奸。但当事人母亲称，这是女学生的警察男友下套陷害她儿子。研究相关材料后，我认为申诉的希望渺茫，没有接受。

上午，曾经的访民陈文艳专程从遵化来看我，带了遵化特产板栗和核桃。陈文艳的案件与陈秋菊有类似之处，都是上访惹的祸。陈文艳因举报教育腐败被拘留，被上学习班，被警察殴打，后又被构陷敲诈勒索罪，入狱一年。唐山中院发回重审近一年，最终判决无罪。此案系我转至王甫律师团队处理，尹经奎律师经办。我帮陈文艳撰写了案情陈述，在背后进行了强力推动。陈文艳后来将案情陈述发到网络，获得了大量关注和转发。

　　陈文艳案被评为 2015 年度十大无罪辩护经典案例。此案对于上访维稳一类的案件，具有重要的参照意义，可视为上访维权被控敲诈勒索政府而判无罪的第一案。我因此写了《上访维稳案件如何维权》的指引，给上访维权者提了三条建议：第一，对党和政府及其工作人员必须保持无限的敬畏，必须怕他们，在此前提下维权和沟通才相对安全。这一点真的非常重要，不只是帮政府维稳。以我本人为例，我虽然被视为"敢言"，但也是尽力在允许的范围内，点滴推动个案解决和制度改进，不敢触线，且时常对公权力感到恐惧。法律规则是我必须遵守的，而无论公权力是否尊重。第二，案件的最终解决必须有律师介入，尽管律师也很难解决。第三，上访没有多大作用，实在解决不了就认命。

　　鉴于维稳日益强化，此类案件的解决越来越难。但倘若需要总结经验教训，也可归纳三点：第一，上访者本人必须坚定地依法维权。坚定是必要条件，依法是避免再被构陷，绝对不能让官方抓住可能打击的任何把柄。第二，必须请较真的律师介入。上访者通常经济极为困难，因此需要以诚意感动律师。即使再困难，也最好能支付最低限度的费用。第三，必须获得媒体关注。但由于此类案件太多，媒体往往麻木，因此当事人需要利用自媒体呈现冤情，表达诉求，或许能被人看到或转发，从而引起司法机关的重视。

庭前会议

　　河北高院来唐山中院开庭，法官只是通知了庭前会议的时间，没通知在哪个审判庭。电话联系，法官让我们上五楼。到了五楼，不见王法官，不见任何审判庭开门，陈秋菊立马情绪激动，开始喊"王建英王建英"，声音不是很大，但走廊有回音，王法官的名字就回荡在走廊里。陈秋菊视这次提审为自己的最后一次司法救济，越接近多年期待的开庭，越难以把持。我劝其平静情绪，尊重法官。

安排的法庭大概很久没用，落满灰尘，地上散落着烟头、纸张。检察官还没到，王法官跟我和陈秋菊闲聊，问陈秋菊的近况，身体状况，又担心第二天开庭不顺利，怕有访民闹事。

审判长张永平法官，瘦高，干练，一件黑色中长羽绒服，脚下的长筒靴跟足有 8 厘米。

张法官：陈秋菊，最近怎么样，身体还好吗？

陈秋菊：还是这几年的老毛病，腰疼，腿疼。

张法官：这个案子，最坏也是现在的无罪判决，最好就是彻底无罪，你放轻松，调整好心态，明天能否开好庭，全在你了。

陈秋菊不这么觉得：明天开庭成功与否不在我，在于法官是否依法办事，是否依法审理，是否保障我的诉讼权利。

陈秋菊说，腰病是在丰润区看守所期间落下的，"一个犯人让我洗脚，我不同意，此人纠集同伙将我蒙上棉被，拖到厕所，用笤帚死命地抽打，伤了腰，落下了病根"。

整个庭前会议没有太大争议。陈秋菊要求调取检察院核实举报的 18 本案卷材料，要求证人出庭，要求保障她说话的权利，要求书证的制作者出庭，要求不限制旁听人数等，提了很多要求。法官表示，如果证人都出庭，明天的庭肯定开不了。

我说："证人出庭，取决于控方是否将证人证言作为指控犯罪的证据，法院是否将其作为定罪证据，证人出庭要提前 3 天通知，会影响到开庭。考虑到本案的特殊情况，开庭后如果确有必要，可以再申请证人出庭，也可以再次安排开庭。最终要不要证人出庭，还是尊重合议庭的决定。"陈秋菊也想尽早开庭，拿到判决，就听从了我的建议。

陈秋菊一直想说明自己举报属实，张法官数次告知陈秋菊，"明天只审理与你诬告陷害罪有关的事实、证据，适用法律是否正确的问题，其他问题不审。审理的焦点在于诬告陷害罪本身，而不是你举报的事情"。

陈秋菊不乐意，"我举报的是真实的，就说明我没有诬告陷害啊，这不是与诬告陷害有关的事实吗？为什么不让我说？"有几次她情绪激动，合议庭三位法官眼巴巴地看着我等着救场。我说，"举报的内容要说，因为和案件事实关系重大，但陈秋菊和我会围绕与诬告陷害有关的事实陈述，不会展开太多。"

陈秋菊说自己最担心的是，"法院用非法证据证明我有罪，我还要申请排除非法证据，因为调取证据的检察院没有管辖权。"她很激动、紧张，说话的欲望极其强烈，法官一旦阻止其表达，她就有一种火山要喷发、被压下去、又冲上来的感觉，通常还是压不下去，法官就先让她说，实在难忍想打断，就看我，希望缓和她的情绪。

检察员说："有刑讯逼供的，要排除非法证据，陈秋菊提出排除的证据没有排除的条件。"

陈秋菊的姐姐陈秋艳也是辩护人，因为陈秋菊的案子，她对刑诉法颇为熟悉。她以刑诉法和六机关的规定，说明违反法定程序调取的证据是不合法的证据，不符合证据的三性，应当排除。检察院调查应当由公安局主管的案件，是违法的，由此得到的证据当然要排除。检察官不多争辩。

庭前会议最后讨论的，还是关于旁听的事情。陈秋菊是老访民，此案又是河北高院直接提审，法官特别在意旁听人员，要求陈秋菊列明旁听人员名单，按名单制作旁听证，旁听的人带身份证，开庭凭旁听证旁听。陈秋菊写好了名单，王法官看了一眼，发现有几个老访民，焦虑地问，"还有哪几个是访民？你要保证旁听的人一定要遵守法庭秩序，不能出现任何问题。"

人山人海

2016 年 1 月 21 日 8 点多，我们来到唐山中院门口，好家伙，人山人海，旗帜飘扬，有法院标志性的国旗，也有拉在法院门前长条的白色鸣冤横幅，安检门外至少聚集了百人有余，法院内外，法警四处。我们刚下车，就有很多人围过来，"您是徐昕教授吗，我这个案子很冤，我儿子没有杀人……""徐律师，您救救我们全家。"我跟肖哲说，先收下材料，回去再研究。

看这情况，法官和法院担心的问题还是出现了。

"律师，开庭，请让我们先进去。"穿过密集的人群，我们挤进去。

"我们想旁听"

法警说，"今天特殊情况，一切严查"。

我坚持，律师凭证进入，不接受安检。

进入法院后，我们坐在大厅，玻璃门外，"为人民司法，为大局服务"前，列队的已有十多位法警，法院外面开始排起长龙。一位貌似领导的人经过，对跟随者说，"调，调武警过来"。

主审法官王建英在法院大楼进进出出，打电话，我迎上前去，她对我嚷嚷："要是这样，今天这庭就没法开了，我们改期。"

我说："不能改期，也不用改，我来做做工作吧。"

她稍轻松了点："那最好。"

我到安检处，先找到陈秋菊，对她也是对所有人大声说，"今天开庭对于你非常重要，必须认真开好，如果访民闹，有可能改期，建议你让大家配合安检，按昨天的名单，凭身份证进入旁听"。陈秋菊急得不行，说绝不同意改期。

名单上的部分旁听人员已经坐在安检处的一个房间内，我进去对大家说，"今天是你们大姐陈秋菊非常重要的日子，你们来是支持她的，不是添乱的，大家一定要遵守法庭秩序，听从指挥，不要吵闹，我辩护得再好，也不许鼓掌"。大家都表示同意。很快，安检秩序开始转好，旁听人员服从法警指挥进入大审判庭，从第二排开始就座。我和肖哲、陈秋艳坐在辩护席。

书记员宣布法庭纪律，审判长敲响法槌，"现在开庭"。

法庭调查

陈秋菊准备了一大堆资料，厚度赶上了我打印的纸质案卷，还带了一个算盘，准备在法庭算账呢。但一开始陈述申诉理由，她就有些走偏了，不断重申自己举报的是事实。审判长提示，"陈秋菊，你只说对本案不服的申诉理由，其他问题可以在法庭调查、法庭辩论的时候再说"。

陈秋菊立马上火："我抗议，法官打断我说话。"场面有些僵持，我缓和气氛，替代陈秋菊简要说明了 15 项申诉理由。陈秋菊再做补充时，情绪就相对平稳了。

法庭调查阶段，出庭检察员只问了陈秋菊两个问题："你是否收到过各级对举报的处理结果？你是否向其他机关举报过？"

陈秋菊回答："只收到唐山市检察院对举报的处理结果，我只向检察院举报过。"

我的发问，主要针对举报视频，目的是为关键证据的质证做好准备。

问：陈秋菊，举报视频是什么时候录制的？

陈：大概 2008 年 4 月底左右。

问：在哪儿录的？

陈：当时我在北京上访，回上访村时，路过地下通道，看到记者，我们很乐意接受采访。我就拿着材料去了，记者说录个像，让我说经历了什么事。

问：那说完了，给你报道吗？

陈：他说肯定给报道，在焦点访谈播出，我挺高兴。

问：记者录制的，你知道他的具体身份吗？

陈：他说是中央电视台的记者，我看了他的胸牌，叫高虹。

问：你什么时候学会上网？

陈：我是这一两年才学会上网的。

问：你会给视频加字幕吗？

陈：不会。

问：视频是你上传的吗？

陈：不是，我都没有视频，怎么上传？

问：你什么时候看到的这个视频？

陈：警察把我抓了，我才知道，第一次看见。

问：你继续举报的原因是什么？

陈：因为没收到书面的调查结果，我反映的问题也没有解决。

质证阶段，检察官分组出示证据，只念了证据的名称，没有说明证明的内容。陈秋菊对所有证据都有异议，从头开始细说举报的所有内容均属实，说农行小金库、贪污、非法以资抵债、截留保险手续费等问题。

我对检察官出示的证据逐一质证，也指出了控方证据中对陈秋菊有利的内容。虽然经过多次审理，多次质证，但一遍遍地看视频，一遍遍地读证言，细致的阅卷使我发现了新的突破点，如举报视频的大量漏洞，关键证言的新问题。出庭检察员对我提出的质证意见没有反驳。

接着，辩方提交五份证据，亦证明陈举报属实。其中四份新证据，一份控方证据《丰润区检察院调查报告》作为辩方证据，都确凿地证明陈秋菊没有诬告。鉴于陈秋菊特别介意举报的真实性问题，我引用《丰润区检察院调查报告》等控方证据，说明陈举报农行唐山新城道支行行长崔能波等贪污、受贿、逃废银行债务等六项经济问题，除贪污房屋租金无法查明真伪外，其余事项均调查属实，不存在捏造行为。没有任何证据证明陈秋菊"侵犯了被举报人的合法权益，妨害了司法机关的正常活动"。

关键视频

崔能波、孙会林报案的举报视频，是定罪的核心证据。法院认为这份证据是 2008 年陈秋菊在北京接受采访后发到网上，以此认定她"在网上做节目、演讲，诬告陷害被举报人"。但先前的多次审理，皆未对此视频进行充分、有效的质证。经过我和助理肖哲细致的观看和分析，我当庭提出了颠覆性的质证意见。仅此一点，就足以证明陈秋菊根本没有诬告陷害，且不排除有关机关恶意陷害陈秋菊的可能性。

（1）记者高虹挂中央电视台胸牌采访，陈秋菊接受采访实属正常，采访内容是否利用和播放，记者、编辑、主审须严格把关，接受采访本身断然不是诬告陷害。至于记者是否提交编委，是否播放，以及记者之真假，是否上传网络，概与陈秋菊无关。电视上看到主席讲话，能证明是主席上传视频吗？

（2）陈秋菊所说的话是真实的，但传播却不真实。视频为记者所录，陈手上并无视频，没有视频，怎能上传网络？何况陈当时不会上网，更不懂如何上传视频。作为资深网虫的辩护人，2008 年都不知如何录制和上传视频，直到最近才学会。而没有陈本人的传播，怎能构成诬告陷害？

（3）视频来源存疑。事后来看，"高虹"确有可能是假记者，陈秋菊被骗，是受害人，幸亏她没有被骗财未被拐卖。究竟是谁将视频传到网上，动机如何，需要调查。但案卷却无任何证据证明视频从哪个 IP 地址上传。视频从何处上传，IP 地址查询不难，很容易排除陈秋菊，侦查机关为何不调查？

作为证据的视频，从哪里来，由谁提供？不会是从天下掉下来的吧？究竟是报案人崔能波、孙会林提供，还是公安从网上下载？提供者应出庭作证，证明视频是真实的，在网上客观存在，而不是恶意陷害被告人。

字幕又是谁打的？何时制作？原始视频肯定没有字幕，作为证据的视频有了字幕，说明并非原始视频，先前九次审理、举证质证、定罪判刑难道不需要调取原始视频？应调取原始视频进行司法鉴定，并查出是谁打字幕，谁上传视频，找到真正的传播者。

（4）视频是否在网上传播，在哪些网站传播，无任何证据加以证明。没有依法定程序和技术标准的取证，没有经过公证，甚至连截图都没有。报案人孙会林提供的网站，目前无法打开。既然是境外网站，中国公安就无权要求删除，理论上现在还应该存在。可不仅这两个网站无法打开，就是搜索整个网络，所谓陈秋菊控告视频，都无影无踪。是否有这两个网站，网站是否有过这些视频，控方须提供证据加以证明。更何况两位报案人的陈述矛盾百出。

（5）陈秋菊2008年4月底前后接受采访；5月初，公安就说陈在网上散播视频；6月上旬市农行领导告诉孙会林网上有视频；7月11日，崔、孙报案。由此时间表来看，是公安最早发现视频。但侦查人员没有说明，视频发在哪个网站，存续多久。既然公安5月初就知道视频存在，找陈秋菊及家人，为何此时没有告诉崔和孙？公安找农行要陈秋菊及家人的电话，崔、孙二人作为行领导怎会不知视频存在？还需要6月上旬市农行领导告诉他们网上有视频？崔、孙二人又为何晚到7月11日才去报案？

蹊跷报案

不仅举报视频疑点重重，而且以举报视频侵权而报案亦十分蹊跷。以孙会林的询问笔录为例：

（1）陈秋菊举报视频只说她是农行员工，没有提唐山农行，更没有提支行，没有提到任何一个人的人名，孙会林为何觉得举报的就是她？孙为何有一颗如此容易受伤的心？按最接近的意思，也应该是唐山农行行长报案，或中国农业银行总行的行长报案。

更令人拍案惊奇的是，陈秋菊从来没有举报过孙，孙为何报案说侵犯其人身权利？孙笔录中说，内容针对我和原行长崔能波和副行长侯秀英，纯属捏造，视频中没有提到任何人名。孙会林依此视频证明陈秋菊诬告陷害，明显说谎，他根本没有看过视频。陈秋菊怀疑有人指使报案，配合2008奥运维稳，是合理的推定。

尽管陈秋菊笔录中出现过要求追究孙会林的责任，因为孙打击报复，让她下岗，但笔录初次出现孙会林姓名是侦查人员主动询问，明显是诱导性讯问，陈从来没有举报过孙。

（2）孙提供的网站无法打开，该网站是否存在？网站上是否有过视频？至少案卷中没有任何证据证明。孙的笔录中明确写了两个网址，网址很长，很容易记错写错，该网址究竟是孙会林口述，还是抄写的？若为口述，孙凭何能记住那些冗长、复杂、大小写数字符号混合的网址？若为抄写，是否有原始文本或照片？侦查机关是否保留了原始文本或照片？是否当场打开了网站？是否留有任何证据证明当场打开网站？一概没有。初步判断，孙会林提供的网站，系被屏蔽的境外网站，当时丰润公安刑警队讯问室是否可以上网？是否可以上境外网站？孙还说有其他反共网站。究竟有哪些反共网站？他如何判断是反共网站？由于中国的防火墙政策，国内无法访问这些网站，孙会林是否访问过，如何访问，难道是违法翻墙？这些都需要通过证据予以证实。

孙会林的笔录无法证明他看过视频，视频也不存在对孙会林的诬告陷害。本应传唤孙会林、崔能波出庭作证，不仅为确定其证言是否真实，是否作伪证，还可能证明反而是孙、崔对陈秋菊进行诬告陷害。

崔能波的情形也类似。举报视频只是说农行，没有提地点，没有提唐山农行，更没有提支行，没有提到任何一个人的人名，支行行长崔能波为何觉得举报的就是他？崔能波、孙会林这些农行领导为什么都有一颗容易受伤的心？难道唐山农行选择领导要符合"敏感＋神经质"的标准？崔能波明显没有看过视频，是否有人指使报案，配合维稳？崔能波说：看到"唐山农行职工举报唐山农行行长贪污 1 亿多，遭报复"的信息标题。这也直接指向唐山农行行长，区支行行长，竟冒上级行长之名报案，难道急不可耐想升迁？

笔录还涉嫌造假。两份报案笔录，字体完全一致，但记录人却不一样，分别是柴云和王健翰。笔录内容依标准制作，如关于哪些机关处理过陈秋菊的举报，崔、孙的回答几乎完全相同。崔说：丰润区反贪局一科、二科、市农行监察室、玉田检察院反贪局都调查过此事。孙说：丰润区检察院反贪局一科、二科、市农行监察室、玉田县检察院的反贪局都调查过此事。不仅回答高度类似，而且普通人根本不会说"一科、二科"，即使专业人士也不会这么说，作为诉讼法学教授的辩护人至今不清楚"一科、二科"如何分工。故不能排除陈秋菊的怀疑：有人恶意串通，借维稳之名，制造案件，加害于她。

离奇证言

陈秋菊案中出现了一份非常奇怪的检察官证言。崔凤桐作为检察官，负责调查陈秋菊的举报，却凭举报案中获取的案件信息，来指控举报人涉嫌犯罪，在另案即本案中以普通证人身份出具证言，指控其对调查报告不满进而诬告陷害。该笔录涉嫌违法，不具可采性。

举报调查者、犯罪指控者、法律监督者与证人的角色冲突激烈，与检察官的伦理相悖，直接违反举报工作原则和保护举报人的法定义务。这份证据不仅不具可采性，而且检察官涉嫌违法——违反《人民检察院举报工作规定》第 5 条举报工作原则"严格保密，保护公民合法权益"；第 58 条"检察院应当依法保护举报人及其近亲属的安全和合法权益"；第 59 条检察院应采取严禁泄露举报内容以及举报人姓名、住址、电话等个人信息，严禁将举报材料转给被举报人等六项保密措施；第 61 条举报人保护预案。第 77 条明确规定了法律责任：为压制、迫害、打击报复举报人提供便利的；违反举报人保护规定，故意泄露举报人姓名、地址、电话或者举报内容等，或者将举报材料转给被举报人、被举报单位的，或者应当制定举报人保护预案、采取保护措施而未制定或者采取，导致举报人受打击报复的，应给予纪律处分或追究刑事责任。

如果认为需要证明案件事实，完全可以调取与调查举报相关的 18 本案卷，以书证等确定陈秋菊是否涉嫌犯罪。但多年来陈秋菊多次强烈要求调取这 18 案卷，法院皆置之不理。如果需要崔凤桐提供证言并作为违法、犯罪的定案证据，必须传唤其出庭作证。由此延伸，如果处理相关案件的检察官可以出具证言，那此案经过九次审理，多位法官、书记员皆了解案情，他们可否提供证言？律师能否向其调取证言？能否传唤其出庭作证？

事实上，陈秋菊认为崔凤桐涉嫌打击报复，后来对他进行控告。

法庭辩论

法庭辩论阶段，我围绕原审判决的焦点，重点强调：

（1）陈秋菊没有侵犯被举报人合法权益，没有主观恶性，更无社会危害性。

所有证据均能证明陈举报的情况经调查属实，有一些问题尚需查证，查证待定不是诬告。原定罪的核心证据举报视频，陈既没传播亦未指名。陈亦无任何主观恶性，她的举报行为是行使宪法第 41 条赋予公民的检举权，是反腐政策所倡导的行为。当下中国，那些不畏风险、实名举报贪腐的公民，都怀有最大的善意。他们是这个社会最可爱的人，他们的眼睛容不下沙子，他们希望中国变得更美好，他们最支持当下严厉的反腐政策。陈秋菊对社会和国家的善举，何来主观恶性？没有主观恶性，哪来犯罪故意，又怎能构成犯罪？

陈秋菊的行为完全没有社会危害性。其举报并未对被举报人造成影响。被举报人崔能波等从县银行调到市银行，职位升迁，待遇更优。且因陈秋菊多年举报，唐山农行的领导更自律廉洁，领导作风有所改善。这对唐山农行而言，完全是积极作用和正能量，社会危害性何在？陈举报1000万元巨额贷款无法追回，检察院的调查结论是贷款确实没有收回，而且是因被举报人轻率解封被查封资产所造成的。这不仅证明举报真实，而且表明陈秋菊为维护巨额国有资产而不畏打击的高尚品格。仅此一项，就应大力表彰。

（2）陈秋菊没有妨害司法机关的正常活动。

原判认定陈秋菊妨碍司法机关的正常活动，主要是因其连续举报，在得出结论后仍在举报。陈连续举报，事出有因，有些问题没有查清楚，有些结论不公正，有些问题未处理，导致陈不得不连续举报。2005年丰润区检察院调查报告、2007年玉田县检察院调查报告、2008年唐山市检察院的处理经过，皆表明被举报人确实存在经济问题，应予追究。但检察机关以"确有问题没有查清，需要再做进一步的工作"而搪塞推诿、不作为，陈秋菊不服，才继续逐级举报。丰润区检察院调查报告最后明确指出，"有违规的行为，建议农行进一步处理"，农行不处理，陈继续举报就是正确的。

法律不可能禁止连续举报，因为申诉控告检举是宪法赋予公民的基本权利，不但是权利，而且是公民的基本义务，是监督国家机关工作人员的义务。举报不但不应打击，而且应当鼓励。陈每举报一次，检察机关都能查清一些问题，也遗留一些问题。陈不断举报，不断帮助检察机关发现新问题，查明新问题，解决遗留问题。这不但没有妨碍司法机关正常活动，而恰恰是积极推动公正司法。

在法庭辩论的最后阶段，我情绪激动：

在这个神圣的法庭，陈秋菊想说话，却一改平时的能言会道，有时甚至语无伦次，我理解体谅。实名举报连遭构陷，维权之路最后一搏，她争取到今天的提审，站在这样的平台，多么不易，多么艰辛，甚至是以命相换。耶林说，"法的目标是和平，而实现和平的手段是斗争……为权利而斗争是权利人对自己的义务。"她为权利而斗争的决心，恰是公民精神之典范；她的实名举报，恰是爱国主义之体现。她是好人，不是刁民。陈秋菊特别想表达，她的举报是真实的，个别未查证的事实，也不能证明她是诬告陷害。对此，有很多证据甚至官方调查结论加以证明。这样的举报，不但不应打击，相反应当鼓励和表彰。以前反腐政策相对宽松，但党的十八大后，反腐败力度不断加大，原来农行的这些问题倘若今日再查，极有可能有领导被免职甚至受刑事处罚。

河北高院，第二次再审，勇于纠错，难能可贵。恳请河北高院，依法认定陈秋菊没有侵犯被举报人的合法权益，没有妨害司法机关的正常活动，判决陈秋菊绝对无罪。

陈秋菊因举报上访饱受司法不公，蒙受不白之冤，打击巨大，身心俱疲，刚刚坐一会就腰痛，提出站起来，就是因为截访时被打所致，无经济来源，生活没有着落，连累家人，亲情渐远，令人同情，我也偶有落泪。2004 年到 2016 年，漫漫十二年，人生大轮回，风餐露宿，艰难度口，担惊受怕，绝处求生，我时常劝陈秋菊，此案判后，拥抱迟来的正义，不再举报，不再执着，放下过去，展望未来。法律保卫和平，公正达致安宁，愿司法此刻通往正义，陈秋菊由此开始新的生活。

我也对检察官表示了感谢。在发问、质证、辩论阶段，出庭检察员都很少发言，也没有反驳我在法庭辩论阶段发表的长篇辩护意见。出庭检察员实际上没有指控陈秋菊涉嫌犯罪，最后还提出，"本案依据刑法第 13 条适用法律不当，建议依法判决"。这充分体现了检察院的法律监督职能。再审不加重刑罚，而指控一般违法行为，又非检察官之职责，至多由公安机关处理，故再审案件中的检察官，扮演的角色相当有趣，值得研究。

庭审持续到下午一点半，虽有僵持，但顺利结束。走出法院，雪花飘飘，我对陈秋菊说："天降瑞雪，无罪有望。"

回京，唐山北站，雪后的太阳，那不似鲜红不似酒红的不知道什么红，妩媚得恰到好处。我想，陈秋菊的新生活很快就要开始了。

宣判无罪

2016 年 1 月 21 日开庭，原本希望在春节前拿到判决，但无罪判决，真不是那么容易。历史往往惊人的相似，2012 年 10 月唐山中院再审判决陈秋菊无罪，她是在开庭一年后，在拘留所才收到了第一份无罪判决。当时因为她砸了审判庭的打印机、扫描仪、电脑显示器、办公桌椅等设施，被拘留十日。

春节之后，陈秋菊逐渐烦躁起来，越来越着急上火，她开始上访，找法官。我在陈秋菊和法院之间扮演中间人，多次电话联系主审法官王建英，催问判决何时下达，也加了法官微信，时常询问。法官的答复是，合议庭已写好判决，所有再审案件都必须上审委会，而且陈秋菊案还需要省检察院的检察长列席审委会时提交讨论。我相信法官的话是真实的，一个再审案件的判决，而且很可能是彻底无罪的判决，不得不经过最严格的程序。加上陈秋菊不要命的上访搞得河北政法系统很头疼，政法委多次督办，法院也想尽早解决问题。我让陈秋菊稍加忍耐，但陈秋菊不相信，她担心事情有变，怀疑有领导干预个案。

到 2016 年 6 月，陈秋菊已彻底失去了耐心。她甚至在法院、法官家门口等法官上下班，跟踪主审法官，称不给她彻底无罪的判决，她就跟公检法同归于尽。在这种情况下，我跟法官进行了坦诚的沟通，法官明确地暗示我，是彻底无罪的判决，但确实需要经过复杂的程序，而且要克服内部的争论，不排除变化的可能性，闹得越凶，越有可能变化。于是，我联系陈秋菊，一起到河北高院沟通，高院审监庭刘士文庭长和主审法官王建英约定一起接待我们。

六月的石家庄，天气炎热，恰好诉讼服务中心休息，我们只能在法院侧面的小河边见面。陈秋菊一直情绪激动，言语激烈，我耐心劝导，大致达成了一个月的期限，然后我就急忙赶火车去了。

这一个月，陈秋菊如约保持了耐心。但一个月过去，判决仍未下来。陈秋菊再次"疯狂"了。我劝不住，也不想多劝，并依约公开了我的辩护词：《枪炮作响法无声，维稳截访难正义》。这份法律文件流传甚广，与陈良英案的辩护词一起，被视为上访案件的经典辩词。每一个辩护词，都力求成为范本，这是我对自己的基本要求。无论收费或法律援助，只要接案，都须竭尽全力，因为刑事案件关乎公民的财产、自由乃至生命。

直至 2016 年 10 月 28 日，开庭审理后经过九个月的煎熬，陈秋菊才拿到彻底无罪的判决。

无罪判决，来之不易。我宣布陈秋菊彻底无罪的消息后，很多记者想采访，在提供陈秋菊的电话时，我都要附上一句：咱们一起劝她开始新的生活吧。

路在何方

2017 年 4 月 10 日，我和胡贵云、王飞、李耀辉律师来到最高人民法院申诉立案大厅，与郭占玲的父母会合，就无辜者计划推动的郭占玲案到法院阅卷，与法官沟通。在大厅等待时，有人叫"徐老师"，扭头一看，原来是陈秋菊。

"你来干嘛呀，彻底无罪的判决来之不易，你要好好生活。"拥抱过后，我就开始责备她。好久没见，见到我，她还是笑了，"徐老师，我依然不服，这是一份不公正、有遗憾的判决。虽然判我无罪，但并未还我公正，判决还说我检举失实，唐山、丰润两级检察院无权管辖违法侦查取得的非法证据没有排除，银行涉案人员至今逍遥法外，国家亿元资产分文未追回……"

"这些问题不是再审法院的审理范围，彻底的无罪判决已经创造奇迹了，你到最高法院申诉，不可能立案再审，还是安心生活吧。如果你听我的，我来帮你申请国家赔偿。"我试图说服她，她也点点头。但我知道，她只认死理，近乎偏执，是不可能被说服的。

无罪判决之后，据说唐山、丰润两级政法委、公检法、农行协调，决定由农行给她补发工资及福利。丰润法院受河北高院委托，提示陈秋菊两年内到唐山中院申请国家赔偿，逾期视为自动放弃。她不接受，认为两年的期限应当从河北高院告知后起算。由于她对判决的部分保留，这些本可迅速解决的问题仍然拖着。

在陈秋菊眼里，唐山司法依然不公。不过，我基于全国范围的比较和亲身体会，倒是感觉唐山的司法状况不错。从我参与的三起案件来看，陈秋菊无罪，陈文艳无罪，刘秀丽涉嫌诈骗、重婚案发回重审，又从滦县法院移送到迁安法院审理，2018年4月取保，重获自由。唐山中院似乎经常发回重审，上述三起案件均发回过，陈秋菊案发回过三次，这至少表明唐山中院不会轻易维持下级法院的错判。如果还有唐山的案件找我，我一定会优先考虑。四川的案件也是如此，因为我办的三起案件都顺利解决了：陶红勇案、李梅案、郑尚元案。

拿到彻底无罪的判决，陈秋菊有过短暂的喜悦，只是这一喜悦转瞬即逝。八年抗争两判无罪多少天奔波，终成正果，换做一般人必定会接受现实，选择回归正常的生活。但她，依旧奔波在上访的路上，在河北高院守候，在最高法院排队，不知还有多少日子风餐露宿，不知还要奔波多少年。也许，这是她的宿命。

（陈秋菊、陈秋艳、崔能波、孙会林、柴云、王健翰等人的姓名进行了处理）

第七章　烈女京访

陈良英寻衅滋事案

14 个小时的绿皮车，从呼和浩特到查布嘎，会见完姜何龙，又租车从阿鲁科尔沁旗前往赤峰。一路上，呼格吉勒图的哥哥昭力格图一直联系我，说有个因上访被寻衅滋事的案子，一家人特别可怜，父亲被人打死，判得不公，母亲喊冤，又被抓了，女儿为救母亲四处奔波，希望我能帮帮她们。

这些年来，找我的上访者实在太多，甚至有人一见面就下跪，可实在是顾不过来，有时让他们去找于建嵘，实在无法推辞，就推荐其他律师去做。为穷人辩护，为弱者呐喊，是法律人应有的追求。每年我都会接几个法律援助案件，限接四件，当然必须是冤案，可由于冤案太多，所以仅仅冤是不够的，还得很冤，明显冤，冤得有特点，有解决的可能性，当事人家属确实经济困难，真诚地请求帮助。符合这些条件的，我才可能会接，但接案有时也有偶然性，比如朋友介绍，心情好。

那天，碰巧心情不错，天空七彩云霞，地上牛羊成群，沙漠突现湖泊，草原天地苍茫，绿洲连绵远山，道路通往天边。又碰巧，肖哲心软，很同情陈良英，"师父，您就帮帮这家人吧，具体事务我来做。""好吧！"我竟不假思索地就答应了。这时，陈良英的女儿徐亚丽又打来电话，亲口描述了她们家的遭遇，楚楚可怜，于心不忍，于是 2016 年我的第四起法律援助案件就这么轻易敲定了。

人跟人的缘分大概是注定的。不接此案，就不会认识他们一家，也不会发生这一场马拉松式救人的钟祥故事。

初到钟祥

2016 年过得匆忙，早春三月，尤其忙碌，内蒙古之后又到成都，23 日陶红勇案开完庭赶到武汉，次日一早赶往钟祥。

徐亚丽来接："徐老师，感谢您帮我们一家，我们无以为报。"

我说："这种政府截访的案件最好通过沟通解决，看看怎么沟通，尽快把人救出来吧。"

徐亚丽又说，"法官、检察官知道家属请了我辩护时，都感到意外，向她们确认是不是真的"。

我苦笑着摇摇头，"难得他们知道我，希望这有利于沟通"。

案件已公诉到法院，我们打算先去钟祥法院阅卷，再到检察院沟通，下午去荆门看守所会见陈良英。正如多数的县或县级市一样，钟祥没有女看守所，陈良英被关在荆门。

承办法官刘安鸿，刑庭庭长，干练，精神，但头发花白。他客气地和我握手寒暄："哎呀，徐律师你好，你好，今天刚到吧，从北京过来挺辛苦的。"

我一向非常尊重法官："刘法官您好，不辛苦，为了当事人，辛苦也是应该。"

刘法官让我们在调解室稍等，过一会儿抱了 5 本厚厚的案卷进来。一起因上访而被起诉寻衅滋事的案件，居然有 5 大本案卷，这让我有点吃惊，"这种案件能有这么多卷？"

刘法官说："是啊，比较复杂，证据也比较多。"

稍稍翻阅，就能感觉当地确实花了大功夫，准备严办陈良英。

我安排助理肖哲复制案卷，然后和法官到隔壁房间沟通意见。我明确提出此案的法律意见：第一，一看起诉书，就知道指控荒唐，不过就是进京上访，怎能构成犯罪？陈良英没有寻衅滋事的目的，没有寻衅滋事的行为，没有扰乱秩序，没有造成影响，根本不可能构成犯罪。第二，此案最佳解决方式是协调，下午我准备去会见陈良英，好好批评教育她，让她别再闹了，法院、检察院和政府也放她一马，她出来后好好生活，即使申诉，也只选择正常的法律途径，地方政府也因此没有了维稳的压力。我明确建议，希望法院一起做工作，让检察院撤诉。

刘法官一再表示："案件已经起诉到法院，只能往后审理。我作为承办法官，会对自己负责，查明事实，正确适用法律。徐律师的想法我理解，但是我负责审案，其他事情我管不了。你可能还没见过陈良英，你会见之后就知道了。"他的意思是陈良英很倔，没法做通她的工作。

探明了法官的态度，阅完卷，我们匆忙赶往检察院。钟祥市检察院看着比较老旧，门卫只问我们找谁，就让进了。恰好遇到主管副检察长开车出门，我说明来意，再去找主办检察官。

应该是要搬家了，王凯中检察官的办公室有很多已打包、未打包的纸箱。王凯中看起来很温和，挺客气，握手，倒水。谈及本案，我依旧主张沟通解决，下午去会见陈良英，将尽力说服她以后不再到北京上访，希望检察院放她一马，撤诉结案。

王凯中表示同情陈良英一家，"但陈良英的工作能不能做通，你去见她就知道了。这个案件到我手里，我也要往下走，我只是本案的公诉人。案件能否撤诉由检委会决定，我会把你的意见汇报给领导，撤诉与否，你知道的，我决定不了。"

荆门会见

见完法官、检察官，我们匆匆赶往荆门。陈良英的妹妹陈霞同去，她看起来精干，皮肤黝黑，脸上布满雀斑，挺会说话："徐老师，谢谢您，您答应帮我们时，徐亚丽就说，陈良英命不该绝。我没念过多少书，小学毕业，不会说话，但真心谢谢您。"姐妹情深，多年来她一直帮扶陈良英，如今姐姐被抓，四处奔走的除了陈良英的女儿就是陈霞了。

到了荆门市看守所，还没上班。各地看守所上班时间不一样，有早有晚，有的不午休，有的周末都让见。我们在一间小屋子前，坐地上候了半个多小时。

荆门市看守所管很严，要求我们将手机上交。这类案件应该没有刑讯逼供，无须取证，我们也予以配合。会见室一长排，至少有十多间，我费力推开指定的一间，室内落了厚厚的灰尘，还有烟头，椅子稍一移动，刺耳的声音就在整个监区回荡。听到拖鞋走路的声音，知道陈良英被带来。她光脚穿着一双红色的棉拖鞋，橘色囚服，头发花白，手里拿着卷状的起诉书。大概没想到有人来会见，陈良英看到我们，眼神诧异，但面无表情。

律师首先要取得被告人的信任。法院曾给陈良英指定律师，她拒绝，认为指定的律师是政府派去的人，会害她。她不知道家属请了我做她的律师。为了建立信任，我带了提前让徐亚丽和陈霞写的信和她们的身份证。我自我介绍，给她看信和身份证。她直点头，"我不识字，麻烦您念给我听"。

肖哲念了信的内容："全国大范围抓上访人员，很多人被判刑了，不要觉得政府不敢判你。你现在被抓起来，儿子不听话，不打工、不谈朋友、不结婚，家人管不住。请到徐教授非常不容易，一定要听徐教授的话，相信徐教授。只有这样你才能出来，否则只能等着被判刑。"

陈良英基本信任了我们。我先回避"沟通式解决"之类的话语，直接进入案情，与她核实起诉书指控的33起涉嫌寻衅滋事的事实。是否上访，是否扰乱秩序，是否收了钱，指控的具体细节哪些不准确，每一起她都提出异议。肖哲据此做了一份简要的会见笔录。

据陈良英所说，上访是因一起冤案。她丈夫1998年被人故意杀害，有个递钢管的人没有被追究刑事责任，刑事附带民事诉讼只赔了两三千元，还没有执行。她不服判决，早年一直上访，花光积蓄，也没结果，考虑到儿女年幼，当时才七八岁，没有办法，就先放弃了上访。如今儿女长大，她心里一直放不下死得冤屈的丈夫，最近这两年开始频繁上访。

起诉书指控 33 起上访中 28 次去了北京。陈良英可能真是惹恼了钟祥市公检法和政法委，当地才将其抓起来。如今只要她答应不再上访，出来后好好生活，钟祥政府大概会愿意放她一马吧。了解案情后，我善意且乐观地认为，虽然检察院已经提起公诉，但好好沟通，相信撤诉还是有可能的。

沟通完案情后，我尝试着给她做工作："你要怕政府，我也怕政府，只有怕政府，在此基础上维权才是安全的。上访解决不了问题，反而是一条不归路。你上访就算了，怎么能带着儿子、女儿也去？这不是害他们吗？申诉要走正常的法律途径，写好申诉材料，交相关部门，而不是去天安门、中南海。去那儿解决不了问题，你却因此被抓。不要觉得政府不敢判你，他们准备了 5 大本案卷指控你犯罪，钟祥是下了决心要严办你呀。"

陈良英说："他们把我关了很多次了，这次也关不了我几天。我没有扰乱秩序，他们不能判我。我丈夫的案件不解决，我就要去上访，出去也要上访。只要他们解决我丈夫的案件，我就不上访了。他们以前提出给我一笔补偿，让我不再去上访，我没有答应。现在让我不上访可以，以前答应给我的补偿不能少。"

这话让我无奈，甚至有点生气。我站起来批评她："以前政府是跟你谈，现在不跟你谈了，你求他们谈他们也不谈了，现在就是要把你送进监狱，你连谈的机会都没有，还谈条件？谈补偿？能不能出去都是问题。政府会怕你？再说，你丈夫的案件不是钟祥判的，钟祥当地也没有欠你的呀。"

经我一番批评，陈良英冷静不少，反复沟通，她最后表示："只要能出去，就不上访了，但仍然要通过法律途径继续申诉。"

从看守所 2 点半上班，会见到快 5 点半结束，半天的会见有了积极的结果。出来填会见记录，值班的女警说："会见了这么长时间啊？"我说："是啊，工作太难做了。"她又说："听说她很倔。"

陈良英确实固执，甚至偏执，怪不得法官、检察官都说我见了陈良英就知道了。但无论如何，上访不构成犯罪，钟祥当地不该只因上访，就将人抓起来，搞 5 大本卷给人定罪。5 大本卷的工作量不少，我提议肖哲以陈良英亲友的身份担任辩护人，正好让她参与实战。陈良英本人及家属都同意，法官后来也予以认可。

会见结束，从荆门回钟祥，才发觉一路风景独好，早春三月，油菜花开，成片的绿，金黄的海，偶尔出现一二幢徽式老房子，被油菜花包围，一条小道通往上了年头的木门，绿黄色块，青砖灰瓦，中国的乡村还是千年前的模样。这让我想起了我父亲修建的红房子，也是一条乡间道路通向远方，路两旁有油菜花、玉米、豆角、水稻，远处还有荷塘……

岁月已转到 21 世纪的共和国，但千方百计上京城依然是不少底层民众的维权方式。陈良英就是因此而失去自由。

忙碌一天，终于住下，莫愁湖畔一家酒店，环境优美。湖很大，环湖步道，颇具特色，也显示了钟祥政府的魄力。晚餐去吃钟祥特色的牛肉火锅，说是火锅，又像西餐。餐桌中间一个大火锅，将大块的牛肉煮熟，夹出来，用刀叉切细了吃，味道不错。吃到中途，陈良英的儿子才来，徐加佳，26 岁，高，瘦，帅，脸上有些许青春痘。他只说了一句话，"徐老师好，谢谢您帮我们"，没看我的眼睛，之后低头吃饭，没说一句话。他的性格，想来确实受了影响。

庭前会议

第一眼看到 5 本厚厚的案卷，就感受到钟祥当地严办陈良英的决心。阅卷后一周，刘法官一直催问阅卷情况如何，临近案件审限，希望尽快召开庭前会议，尽快开庭。我一直希望通过沟通解决案件，能不开庭就不开庭，但法官下决心开庭，最后商议 4 月 15 日召开庭前会议，为方便陈良英参加，法院借用荆门市掇刀区法院的审判庭。

作者与陈良英的女儿

一进法庭，有个帅小伙，掇刀区法院的年轻法官，看见我跟肖哲，很开心地说："我经常关注徐老师和假装大律师的微博，能见到徐老师很开心。假装大律师，你的粉丝过了2万哦。"我笑笑。肖哲惊讶地说："法官也关心这个？谢谢，刚过两万。"

刘法官非常谨慎，认真。他翻开法规汇编，对着庭前会议的相关法条，用钟祥普通话，发出每一个字的读音。我们提出各种异议、申请，还要求法院开庭时安排最大的审判庭，视频直播。

我们首先提出管辖权异议。本案管辖错误，检察院起诉陈良英寻衅滋事33起，其中28起在北京，应当由犯罪地北京的司法机关管辖。钟祥立案、起诉、审判，违反了管辖的法律规定。公诉人反对，认为本案管辖合法。法官要求庭后提交书面申请。

接着，我们提出对陈良英进行精神病鉴定，确定其是否有刑事责任能力。陈良英心理与行为偏执，不仅我如此认为，法官、检察官均如此认为，并说陈良英总要去上访，不去上访心里就难受。法官、公诉人没想到我们会提出这个申请，他们表情惊讶又忍住不笑。陈良英倒是没什么反应。

我们提出与本案有关的 40 多位证人均应出庭作证，否则证言不得采信。申请证人出庭的主要理由是，陈良英否认起诉书指控的事实，证人证言的内容与陈良英会见时告诉我们的情况有出入。刘法官得知律师有一份会见笔录，要求我们提交，我们本不打算提交，也可以不提交，最终提交法庭，但声明不作为证据使用。刘法官之所以想要这份笔录，大概是因为陈良英对所有的笔录，包括侦查阶段的讯问笔录、法官提审笔录，一概不签字。

法官试图解决哪些证人出庭，但涉及开庭质证的具体内容，无法在庭前会议上解决，庭后我们补交了更细致的证人出庭申请。最终，法院只同意了5 位证人出庭。

辩方提交的新证据包括：（1）陈良英、徐亚丽录制的与张发义等人的谈话录音，证明陈良英 2015 年 5 月 20 日到 7 月 10 日被非法拘禁在温峡宾馆，被钟祥市地方维稳，维稳方式涉嫌违法犯罪。（2）陈良英身体受伤的照片，证明陈良英在 2014 年 8 月 20 到 8 月 29 日被行政拘留期间遭受虐待。（3）陈良英起诉钟祥市政府非法拘禁，荆门中院立案通知书，证明钟祥市政府维稳手段涉嫌违法。

陈良英对我们很信任，庭上讲话总是看我，寻求我的肯定或提示。经过庭前会议，特别是庭后与公诉人吵架，陈良英对我们的信任更是完全彻底。

她被刑拘已 8 个多月，没见过儿子女儿，几乎没有家人的一丁点儿消息。庭前会议一般不允许旁听，我再三恳求刘法官之后，他同意家属旁听。徐亚丽看到陈良英，当庭就哭了。庭前会议结束时，我又请求法官，留几分钟给她们一家说几句话。法官同意，但冷漠的女法警却将陈良英挡在儿女前面，拉着陈良英的胳膊，不让靠近。一家人就这么站着，隔着两米的距离，说了几句话。

陈霞、徐亚丽问她在看守所的情况，是否有人欺负，吃穿如何？徐亚丽含着泪，捂着脸说不出来几句话。陈良英只是看看她们，简单回答，没嘱咐什么，转头盯着儿子徐加佳，"你知道我想说啥，你都 26 岁了。"

这次见到徐加佳，他的状态明显比上次好，可能觉得有了希望。他话多了一些，也会跟我说话，虽然说得不多，但看得出阳光很多。陈霞说，自从陈良英进去，徐加佳就不到她家吃饭了，也不跟她说话，整日见不到人。但上次我们来了之后，好转很多，去吃饭，也说话，还帮忙干活。

想来不易，对陈良英也好，对其家人也好，只要情况能有所好转，都值得开心。我突然想起一幕：有一次去见法官，到得早了，我在车里休息，徐加佳和徐亚丽坐在不远处的台阶上说话，妹妹揪着哥哥的耳朵，说着什么，哥哥喊疼，妹妹放手，两人笑笑，继续说话。

公诉科长

出席庭前会议的有两位检察官，除了王凯中检察官，还有钟祥市检察院的公诉科科长尤仁检察官。尤仁，大国字脸，皮鞋擦的锃亮，两眼有神，神情傲慢。庭前我和王凯中协商时，他让我找尤科长。我跟尤仁沟通，他态度强硬。

我不卑不亢地问法官："是否两位检察官都有检察院指派出庭的文书？"

法官回应"王凯中是主诉检察官，起诉书上写明了"，但未回应尤仁检察官是否有指派文书。

我说："庭前会议比较随意，没有的话，可不再坚持。但开庭时，必须有检察院的指派文书，检察院指派哪位检察官，哪位检察官才能坐在公诉人的席位，没有指派，不能坐到公诉人的席位上。"

整个庭前会议，王检察官讲话比较客气，都是商量的语气，尤仁发言虽少，但继续强势。庭前会议控辩初次交锋，气氛还算和谐，但并未解决实质性问题。

庭前会议结束后，尤仁走过来，聊到案件，我还是提出一贯主张，沟通解决此案，对各方都好。但尤仁声音洪亮，居高临下地说："陈良英扰乱了秩序，涉嫌寻衅滋事，犯罪就是犯罪，没办法沟通，领导干部不能干预司法。网上很多大 V 也有被抓的，不要以为大 V 就怎样。"

他估计是研究过我，大概知道我是大 V。他这话太有针对性，在我看来完全属于威胁加挑衅。我当然不会忍让，义正词严地质问："上访就犯罪了？陈良英根本不构成寻衅滋事罪，我们将坚决和你们打到底。大 V 怎么了，大 V 难道也构成犯罪？"

看我上火了，法官赶紧来劝，劝走了尤仁。

庭前会议上应当讨论的问题，尤仁基本不讨论，不发表意见，庭后对我打官腔，领导干部不能干预司法。问题是陈良英案不仅是领导干预，事实上完全就是有关部门一手安排。

单写公诉科长一节，是因为他的角色和态度影响了本案的走向。如果他能稍稍温和，或许本案沟通解决的可能性将大大上升。

公开信函

陈良英案，以我的判断，应该能沟通解决。维稳案件的关键，当然在于维稳机构——钟祥市政法委。庭前会议后，我找到钟祥市政法委，希望能与罗扬书记沟通此案，但罗书记不在。电话联系，他态度尚可，但表示不方便见面。无奈，我写信给他：

致钟祥市政法委罗扬书记的信

尊敬的罗扬书记：

陈良英寻衅滋事案是湖北省钟祥市维稳要案，当地公安、检察指控其犯罪准备了厚厚的 5 大本案卷，足见维稳之决心。此案系因呼格吉勒图之兄介绍，我也确实认为陈良英冤屈，值得同情，才决定提供法律援助。我认为，沟通是解决此案最好的途径。

上访是宪法和法律赋予公民的权利。而且，陈良英上访事出有因。1998年，陈良英的丈夫徐学祥被邻居雇用邹保全等人打伤致死后，陈认为判决不公，遗漏了重要的犯罪嫌疑人，开始申诉，近两年开始越级上访。陈良英只是上访，并未实施任何破坏社会秩序的行为，不构成寻衅滋事罪。

反而，钟祥市有关部门和人员在维稳过程中涉嫌侵犯陈良英的人身权利，先后 6 次对陈良英行政拘留，拘留期间对陈良英喷辣椒水，导致其皮肤溃烂，至今都留有伤疤。陈良英起诉钟祥市公安局的行政案件已经立案。特别是，钟祥市政府、政法委安排政府人员将陈良英于 2015 年 5 月 20 日至 7 月 10 日进行非法拘禁，拘禁期间男女混居看管，违反对妇女人权的基本保障，每天只给一顿饭食，非法剥夺公民人身自由，给陈良英造成了严重的身体与心理创伤。对此违法行为，陈良英已提起行政诉讼，荆门市中院已经立案。对张发义等人涉嫌犯罪，当事人保留控告之权利。本案中我们已将证明陈良英被非法拘禁的相关录音录像提交法院，有关人员明确提到有政法委领导的安排。

我会见陈良英时，做了大量工作，劝她沟通解决。我向她说明：对党和政府及其工作人员，要保持无限的敬畏，在此前提下维权才能安全；上访没有多大作用，实在解决不了就认命；她为丈夫喊冤的方法不科学，不可能解决问题。陈良英很固执，做她的工作很不容易，从愿意坐牢，到最后终于表示，愿意沟通解决，今后只依法反映诉求。其家人也承诺，只要陈良英平安出来，今后只依法申诉。

本案已举行庭前会议，确定开庭相关事项。但我认为，此案最好还是沟通解决，建议检察院撤诉。如若开庭，辩护人将坚决做无罪辩护，申请数位钟祥市政府、政法委、柴湖镇书记等领导出庭作证，并呼吁媒体关注。

倘若判陈良英寻衅滋事罪，陈良英家人定会为她在狱外奔走呼吁，频繁上访。陈良英终有出狱一天，依其性格，必定会以枉法裁判为由，坚决上访。今日之维稳，或将换来更激烈的对抗。如今，陈良英被羁押已近 9 个月，确实已畏惧政府，她和家人愿意承诺今后只依法反映诉求，行政案件也愿意撤诉，我作为律师也愿为其申诉案件提供正确的指引。这不正是从根源上帮助钟祥市政府、政法委解决维稳难题吗？

陈良英两年来多次越级上访，确实事出有因。原本一家四口平安幸福地生活，不料丈夫被人重伤致死，主要犯罪嫌疑人未被追究，逍遥法外。一个年轻女人，突然失去丈夫，儿、女年幼，能坚持活下来已很不容易，20年来独自拉扯两个孩子，艰辛、艰难非常人所能想象，知悉此案之人无不心生同情。

政法委负责当地维稳工作，又协调公检法分工、配合，恳请罗书记为钟祥地方的长治久安，依据法理，考量人情，稍加协调，寻求最恰当的解决方案。

初到钟祥，我已为其美丽和深厚的文化传统所震撼，明显陵，莫愁湖，黄仙洞，长寿之乡……若此案能顺利沟通解决，我愿以点滴力量，为大美钟祥作义务宣传员。

徐昕律师

2016 年 4 月 20 日

信函寄出多日，未见回音，考虑再三，我决定公开此信，以促成沟通。4 月 25 日，此信一经微博公开，转评甚多。两天后，大批水军袭来。再过一天，律所接到北京市司法局律管处领导电话，协调让我删帖，同时表明两边的律协均可进行协调。我说这当然很好，为体现沟通的诚意，我立即删帖，并依指示写了情况说明。

几天后，武汉大学秦前红教授又来协调，委托人系湖北省司法厅律管处的李处长，委托李处的则是钟祥市司法局黄建枝局长。经初步联系，应此二人之邀请，我第三次到钟祥，拟与相关领导进行沟通。我想，此去一沟通，也许人就救出来了，虽然庭前会议已开，但撤诉还是有可能的。

应邀沟通

2016 年 5 月 11 日，我们应邀到钟祥。钟祥市司法局黄建枝局长来酒店找我，黄局是个干练的女人，瘦高，长发马尾，40 岁出头，很会说话。陪同的还有孙副局长。黄局给我带了客店镇的茶，她曾在客店干过 7 年镇长。

她说："我也是个女人，而且做过 7 年的妇女工作。我非常同情陈良英，当年那么年轻，丈夫就死了，带着两个孩子，这么多年确实不容易。政府也知道她的情况，多年来对她有很多帮扶：她们一家不符合低保条件，破格给她们办了低保；给她女儿介绍社区网格员的工作，但她女儿不干；带她儿子去武汉看病、做检查。"

我答："这些事我听说过，我也跟陈良英说，钟祥政府对她不错。但现在把人抓起来，非要定罪，就不对了。她上访并无过激行为，不构成犯罪。"

她又说："是否构成犯罪，我不了解，也没办法说。但陈良英丈夫的案件，当时在钟祥影响很大，判得也很重，一个死刑、一个无期、一个 15 年、一个 12 年。"

我了解陈良英丈夫案件的一些情况，"确实判得很重，当初要是被告人找我辩护，很可能没有死刑。但此案确实也有主要责任人未被追究，比如递钢管的朱某。"

当晚，黄局请吃饭，钟祥莫愁湖国际酒店附近，清风小镇。黄局说："您是北京来的贵客。我特意了解了您，想看看您写的论文、书，学习学习。一查，我的妈呀，那么多论文、独著、合著、译著，看得我眼都花了，这哪年看得完啊？"

我笑笑说："那都是早年的，现在更重视司法实践，个案推动法治。"

她又说："今天得抓住机会跟您请教请教。公检法司，司法局排在最后，您看我在司法局工作，有很多问题想问您呢。今天我开自己的车，自己掏腰包，请您吃饭，全当私人交情。能结交您这样的著名法学家，太荣幸了。"

一同吃饭的还有司法局孙副局长、社区矫正局副局长、办公室主任。席间，谈到正在做的禁止焚烧秸秆工作，谈到钟祥方言，聊孩子，黄局叙述自己多年的工作历程，每个位置都是干 7 年之后调离，还讲了很多钟祥的旅游。

说到明显陵，我说去过。该陵始建于明正德十四年（1519 年），迄于明嘉靖四十五年，历时 47 年建成，是明世宗嘉靖皇帝父母恭睿献皇帝朱祐杬、章圣皇太后的合葬墓。明显陵由王墓改造而来，是中国中南六省区唯一的明代帝陵，是明代帝陵中单体面积最大的皇陵。其规划布局和建筑手法独特，"一陵两冢"的陵寝结构为历代帝王陵墓中绝无仅有。

黄仙洞位于黄局曾任职的客店镇，我说太值得一去了，还把路边发现的梯田照片给大家看。黄仙洞拥有四个世界级景观：边石池大厅、钙膜片边坝、石将军溶蚀石牙、三拱门景观。尤其是洞厅内 2 万多平方米的边石池，气势恢宏，被誉为世界溶洞一绝。直通娘娘寨的天梯，登上去得要些胆量。出了洞口，就是世外桃源般的娘娘寨，草场，小溪，远山，白云，肖哲追赶着小羊，在羊群中嬉戏。

我说钟祥的旅游资源丰富，但开发宣传得不够，要是放了陈良英，我愿意免费给钟祥做推广，还可以邀请旅游卫视来此做节目，帮助钟祥推广旅游资源。黄局表示感谢，说要先带我逛逛其他景点。

说回陈良英案，我还是提出一贯主张：（1）对罗书记没有任何恶意，若对其造成困惑，深表歉意。（2）我会继续做陈良英的工作，这次出来以后，让她依法申诉，不再到非信访地点上访，若再如此上访，我愿意再来做其工作。（3）希望尽快放了陈良英，建议检察院撤诉，或者在精神病鉴定上放其一马。（4）如果开庭，我坚决做无罪辩护。

黄局应该说代表了钟祥市政法委领导的意见，她说：（1）你所有的主张均会向领导传达。（2）罗书记身份特殊，现在又是特殊时期，见我不太合适，如果不见，希望我能理解。（3）担心陈良英出来之后继续上访，希望我继续做陈良英的工作。（4）罗书记看了我写的信，说配图照片是他所有照片里最帅的，还写了一封回信。黄局看了信，内容大致是：领导干部不能干预司法，他同情陈良英，但还是要尊重司法权威。他很想见我，跟我很多想法接近，但碍于身份和特殊时期，不能见。此案解决之后，必能成为朋友。

总体说来，沟通得挺好。但遗憾的是，未能与罗书记直接见面。此后案件解决得不太顺利，与这一遗憾有关。

反复陈情

刘安鸿法官自始至终都说：一是要查明案件事实，二是要正确适用法律，做到此案案结事了。

我说："案结事了就是让陈良英出来，不再上访，她们一家好好生活。若是强行给陈良英判刑，这个家庭就完了，她女儿是下一个陈良英，陈良英出来必然让人不得安宁，案结了，事儿更大。"刘法官显得无奈，我说到这些，他总会低头微叹口气，再抬头继续听。本案一审、二审，刘法官都有所跟踪，自始至终，我都觉得他是一位很好的法官。

庭前会议后我们提交了书面的管辖权异议，他一直没有答复。今天他倒主动提起："徐律师啊，管辖权异议这事儿把我难住了，我不敢轻易做结论，民诉法有规定，驳回可以上诉，但刑诉法没有规定，怎么处理我也不知道，要请示一下高院，问他们怎么处理，再作答复。"

我说："行，这个问题是值得研究，但如果你们放人，就不用作出书面裁定了。"

后来扯到司法改革，他略有抱怨，说法官压力大。他提到最高法院周强院长说的两点：（1）要关心法官的身心健康；（2）要提高法官的待遇。"这么多年，这两点没一点做到的。"这其实是很多法官都会说到的问题，尤其是提高法官待遇，也是我一直的呼吁。

见完法官，黄局打电话说，一早跟罗书记汇报了工作，要我到司法局去。这回除了黄局，还多了一个魏律师，政府、政法委的法律顾问。他之前是司法局的公务员，后来开了律所，就在司法局楼下办公。

魏律师从教育律师助理的角度切入，问肖哲哪个学校毕业，什么专业，武大法学院很牛，很多老师跟他都认识，柳正权教授跟他是多年的朋友，多次过来讲课，律师成长要好师父带，小肖非常幸运，开始就遇到徐老师这么好的师父等。肖哲倒是老实，任由他人"指点"。魏律师又提到刘法官，说他为人正直，多年前对抗过领导，曾是荆门地区唯一被法院系统通报批评过的法官，此案到他手里，应该会有公正的结果。

说到正题，我还是重申昨天的观点。有律师在，我的态度更为强硬，陈良英绝对不构成寻衅滋事罪，谁都知道是政法委决定要办陈良英，如果真判有罪，我只能死磕。黄局还是打哈哈，说罗书记开会，今天自己还没见着，可能也没有时间见我。没时间见就不见了。但她表示还会继续协调。

王凯中检察官在荆门开庭，我们约好到荆门见面。他住星球国际大酒店，应该是当地最豪华的酒店，我们先到，等他。他到了，看见我们在等，忙看了一眼手表说："徐教授我可没有迟到啊，还提前了3分钟，是你们到早了。"

我简单介绍了与钟祥有关部门的沟通情况，但他说："这些跟我没关系。"态度明显转变得强硬了，"你和你弟子的微博，我们也在看，在学习。撤诉不是我说了算，案件到了检察院就得往下办。"

我说："不值得学习，欢迎监控。"话不投机，那就告辞吧。他的转变反映了检察院的强势。

那天会见又去早了，我和肖哲坐在看守所的高墙外，大院的树荫底下，等看守所上班。聊及陈良英案，我说："主要是当时心情好，特别是你肖哲说好话，才接了这个法律援助案件。既然接了，就要和高收费的案件同样，认真负责，尽力把人救出来。中国的老百姓太可怜，我们能救一个是一个，希望她出来以后能好好生活吧。"

经过上次庭前会议，陈良英已非常信任我们，见到我们非常开心，大概觉得有信心很快出去。我问精神病鉴定的情况，她说："有几个人来找我，问我的问题，我都答对了，狱友也都说我很正常，没有精神病。"

我苦笑不语，因陈良英的简单认真。她不知道我们申请精神病鉴定其实是有目的的，很可能给各方一个台阶下，放人了结此案。现代人有精神疾病的不少，长期上访者恐怕问题会更严重，鉴定为有精神疾病的可能性并非没有。但陈良英不知道我的意图，我当然不可能"提醒"。

看我沉默，陈良英接着说："看守所里，有人上访也是寻衅滋事罪，判了两年。我如果真的被判刑，也差不多。如果沟通，达不到之前的条件，我宁愿坐牢。"

"不能这样比，当地想严办你，你的案件被标上了'情节严重'，至少三五年，政府没有什么不能做的。"当地担心陈良英反复，果然如此，我有点生气，但还是耐心跟她讲道理，"你自己都不想出去，我们在外面想尽办法救人，有何意义呢？你自己不在乎没关系，但问题是影响了家庭，儿子沉默、内向、不谈朋友、不结婚、不工作，女儿又要走你的上访路。回归家庭，好好生活，才是最重要的。"

最终她表示愿意妥协，能出去就行，以后好好生活，"如果我出不去，让我家人好好生活，都不要管我，也不要上访。"她开始哭。

我说："自己的母亲在监狱，谁能做到不管不顾？更何况你们一家三口20多年相依为命呢。"

限制旁听

刘法官着急开庭，一直联系我们，原定 5 月 27 日开，担心开不完，又提前一天。我们 25 日到钟祥，黄局长约我吃饭，乡间道路十八弯之后，到一农家院，紫薇园山庄。我带了主编的《司法》第十辑《错案、申冤与司法政策》，送给黄局和罗书记。钟祥人习惯喝米茶，上次与黄局吃饭，我随口说好喝，其实是套钟祥的近乎，黄局有心，竟送了我米茶和葛粉。

席间逃不过聊案件。我说，"钟祥法院安排了一个很小的审判庭，家属10 多人，只给了 5 张旁听票，经反复请求加了 3 张。法院没必要限制旁听，应该自信，欢迎旁听才对。"

黄局说："真不知道此事，我也打算去旁听，得跟法院要旁听票，进门也得跟其他旁听人员一样安检，遵守规定。"

我说："很多网友知道我来开庭，想来旁听，法院是想限制民众特别是上访者来旁听。"

下午应法官要求去法院，沟通次日开庭事项。刘法官为了说明不是法院特意安排小审判庭，带着我逛了一圈法院的审判区，"徐律师，你看，确实是刚搬到新法院，大法庭的设备还没有装好，没办法用，明天开庭用的法庭还在加紧调试设备，希望你理解。"但我不能确认，也无法相信没有更大的法庭可以使用。

这次算是庭前会议，两位检察官也来了。控辩审在一个大会议室，商议如何开庭。刘法官首先口头驳回管辖权异议。我们表示反对，但为了顺利开庭，服从法庭决定。我们临时紧急申请侦查人员杨兆勤出庭作证，法官询问检察官意见，检察官认为程序违法，没有在开庭三日前提出，且申请出庭理由不能成立。我们坚持要求法庭传唤。刘法官不想发生争执，说合议庭研究之后再定。

刘法官说："辩护人强势，检察官也很强势，我夹在中间，两边都得协调，很难做。"他一直强调，希望明天开庭能和谐，双方不要过于对抗，以便庭审顺利进行。检察官很高兴地答应。我们也同意，因为大家对此案的目标都是促进案件尽快解决，没必要太过对抗。次日开庭前，刘法官还一再跟辩护人、检察官强调和谐和谐再和谐。

刘法官担心陈良英不配合，让我做陈良英的工作，嘱咐她好好配合庭审，我认可并要求开庭前让我先见一下陈良英。我向法官提出庭前先解除陈良英的戒具，被告席的"老虎凳"换成一把普通的椅子。法官倒是答应了庭前解除脚镣，手铐在庭上解开，椅子没换。

刘法官很谨慎，此前一直跟肖哲电话联系，确认开庭时间，一直将肖哲当成是我的助理，忘了她也是辩护人，表示歉意。起诉书副本没有给肖哲，提前两天传真给肖哲，希望肖哲能配合提前一下收到起诉书副本的时间。

质证风云

陈良英案是钟祥的大案，法庭虽小，旁听席全部坐满，来了三家媒体，还允许当地的电视台摄像。庭审全程录像，领导们也很可能在视频前观战。

大概是要演给领导们看，公诉人宣读起诉书，立即拉开了对抗的序幕。见王凯中检察官四次，第一、二次均很温和，第三次态度强硬，这次开庭也是，宣读起诉书声音洪亮，一副义正词严的样子，俨然陈良英罪大恶极。我和肖哲有点惊讶，看来检察官答应的"和谐开庭"不过是烟幕弹，今天的庭审免不了一场恶战。

法庭调查阶段，公诉人针对第一起指控事实举证完一组证据，法官问陈良英是否有异议。陈良英没听清，也不懂法官的意思，半天说不清。

我提出两点要求。第一，按卷宗顺序、一项一项地出示证据并质证，因为出示一组证据，陈良英根本无法听清，且针对每一起指控质证，很多证人证言、陈良英供述会重复，浪费庭审时间。当然，还因为我们是按卷宗顺序准备的质证意见。公诉人反对，坚持按一起一起质证。第二，由于陈良英的理解和表达能力有限，我提出质证阶段由辩护人先说，陈良英补充，以便庭审能顺利进行。法官与公诉人均反对。

陈良英对第一组证据的质证，一直说不明白，最后只能表示认可。辩护人发表质证意见，提出对陈良英供述的真实性、合法性有异议。公诉人反对，说被告人都已经认可，辩护人的异议无效。辩护人坚决回应：陈良英并未认可，因为她根本没有听清。

控辩双方为此发生激烈争辩，法官宣布休庭，上午庭审结束。

庭下协调，双方还是争吵，我提出，"昨天说好庭审不太对抗，但既然公诉人如此强势，辩护人只好先礼后兵。"

经反复磋商，一位女副院长参与协调，最终就举证质证基本达成一致：

证据按组出示，重复的只在第一次出示，宣读全部内容，再次出示时只列名称。质证只进行一轮，公诉人、辩护人都不必再回应。

中午法官安排辩护人到法院食堂吃饭，开始与媒体一起，我告知当地媒体，报道应保持中立，判决前应遵循无罪推定原则，不得丑化陈良英，否则未来可能被告。后来法官觉得不妥，另外安排我们与荆门中院押送陈良英的法警一桌，菜肴丰盛。我说："实在不好意思，还让法院安排我们吃饭，本以为只是食堂，明天不敢再来了。"席间还是跟刘法官沟通举证质证的方式，他表示自己疏忽大意，昨天未就此协商，导致出现争议。饭未吃完，刘法官即被女副院长喊出去。

当庭监督

下午继续开庭，肖哲发表了主要的质证意见，我补充说明。两位公诉人都忍不住要反驳，法官说已经达成一致了，质证只进行一轮，双方都不必再回应。

公诉人坚持要说，刘法官第三次打断，要求公诉人服从法庭指挥。此时公诉人恼怒地提出，"公诉人除了代表国家指控犯罪外，还有法律监督的职能，法官违反法庭规则，公诉人可以当庭行使法律监督职能。"

我立即提出强烈反对："检察院的法律监督，决不应在庭审时提出。刑事诉讼中，控辩双方地位平等，检察院就是一方当事人，而非法官之上的法官。即便检察官认为法官有违法行为，要行使法律监督的职能，也只能庭后提出。《人民法院法庭规则》第22条明确规定：'人民检察院认为审判人员违反本规则的，可以在庭审活动结束后向人民法院提出处理建议。'《人民检察院刑事诉讼规则（试行）》第580条规定：'出席法庭的检察人员发现法庭审判违反法律规定的诉讼程序，应当在休庭后及时向检察长报告。人民检察院对违反程序的庭审活动提出纠正意见，应当由人民检察院在庭审后提出。'

公诉人不听从法庭指挥，违反法庭规则，不顾法律明确规定，当庭提出行使法律监督职能，知法犯法，涉嫌威胁法官。"

法官无奈，敲槌休庭，将公诉人、辩护人叫到隔壁法庭沟通。

公诉人指责法官不该打断发言。我说控辩双方必须遵守法庭规则，何况事前双方已同意质证只进行一轮，所谓当庭行使法律监督职能，涉嫌威胁法官，我们可以举报控告。公诉人说："举报控告吧，欢迎举报控告。"继续争吵，副院长、刘法官拉不住，要我先回避。肖哲将我拉出房间，门外依旧听到两位公诉人大声说话。

法官做好了公诉人的工作，过来跟我说："徐律师，你别太激动，火气别太大，稳定情绪，不然这个庭真是开不下去了。"

我答："我很克制了，我们尊重法庭，您看公诉人这么强势，都要当庭法律监督，涉嫌威胁法官，你得让他们遵守法庭规则，庭审时大家都得听法官的。"

继续开庭，控辩双方都有所克制。辩方的质证意见虽然很刺耳，公诉人也只能忍着不再要求发言。

因证人等候一天，法庭决定先询问证人，第二天继续举证质证。第一位

作者、肖哲参与陈良英案一审开庭

证人李宏远出庭，拒绝回答肖哲提出的问题。肖哲缺乏经验，准备不太到位，加之证人拒绝配合，形成对立，询问并不顺利。她迅速吸取教训，对其余四位证人的询问倒是比较顺利。交叉询问是律师法庭技巧的重心，如何问出法庭所需要的信息是一门学问。

证人张发代表钟祥当地维稳，将陈良英非法拘禁 51 天。肖哲问完后，我接着问了他一个问题："你是否将陈良英非法拘禁过？"

张发自然是不会回答，反问："你说你叫什么名字，我才能回答你这个问题。"

我不加停留地继续发问，"你是否将陈良英非法拘禁于温峡宾馆？期间是否为男女混居看管？是否每天只给一顿饭？是钟祥市政法委哪位领导的安排？"

公诉人反对、法官制止时，我说我已经问完了。我的目的就是要在法庭上展示非法拘禁的事实，并不需要张发义回答。

其他证人，出庭证言的内容基本与询问笔录无异。我无法查证他们在出庭前是否看了自己以前做的笔录，检方是否对他们进行过"培训"。尤其李宏远，一直说自己当初材料上写得非常清楚，看材料就行，不要问他。

我们申请了案件相关的 40 多位证人出庭，法院允许并传唤了 5 位证人出庭作证，当庭驳回了开庭前一天辩方提出侦查人员杨兆勤出庭作证的申请。如果判决陈良英有罪，二审开庭，我们将坚持申请所有的证人出庭。

6 月中旬，联合国开发计划署召开"律师与司法改革"为主题的法治圆桌会议。我在午餐及主题发言中提到陈良英案，因为钟祥检察指控陈良英的罪行中就有在联合国开发计划署前喊口号"维护公民权利"，实为警察安排喊口号从而方便抓人。联合国开发计划署副国别主任何佩德先生表示愿意出庭作证，证明陈良英未影响秩序，他们不介意在门前喊口号。当时我还想，如果二审开庭，我们将考虑申请他出庭作证。

无罪辩护

一个因上访而被寻衅滋事的案件，整整开了两天庭。第二天上午结束了33 起指控的举证质证，下午法庭辩论。王凯中检察官神奇地变温和了，尤仁则更加强势起来。

法庭辩论，王凯中先发表公诉意见，虽指控犯罪，但最后说道："陈良英已经认识到自己行为的不妥，有认罪悔罪表现，希望法庭考虑陈良英的这些表现，从轻处罚。"

肖哲先发表辩护意见，从程序、事实、证据上充分说明了陈良英不构成寻衅滋事罪。我从程序、法理、人情上全面进行无罪辩护。

钟祥市公检法没有管辖权。陈良英即使涉嫌犯罪，也应由北京的司法机关管辖。北京未立案管辖此案，钟祥主动管，去抢应由首都管辖的案件，很不合适。北京未立案，应当视为北京认为陈良英不构成犯罪，钟祥却视为犯罪，这表明两地认定犯罪的标准不一，钟祥的刑事司法过于严苛。辩护人提出管辖权异议，法院应当做出书面裁定，被告人有权提起上诉。

陈良英到北京上访，北京公安作出过若干训诫，《训诫书》内容仅为告知相关法律规定等事项，且未送达陈良英本人。而钟祥公安仅依据北京公安的训诫，又做出若干行政拘留的处罚。这说明了三点：第一，陈良英上访的行为至多只是轻微违法；第二，即使违法，陈良英也已经受到过处罚，且受到过两次处罚。第三，再一再二不能再三，陈良英只是上访，没有任何过激行为，不能因为她的上访行为，北京公安训诫，钟祥公安拘留，检察院第三次要求处罚，起诉她涉嫌寻衅滋事罪。"不能让一个人两次踏入同一条危险的河流"，钟祥检察院针对已经进行过处罚的同一行为指控犯罪，违反了一事不再理原则。

上访是宪法和法律赋予公民的权利。公诉人称："陈良英违反《信访条例》相关规定到天安门、中南海等地上访。"

我反问："请问《信访条例》哪条哪款禁止到天安门、中南海等地上访？起诉书反复提到非法上访，请问《信访条例》哪条哪款界定了这些行为？公诉人引用《信访条例》第 15 条，该条强调应当向有关机关提出，属义务性规范，而非禁止性规范。没有禁止的行为，何以给陈良英定罪。对公权，法无授权不可为；对私权，法无禁止即可为。没有任何一部法律或法规，禁止到天安门下跪，下跪不是违法，不是犯罪，而不过是可怜可叹的弱者那无声无助的呐喊。"

公诉人指出陈良英违反《信访条例》第 20 条第四、五款："信访人……不得有下列行为：（四）在信访接待场所滞留、滋事，或者将生活不能自理的人弃留在信访接待场所的；（五）煽动、串联、胁迫、以财物诱使、幕后操纵他人信访或者以信访为名借机敛财的。"可陈良英根本没有上述行为，她既没有在信访接待场所滞留、滋事，更没有以信访为名借机敛财。检察院指控陈良英强拿硬要 22700 元，陈良英只认可 13200 元，其中还包括刘延付打陈良英应当赔偿的 2000 元医药费，政府两次答应给陈良英的建房放空费 3000 元，因上访而补贴给陈良英的交通费仅 8200 元，每次区区三五百，远不能弥补两年来 28 次去北京的火车票、汽车票、吃饭、住宿等直接成本，区区 8200 元也就是权贵一个包、一顿饭、两瓶酒的钱，怎能说她借机敛财？

潜然泪下

陈良英上访事出有因，值得同情。30 岁守寡，丈夫死了 20 年，陈良英至今未再婚，对丈夫的情义令人感动。不能说没有这样的爱情，但少之又少，这样一份感情是值得尊重的。她独自一人，将两个孩子抚养成人，当爹当妈，生活艰难，不畏艰辛，为夫申冤，是一位好母亲，好妻子。若在旧社会，地方官员或许会为她树贞洁烈女的牌坊，而绝对不会关进牢笼。说到这里，我突然很感动，为一位妻子和母亲的执着而感动，禁不住潜然泪下。不知何时，陈良英也开始流泪。

停顿了几秒，法庭响起了鼓励的掌声。我克制情绪，继续从法理与人情作无罪辩护。法律当有怜悯的气质，谦抑是刑法的基本原则，法官、检察官亦应心怀慈悲。此案适合沟通解决，沟通解决既能挽救一个家庭，也能从根本上化解地方的维稳难题。陈良英一家，极不容易，丈夫被杀，自己被抓，子女无业，生活艰难，女儿倔强，儿子孤僻。倘若判陈良英寻衅滋事罪，陈良英的家人特别是她的女儿，定会为她在狱外奔走呼吁，频繁上访，网络求助，把起诉钟祥公安局和钟祥市政府的行政诉讼坚持到底，坚决控告政府人员非法拘禁。陈良英终有出狱的一天，依其性格，必定会以枉法裁判为由，继续上访。这不是进一步制造对立吗？今日之维稳，或将换来更激烈的对抗。如今，陈良英被羁押已近十个月，先前也被非法拘禁 50 天，确实已畏惧政府，认识到自己的行为有所不妥。她和家人愿意承诺今后只依法反映诉求，行政案件也愿意撤诉，不再控告非法拘禁，我作为律师也愿为他们家的法律问题提供正确的指引，并继续承担劝导的工作。

沟通不只是挽救一个家庭，也是从根源上解决当地的维稳难题，从而实现社会秩序的平和。我作为法律援助律师来进行劝导，效果不错，陈良英不听你们的，但听我的。事实上，我是最好的劝导者。可一旦判她有罪，她要继续上访，我还怎么有脸劝她？辩护人职责履行完毕，我没有义务也没有资格劝她。中国的司法政策向来追求"案结事了"。法律的最高价值是幸福与和平，幸福与和平是实现正义的最高境界。如果有机会实现幸福与和平，达致正义的最高境界，为什么要拒绝这样的幸福与和平？为什么一定要制造对立？

法律的目标，不外乎让人们的生活更加安定，让家庭更加幸福，让社会更加安宁，让政府更加轻松。恳请钟祥法院，为了地方的长治久安，依据法理，考量人情，寻求和谐的解决之道。一起法律援助案件，我来钟祥四次，给三位领导写信，后来将写给政法委书记的信公开，目的都是希望沟通解决。公开信绝不是给领导施压，而是请求领导，所以很快应有关部门的要求删帖。一些高收费的案件，我都没有去过四次，更没有写过公开信，害得我还向北京市司法局写情况说明。此案用心良苦，连我自己都被感动，法庭落泪，实在是认为沟通乃最佳解决之道，既能实现一个家庭的幸福，亦能达致地方的和平，还能落实国家宽严相济的刑事政策，从而实现法律效果、社会效果与政治效果的完美统一，接近正义的最高境界。恳请法院立即作出无罪判决，多关一天，正义就被多践踏 24 小时。当然，这可能很难，因而我一直恳请钟祥检察院撤诉，恳请检察官心怀慈悲，考究法理，通达人情，让陈良英早日回家。

辩护意见发表完毕，旁听人员不禁热烈鼓掌。庭审第二天，占位式旁听人员减少，限制旁听的措施稍稍宽松，不少社会人士前来旁听，其中湖北知名人士杜导斌还专程从京山赶来旁听。

我的辩护词都要取个标题。陈良英案的辩护词取名为《法律的最高价值是幸福与和平》，后来流传甚广，成为上访案件的辩护范本。

风云再起

法庭辩论进入第二轮，尤仁检察官发表公诉意见："陈良英去北京上访 28 次，都是到天安门、中南海、美国大使馆等地跪地喊冤，无视法律规定，藐视法律权威，违反法律规定，以进京违法上访为手段，给当地政府抹黑，给政府工作人员施加压力，以此强拿硬要政府财物。陈良英的行为扰乱了社会秩序，构成犯罪，如果陈良英的行为不受到法律制裁，势必会让守法的公民失去正确的法治观和公共秩序观，必将损害法治的权威，破坏法律秩序，必将使社会进入无秩序状态，对钟祥当地的经济社会发展和人民生活产生严重的影响。陈良英在确凿的法律事实和充分的证据面前仍不思悔改，毫无悔改之意，请求法庭予以严惩。"

这位公诉科长不仅不针对刚刚辩护人发表的辩护意见，而且全然不顾两天庭审的实际情况，只是念提前准备好的稿子，甚至与第一轮王凯中检察官提出对陈良英从轻处罚的公诉意见全然相反。他指控犯罪，不是从犯罪构成要件入手，而是从假设的后果来论证必须判陈良英有罪：如果……势必……。这样无限地上纲上线，仿佛陈良英的行为是万恶之源，完全背离了法律人起码的专业和严谨。

公诉人在举证质证阶段没有反驳辩护人的质证意见，尤仁就证据问题也进行了综合答辩。肖哲从证据上进行了全面反驳，也批评了公诉人没有客观、公正地履行职责。

针对尤仁检察官不顾事实，挑起争论，我进行了坚决的回应："两天开庭，陈良英当庭表示，自己的行为有所不妥，以后再也不去天安门、中南海等地上访，愿意听从律师的指导，只通过正常的途径依法反映诉求。但尤仁却视而不见，称陈良英不思悔改、毫无悔改之意，这完全是颠倒黑白。对陈良英这样一位弱女子，尤仁检察官不仅毫无怜悯之心，要求严惩，还危言耸听地说：不严惩陈良英会对钟祥的社会秩序产生严重的影响。这简直令人无法理解。判决陈良英有罪，特别是尤仁口中所谓的'严惩'，才真正是制造对立，影响钟祥的长治久安。尤检察官参与整个庭审，最后的综合答辩意见却完全忽视一天半庭审的成果，不考虑庭审中陈良英的实际情况，完全按开庭前准备的稿子念，没有客观、公正地履行检察官的职责，令人遗憾。"

这番话字字如针，尤仁坐不住，想要争辩，但两轮辩论结束，法官担心引发更激烈的争执，不让发言，旁边的王凯中检察官也劝阻尤仁听从法庭指挥。

陈良英最后陈述，说以后再不去天安门等地上访，想好好生活。

新的生活

开庭结束，刘法官如释重负，总算是完成了钟祥这起大案审理的政治任务。我们在法庭交流意见，他让我过几天再写一份取保候审申请。

我本以为，陈良英取保、重获自由是很快的事。但出乎意料，自 2016

年 5 月 27 日开庭结束，一个月，两个月，三个月，五个月，法院既不判决，也不取保。

7 月，司法局黄局长让我们做家属工作，答应判缓刑后配合监管，刘法官也说到取保候审手续正在办理之中，但一直拖延，无非钟祥就想多关陈良英几天。我和肖哲多次催问刘法官，他大概压力太大，对我们避之不理。

陈良英被关期间，女儿徐亚丽找到了另一半，开庭时就怀孕数月，不敢告诉母亲。陈良英重获自由之后的一个月，就做了外婆，虽有不情愿，但终究得默认既成的事实。

开庭结束五个月，陈良英取保还没有办下来，法院仍久拖不判。我让肖哲去钟祥法院当面沟通，刘法官推脱不见，肖哲一早在法院门口等刘法官上班才得以见到他。

2016 年 11 月 10 日，陈良英终于被取保。法院一审判有期徒刑两年三个月，缓刑三年。她不服有罪判决，坚决上诉，好人做到底，我和肖哲二审继续提供法律援助。

2017 年 2 月 20 日，我们到荆门中院提交辩护手续，并跟主审法官水法官沟通。我们始终认为，上访是法定权利，陈良英不构成犯罪，要求二审公开开庭审理。当地视此案为重大敏感案件，法官表示要合议并向院长汇报。

肖哲、作者和陈良英于二审开庭

那天，荆门突然飘雪，鹅毛大雪。

上诉期间，陈良英逐渐适应家庭生活。徐亚丽夫妇与徐加佳开起了废品收购站，陈良英回归家庭，帮儿子女儿女婿做饭，照顾孩子，一家人开始了幸福的生活。

2017 年 5 月 8 日，陈良英案二审公开开庭审理。开庭结束后，我和肖哲认真撰写了两份辩护词，但还未交到法院，5 月 16 日荆门中院就维持原判，宣判恰恰在陈良英父亲去世的第二天。陈良英拒绝签字，法官请我和肖哲劝告陈良英接受二审裁定，黄局请我们劝她在社区矫正的文件签字，我们没有劝。我们坚持认为陈良英无罪，对此裁定深表遗憾。

陈良英不甘心，想申诉，还想去北京上访，但家人劝，我们也劝。终究，她还是回归了平静的家庭生活。

（王凯中、尤仁、罗扬、黄建枝、张发等人的姓名进行了处理）

第八章　飓风营救

泸州五证人被抓之李梅案

2016 年 8 月 10 日，山东高院在聊城中院审理王协力上诉案，伍雷发表慷慨激昂的辩护词时，我注意到手机有来自朱明勇律师及助理的未接电话。

庭审结束，天色已晚，朱明勇律师告知，四川泸州发生了一起震惊全国的"五证人被抓案"。四川合江县委书记李波涉嫌受贿案第三次开庭，五位证人出庭，四人推翻庭前对李波不利的证言，一人首次作证亦证明李波无罪，证人当庭陈述被办案机关非法拘禁、威胁和刑讯逼供，证人赵家贵在法庭上向李波敬军礼，李波当庭潸然泪下。但庭审刚结束，五位证人就全部被抓，舆论哗然。

十万火急！家属希望我介入此案，最好是立即去会见。以庭审为中心的司法改革正在如火如荼地进行，泸州竟然一次性抓捕全部出庭证人，此案完全符合我的接案标准——透过个案推动司法改革。但由于王协力案一场血战，庭前在莘县准备案件，甚至半夜被警察骚扰性查房，开庭刚结束，相当疲惫，我打算休息几天，安排了泰山游览，且应突尼斯国家旅游局邀请即将展开突尼斯之旅，所以我提议先找其他律师会见，如果将来确实难以解决，我再介入。

火线增援

刑事案件，律师介入越早，效果越好，介入越晚，难度越大。稍有经验的刑辩律师都明白这一点，家属紧急联系了云南曾维昶律师为李梅辩护。曾律师身经百战，参与过小河案、北海案的律师团队作战，认真、勇敢、专业，我想此事他一人足以应对。

向着泰山出发，一路有我、肖哲、伍雷和正在西北政法大学念书的侄子李庆铎。八月酷暑，伍雷提议，步行而上，很快我们就汗流浃背，伍雷粗犷，袒胸露背。往上约半小时，路边有石，雕刻"虫二"，风月无边。到中天门，体力不支，搭乘缆车，险峰林立，至南天门，天街漫步，登顶山巅，冷风袭袭，云雾缭绕。虽"会当凌绝顶"，却无法"一览众山小"。

泰山之行的最深刻记忆，是刘荣生律师。登山前，泰安的刘荣生等律师请我们吃饭，才了解泰山脚下竟有刘兄这样的人权律师，承办了普通律师不敢碰的若干敏感案件，一见如故。未曾想，初见即永别，2017年4月12日，刘律师辽宁办案时突发心脏病去世，世事难料，曾经笑着说再见，成了再也不见。年纪大了，每年总有朋友突然离去，作此文时又恰逢西政学兄邱兴隆离世，甚为伤感。

泰山之后，我开始谋划突尼斯之旅。不料，临行前三四天，李梅家属再次诚恳邀请，曾维昶律师也和我沟通，希望我务必参与，共同为李梅辩护。看来此案是一座顽固的碉堡。李梅系李波之妹，其处境既影响李波案，也决定着其他四位证人被抓案件的走向。曾律师单枪匹马，任重道远，我当即挥师南下，火线增援。我和肖哲立马飞往泸州，去突尼斯之前必须先见到李梅。

飞机降落在重庆，高速三小时，在叙永下高速路口，我们与曾律师、李梅的丈夫蒋兴礼、李波的妻子陈丽萍会合。

会见受阻

2016 年 8 月 9 日，李梅以涉嫌妨害作证罪从父母家中被带走。陈永告警官说，"接检察院举报，李梅涉嫌做假证"。

陈丽萍争辩说："李梅已当庭将借据和协议原件提交法官，你们先去鉴定，如果鉴定结果是假的，再来抓人。"

陈警官马上说，"如果鉴定是假的，就不是拘传，是直接抓捕了"。

一听此话，陈丽萍压不住愤怒，"李波当庭举报纪委书记田亚西，你们为什么不抓？"8 月 12 日，泸州抓五证人引爆舆论，泸州市公安局通报又称是"接群众举报"。

8 月 10 日，李梅被送至泸州市看守所。8 月 11 日，曾维昶律师飞奔泸州会见，被告知李梅当天中午已不在看守所，联系办案警官后得知，强制措施已变更为指定居所监视居住。"指居"名义上更轻，但实际相当于"双规"，极为严苛，能给嫌疑人施加更大更持久的压力，由于缺乏制约和监督，极易发生刑讯逼供，所以必须立即会见。2012 年刑诉法修改时增加的"指居"，当时就引发极大的争议，我组织向全国人大提交的刑诉法立法建议，就专节论述不应增加指居强制措施，该措施明显是意图使"双规"正当化。

经持续要求会见，8 月 14 日、17 日，曾律师在警察的监视下，在"双规"点叙永县环保局两次会见了李梅。

8 月 18 日下午 3 点，我和曾维昶律师到达指定监视居住地。叙永县环保局，进门后左手是传达室，大厅正面的电子屏幕闪烁，时而出现"叙永县环保局欢迎你！扎实开展两学一做"的宣传标语，左侧走廊进去有几间房，左右都挂牌"纪委办案点"。李梅被囚于最里面的两间，敲门，露出条缝，两只眼睛盯着，"会见必须领导批准"，砰的一声关上了门，再怎么敲也不开了。传达室的老头冲出来，恶语相向，我们不搭理。

争执了一会儿，外面风驰电掣开来几部警车，进来一拨人，我们出示律师证，要求会见李梅。一便衣男，不亮明身份，让去泸州市公安局找内勤登记，48 小时内安排会见。

"既然是叙永县公安局管辖，凭什么要求到泸州市公安局登记？"我坚决反驳，并引用法律依据，监视居住不适用《刑事诉讼法》第 39 条关于 48 小时安排会见的规定。

但他态度蛮横："你别跟我讲法律，法条那么多，我只听领导的。"

争执之间，突然听到女人的尖叫，"啊，别动我"。

我想，坏了，他们可能从后门进去，要外提李梅了。我们往里冲，高喊"不许刑讯逼供"，但被一伙人挡住，有便衣警察、环保局工作人员、门卫老头，似乎还有纪委来此办公的人。

会见受阻，相当常见，尤其是指定居所监视居住期间，办案机关往往不让律师会见。2012 年修订《刑事诉讼法》引入"指定居所监视居住"强制措施，主要原因就是让嫌疑人与外界隔绝，不让律师会见，当时法学界批评激烈。我以北京理工大学司法研究所的名义组织了《刑事诉讼法修正草案建议稿》，明确提出取消《刑事诉讼法修正案（草案）》第三十条"指定居所"监视居住的规定，理由是"该规定极其危险，将迅速演变成变相羁押，严重侵犯人权"，监视居住应当在犯罪嫌疑人、被告人的住处执行。后来，《监察法》引入"留置"措施。所谓留置，即直接决定剥夺官员或相关公民的人身自由，禁止律师会见，排斥刑事诉讼法的适用，令人忧虑。为制定和"坚决拥护"这些规则的官员们忧虑，大概是我们这些平民自作多情，狗拿耗子瞎操心。但冤案面前人人平等，官员也不例外。一个社会如果官员的权利都得不到保障，普通民众的权利恐更难得到维护。

但我认为，会见受阻，不全是坏事，也是一次控告侦查机关侵犯律师会见权的机会。刑事辩护中有不少类似的化被动为主动、化不利为有利的机会，律师要善于抓住机会，更要勇于利用机会。

我和曾维昶律师立即赶往叙永县检察院进行控告。检察院的控申大厅刚装修好，还未正式启用，我们从正门进入，经门卫联系，控申科叶志红科长过来了。他带我们转入检察服务中心，找椅子，倒水，他是个蛮有意思的人，既热情，也啰唆。听完我们的诉求后，他从检察院的机构设置、职能定位等方面展开了长篇论述，我克制住不耐烦，一刻钟后才听出来，是要我们提交书面控告状。

我立即切入正题，"您的意思，是不是要求提交书面控告状？"

"是的。"

"您直说呀，我们马上写。"

拿着曾律师手写的控告状，叶科长说："你们等等，我回办公室联系。"

我们一边等待，一边寻思，他是不是去跟公安局商量怎么对付我们了。半小时后，叶科长回来，告诉我们联系好了。群众对基层检察院法律监督职能的了解不多，甚至律师也不太利用，有人来告，对于某些检察官来说，或许是一次使用权力的机会。

离开检察院，我们开车在县城转悠，永宁河穿城而过，才发现叙永风景独好。叙永系川南门户，位于云贵川交界处，战国时属夜郎国，自唐置蔺州、元置永宁路、明设永宁宣抚司以来已有千年历史。护国讨袁，蔡锷将军驻节叙永忠烈宫，运筹帷幄，泸纳之战，杀溃袁军，震撼全国。清光绪年间的春

作者和曾维昶律师在永宁河畔

秋祠，"川南瑰宝，木雕一绝"，峻峭的丹山有摩崖造像等古迹，城南是秀美的喀斯特地貌，城北画稿溪桫椤成林，还有东汉岩墓群、清凉洞明代摩崖石刻群、护国讨袁纪念地雪山关、彝族古迹天台山、江门九鼎山等风景名胜。

四川要案

永宁河畔，羡鱼亭旁，静雅之处，喝茶吃饭，摆龙门阵，等候电话。

19：20左右，我们接到叙永县公安局刑警大队周远明指导员的电话，问我们何时会见，回答当然是马上，敲定20：00会见，并要求第二天向侦查机关了解案情。

交完手续，顺利会见，进去是一套房，外面走道，小房间是看守休息室，李梅在内间，共有三位看守。我们谈话时，一位女警察以安全为由坐在门口监视。前几天李梅得知我将介入，见面就说："徐教授，我早就在微博关注您了，还有您的助理假装大律师。"

我说："肖哲正在门外，因为案件比较敏感，会见函没有她的名字，就不让她进来了。"

我和曾律师先问下午的情况，李梅说，听到我们要求会见，知道律师来了，和他们争执。而后，有几位身穿便衣的人将她从后门带走，未着警服，未出示警官证，李梅担心，不想出去，一人用力拖她，她发出尖叫。她向我们展示，手臂到晚上仍留有伤痕。

案情比较简单，我的询问主要是李梅出庭作证的证言是否真实，是否妨害了其他证人作证。李梅回答，出庭证言完全属实，其他两位证人出庭作证是自愿的，也是真实陈述，而且借据、协议的笔迹是真实的，可以进行鉴定。

继而，我询问侦查程序问题，是否有刑讯逼供，讯问次数，讯问人员的名字，吃饭休息是否得到保障，身体状况如何等。李梅说，没有被刑讯逼供，但有威胁，有领导模样的人告诉她，"这是泸州的大案，四川的要案，是反腐败的战争，没有人能挡得住，这是政治大局，你必须交待。"

我仔细询问了李梅的起居。她说："房间不开窗户，不拉窗帘，没有散步放风，睡觉通宵不关灯，洗澡有人监视，睡觉有人监视，不能用牙刷，我腰椎曾严重骨裂，案发前曾住院治疗 24 天，腰痛难忍，不给治疗……"

"这些问题，我们都会向办案机关反映，你的要求也可以直接向看守和办案人员提，你还有权利约见检察官。"我特别叮嘱，侦查人员讯问时，要先了解其身份，如实回答，笔录要认真核查、修改，不让修改有权拒绝签字。曾经有个案子，嫌疑人在笔录后书写："以上笔录我看过，和你说的一致"，因为主要内容确实是讯问人所说。

我与曾律师第一次共同会见虽然受阻，但通过控告，很快保障了会见权，也为此后的无障碍会见创造了条件。通过会见，我们发现指定居所监视居住明显违法，商议后我们决定采取进攻式辩护的策略，抓住违法，尽快逐级向公安、检察机关举报控告。

谁在办案

8 月 19 日，我和曾维昶律师、肖哲来到叙永县公安局刑警大队，老城区一条小巷里。楼下是阴暗的讯问室，对李梅的讯问就在这里。周远明警官的办公室在二楼，但他是一问三不知，说沟通案情要等泸州市公安局的主办人员来。半小时后，市局一位年轻警察来了。我开始发问：

徐：警官你好，我是李梅的辩护人徐昕律师，另一位是曾维昶律师，我们依照《刑事诉讼法》第 38 条的规定，向侦查机关了解犯罪嫌疑人涉嫌的罪名和案件有关情况，提出意见，请问你怎么称呼？

陈：我姓陈，叫我陈警官就行。

徐：我需要知道你的姓名。

陈：叫我陈警官就行。

我坚持一定要知道他的全名：如果侦查过程中有违法行为，不知道你的名字，怎么控告？

陈最后很不情愿地回答：陈永告。

徐：永远的永，告是怎么写的？

陈：告诉的告。

就是这简单的，对姓名的追问，让我们以强大的气场，把握了谈判的主动权，确立了进攻式辩护的风格。随后询问案情，辩护人也始终居高临下，简直有些像审问。

陈警官简单介绍了案情，我追问有哪些证据证明李梅犯罪，陈回答暂时不便透露，我说无非就是找些证人证言吧，他不作声。从陈警官的口中得知，本案成立了专案组，案件的任何进展都要向专案组汇报。

接着，我抛出了一个问题：既然本案由叙永县公安局管辖，你们泸州市公安局何以介入？

陈：上级公安局可以指导下级公安局办案。

徐：你们是指导办案，还是完全由你们办案？办案人员中有没有叙永县公安局的警察？

陈警官一时答不上来，沉默一会，眼睁睁地看着周远明，周有些迟疑地说：叙永县公安局的人参与了调查。

我穷追不舍：叙永县公安局究竟有谁参与办案？是否对李梅进行过讯问？谁主办这起案件？

周指导员犹豫了一下，无奈地说：那就算是我吧，我负责。

我继续追问：怎么能算是呢？究竟是不是你负责？你有没有讯问过李梅？何时讯问过？

周：我记不清了，反正我去过。

徐：你刚刚不是说不清楚案情吗？如果是你负责，怎么会不清楚案情？我马上去跟李梅核实，如果没有讯问，那么本案由叙永县公安局管辖就是完全虚假的。

我们提出，叙永县公安局的人对本案毫不知情，甚至无法单独跟律师沟通案情，要等市局的人来。曾律师第一次会见李梅时，接待他的是胡警官，后来才知叫胡基石，是泸州市公安局经侦支队副支队长。这足以说明泸州市公安局既越级办案，也跨部门办案，指定叙永县公安局侦办此案，只是掩人耳目，本案管辖违法。而且，指定居所监视居住违法，李梅的生活条件必须得到改善，生病需要治疗。两人说会向领导反映。

当日，我们提交了变更强制措施的申请，附李梅曾经住院治疗的证据，让他们将护腰带转交李梅。李梅的丈夫蒋兴礼到指定地点送生活用品，按我们的指示，要求会见李梅。周指导员答复，经请示张局长，张局长不同意蒋兴礼会见李梅。

就地租房

为了实施进攻式辩护，制约违法办案的侦查机关，我们商定：一是必须频繁会见，一周至少会见一次；二是立即对侦查机关的违法行为进行控告。

8月20日回到北京，下午我就启程前往突尼斯，至9月3日回国。我出国旅行期间，曾律师保证了每周会见，并向叙永县、泸州市两级公安、检察机关提交了法律意见。

人在北非，心在泸州。我远程指导肖哲完成《李梅案的法律意见》和《指定居所监视居住绝对不是"双规"》两份材料，经过我与曾律师反复修改定稿。我们认为，侦查机关存在大量严重的程序违法：叙永县公安局无管辖权而违法管辖，泸州市公安局违法指定管辖，并以指定管辖为名，越级办案；

指定监视居住违法；破坏证人出庭作证制度，损害审判独立原则，藐视法庭权威；违法阻碍辩护人依法行使诉讼权利；本案还存在领导干部干预司法的情况。

我建议蒋兴礼在叙永县租一处房子，如果李梅不能取保，则争取将李梅从指定居所监视居住变为监视居住。这一行动为案件的初步解决打好了基础，后来案件就是完全沿着我们规划的方向发展。

法律意见写道：《刑事诉讼法》第75条明确规定："监视居住应当在嫌疑人、被告人的住处执行；无固定住处的，可以在指定的居所执行。对于涉嫌危害国家安全犯罪、恐怖活动犯罪、特别重大贿赂犯罪，在住处执行可能有碍侦查的，经上一级人民检察院或者公安机关批准，也可以在指定的居所执行。"适用指定居所监视居住措施的只有两种情形：上述三类犯罪在住处执行可能有碍侦查；嫌疑人在当地无固定住所。李梅涉嫌妨害作证，不属于上述三类犯罪，不属于在住处执行可能有碍侦查的情形。李梅在泸州市龙马潭区有固定居所，即使监视居住，也应当在李梅的固定住所执行。再退一万步来讲，姑且不主张叙永县公安局的管辖违法，李梅在办案机关所在地也有固定住处，其亲属已在叙永县城租房，监视居住应当在其亲属租住的房屋内执行。叙永县公安局在纪委设于叙永县环保局的"双规室"对李梅进行指定居所监视居住，明显违法。

逐级控告

从突尼斯回国后，我马不停蹄，赶到叙永，会见李梅，随后开始了逐级控告。控告是进攻式辩护的核心。尽管泸州抓五证人案起因于泸州市检察院指控的李波案，所谓的专案组必定包括泸州市检察院的人，但毕竟宪法确立了检察院的法律监督地位，我们打算把检察机关的法律监督职能拿出来遛遛，试一试宪法的效用。

我们先摸到叙永县公安局，大摇大摆地进门，在一幢长条形建筑的二楼，找到局长办公室，恰好张局长正在组织副局长们开会。我闯进去说，"李梅案举国震动，辩护人认为李梅无罪，希望贵局认真办案"，并提交了控告办案人员的材料。张局长挺有涵养，表面客气，换成某些领导很可能立马脸黑脖子粗。律师突然闯进公安局局长的办公室，打断他们的会议，我估计他们所有人都没反应过来。我们仨刚离开，一副局长哐当一声把门关上了。

接着，到叙永县检察院控告公安局违法。控申科这次接待更为慎重，三个人听取我们的陈述，看起来认认真真的样子，当然不可能有实质性答复。

从叙永回泸州，第二天，9月7日一早，我和曾律师、肖哲来到泸州市检察院，控告叙永县公安局和泸州市公安局违法。门卫联系控申处，办公人员说要开会，不接待，无奈曾律师发微博，向罗乐检察长求助。还真有效，不到十分钟，控申处何容副处长下来，把我们迎入检察服务中心，并立即联系职能部门。

何副处长和侦监处沈鸣处长出面接待。我们强调，李梅被监视居住的地点是专门的办案场所，是纪委的"双规"办案基地，指定居所地点违法。《刑事诉讼法》第75条明确规定，监视居住"不得在羁押场所、专门的办案场所执行"。《人民检察院刑事诉讼规则（试行）》第110条、《公安机关办理刑事案件程序规定》第108条均明确规定，"指定的居所"应当具备正常的生活、休息条件，对李梅的指定居所监视居住无异于酷刑，必须纠正。

对李梅应当变更强制措施，除具备刑诉法规定的条件外，侦查人员明确表示本案证据已固定，且自8月19日起就一直未对李梅进行讯问；李梅腰椎曾严重骨裂。李梅丈夫在叙永县有固定住所，即便是监视居住，也只能在李梅丈夫在叙永县的固定住所执行。

两位处长均表示，现在实行案件终身责任制，他们将认真履行法律监督职能，调查结束后，会正式回复律师处理结果。何副处长解释说，"由于接待室正在布置的原因，耽误了接待时间，希望消除误会，删除微博。"曾律师欣然同意，删除后又发了一条表扬的微博。

从检察院出来，已到11点半，我们迅速赶往泸州市公安局。门卫不让上楼，联系了监察处，一位年轻女士下楼，我们要求工作人员接待，被婉拒，称所有人都外出办案了。这显然是托词，但不重要，转交材料即可，我们要求局领导认真对待这起影响性案件。

向办案机关告办案机关，要求公安局的上级监督下级，我们没指望有用，但程序必须走到，目的是让领导重视。因此，向四川省公安厅的控告，我们认为通过寄信的方式就行。

向四川省检察院的控告，非常重要，须亲自递交材料，曾律师临时有事，我和肖哲前往成都。为了让省检收下控告材料，在技术上必须将泸州市检察院一起告上。理由很简单，一是该院是专案组的组成部分，二是其不履行法律监督职责。由于省检有熟人，控告材料提交得很顺利。前面三轮控告，控告对象也因控告机关的不同而有区别，这是保证材料被收下的前提条件。提交控告材料可不是件容易的事，不少检察院、法院都以不收控告材料为主要任务，控申窗口经常设在偏僻小巷，门面狭小，严格安检，禁止越级，寻找理由，千方百计把申诉人控告人推出门外。

逐级控告是我们的行动策略。这一轮控告下来，侦查机关的违法在四川省范围内得到了足够的曝光，想必各被控告对象至少得写出若干情况说明。有没有用，办案人员有没有挨批，不得而知。但很麻烦，是肯定的。控告通常无法告倒，但提请领导关注，骚扰被控告对象，动摇其制造冤案的信心，还是有一定效果的。

亲人相见

指定居所监视居住明显违法。辩护人反复提出要求：第一步是必须开窗、通风、透光，李梅睡觉时要关灯；第二步要求给李梅提供水果；第三步安排李梅的丈夫不断要求会见李梅。因为监视居住应当符合正常人居住的条件，正常的生活需求应当得到满足，包括与丈夫发生性关系的生理需求。

9月13日，蒋兴礼给陈警官打电话，提出两个合情、合理、合法的要求：一是安排李梅到叙永的固定居所监视居住；二是中秋节要到了，父母、亲人都想见李梅。陈警官回复，会在专案会上提出来。

9月14日下午，蒋兴礼给李梅送衣服等生活用品，再次要求会见，看护民警请示领导后，表示领导不同意。

蒋兴礼，一个妻子不在后六神无主的男人，一个全身心投入救妻的丈夫，坚持不离开，一直守候在叙永县环保局。到傍晚，蒋兴礼接到陈警官电话，同意他次日上午10点左右见李梅，但考虑到李梅父母年龄太大，担心出现意外，不同意其面见李梅，但可以视频。

9月15日，蒋兴礼终于见到了妻子，李梅父母通过视频看到了女儿，陈丽萍等亲友也候着跟李梅说话。这样的场景，免不了流泪。

"月到中秋分外明"，这个中秋佳节，李梅一家大概见到了一生中最圆的月亮。此后，蒋兴礼能定期面见李梅，李梅父母也能通过视频定期看到女儿。李梅被指居期间，吃到了水果，见到了家人，跟父母视频。这绝对是指居强制措施之下，迄今为止中国绝无仅有的案例。

决胜谈判

本案在四川省公检法影响甚大，下到基层，上到省府，我们进行了一个多月的控告。除了频繁会见、逐级控告外，我们还采取了一系列进攻式辩护的法律行动。例如，安排家属申请叙永县环保局信息公开，"双规室"建设的依据、经费来源和使用情况，向各级领导寄送控告信等。谋划中的行动还有很多，例如，就信息公开申请复议，对环保局及县政府提起诉讼；由于叙永县公安局每天四班每组三人对李梅进行监管，说明其人员、经费过多，拟向县财政局、人事局及县领导写信，要求削减公安局的经费投入，缩减其人员编制。这些行动试图"席卷"与案件无关的机构，让违法行为广为人知，受到相关部门的牵制，并挑起可能的内斗。

侦查人员对李梅说："你确实请了好律师，在外面折腾，要救你出去，但我们不能轻易放你出去啊！"

一日未获自由，一日不停止行动。侦查阶段的有效辩护需要快速反应，立即行动，抓住违法，坚决控告。9月26日，我和肖哲再次来到泸州市检察院，征询检察院对于控告的答复。进入检察服务中心，我突然注意到公示牌有检察长接待日，每月15日、25日是泸州市检察长罗乐接待日，上次来没有看到，大概是挂牌不久。天时不可错过，我立即要求，9月25日是周日，检察长接待日应顺延至26日，希望罗乐检察长接待。

上次来访，发过微博，这次何容副处长非常重视，安排接待人员跟我说，稍等，领导开会。之后不放心，又亲自来说："领导在开会，我不敢敲门进去，我等在门口，他开完我就跟他汇报，别着急"，转而又上楼了。我和肖哲相对一笑，"领导大概在商量如何对付我们"。

半小时后，泸州市检察院副检察长赵红，侦监处处长沈鸣，刑事执行检察局局长王川洪三人出面接待。相互寒暄，赵检说检察长委托他来接访，问我执教于哪所大学，我说北京理工大学，赵检正好毕业于北京理工大学电子工程系，校友见面，平添几分亲近。

与主管检察长沟通，这次谈判非常重要，但我没有想到，这次交锋成为决定性的对垒。谈判大致分三个阶段：重申控告；双方博弈；绝不退让。

我先提纲式说明控告的主要问题：第一，叙永县公安局无管辖权，泸州市公安局指定管辖违法，且突破级别管辖，直接侦办此案。第二，指定居所监视居住绝对不是"双规"，对李梅的指定居所监视居住严重违法，李梅被"双规"，正在受酷刑，情势紧急。第三，针对指定居所监视居住，辩护人无法申请羁押必要性审查，李梅也无法约见检察官，应该给李梅取保。

双方争议最大的问题：一是有无管辖权，二是指定居所监视居住是否违法。管辖权问题由沈处答复，指居问题由王局答复，尤其是后一事项，争辩激烈。

违法管辖

沈鸣处长答复：第一，《公安机关办理刑事案件程序规定》第19条规定，"对管辖不明确或者有争议的刑事案件，可以由有关公安机关协商。协商不成的，由共同的上级公安机关指定管辖。对情况特殊的刑事案件，可以由共同的上级公安机关指定管辖。"李梅案的指定管辖属于第三款，对情况特殊的刑事案件，可以由共同的上级公安机关指定管辖。李波案影响很大，李梅案属于情况特殊，指定管辖没有问题。第二，泸州市公安局办案人员确实参与了李梅案，因为市局可以抽调人员支持县、区公安机关办案，不违法。

这个阵势，看来是要反对我们提出的所有问题，针对管辖问题，我又从法律和事实两方面进行了反驳。

第一，情况特殊的案件，可以由共同的上级公安机关指定管辖。李梅案系普通的轻罪刑事案件，管辖明确，毫无争议，即便属于沈处所说的情况特殊，也是可以由共同的上级公安机关指定管辖，而本案共同的上级机关何在？哪个公安机关与叙永县公安局寻求共同的上级机关指定？

第二，泸州市公安局在本案中并不是抽调办案人员支持叙永县公安局办案，而是直接办案。据辩护人了解，截至目前，均是泸州市公安局办案人员讯问李梅，叙永县公安局实质上无人参与办案，连案情都无法向辩护人介绍，特意找来泸州市公安局的陈警官与辩护人沟通。这些足以说明是泸州市公安局包揽本案，而非支持参与。

沈处比较温和，表面上也尊重身为大学教授的我，以探讨的语气回复，"江阳区公安局和叙永县公安局的共同上级机关是泸州市公安局，泸州市公安局可以指定管辖"。

我反问，"江阳区公安局在本案中从未出现过，李梅案与江阳区公安局有何关系？江阳区公安局从何而来？"

沈处表示，"考虑到今天主要是答复，双方对法条的理解可能不太一样，理论问题就，不过多争论"。

"条件挺好"

王川洪局长答复：第一，指定居所监视居住执行并不违法，李梅居住的场所符合条件，有桌子、有床、有窗户、24 小时热水，三餐分别 5 元、15 元、13 元标准，与工作人员相同；生活场所与讯问场所分开；审讯中间有休息，不存在连续受审、疲劳审讯问题；租住的房屋是在指定居所监视居住之后租的，是临时居所，不是固定居所。第二，取保要当事人或辩护人提出，若符合取保条件，办案机关不予取保，检察机关可以监督。

王川洪对如此严重侵犯人权的行为完全肯定，我甚为失望，指出其答复明显不客观。对指定居所监视居住是否违法，我们多次相互反驳，多次打断对方讲话。

我说，"李梅被指定监视居住于叙永县环保局'双规室'，远未达到法律所规定的'正常的生活和休息条件'，房间空间极为狭窄，墙壁包着橡胶，有审讯桌、审讯椅及视频监控，三人一组，四组轮班，24 小时看管，整日拉起窗帘，永远不透光、不通风，李梅不能使用通信设备、电脑、纸笔，睡觉、洗澡、上厕所、会见律师等一切活动均在看守的监视之下，完全称得上是现代意义上的酷刑"。

王局打断我说，"中国现在是法治社会，我不相信会存在虐待嫌疑人的情况，也不相信见不到阳光，不通风，李梅不见光不通风，办案人员难道不通风不透光吗？并且怎么可能是永远不透光不通风？"

"眼见为实，这是我们亲眼所见的客观事实，我与曾律师共同去会见过三到四次，曾律师单独会见过几次，每次两到三小时，见到都是这种情况。"我以事实进行澄清。

王局强词夺理道，"一共十几个小时怎么能是永远？作为律师要客观，并且不能只听当事人的"。

我克制住愤怒，再讲一番道理，"有多个事实能证明律师反映的问题是客观存在的。第一，我和曾律师会见过多次，总共有十多个小时，亲眼看到这种情况；第二，李梅亲口告诉我们是这样的情况；第三，我们会见时要求办案民警纠正，民警亲口说不能开窗，不能通风，不能关灯；第四，'双规室'全天24小时监控，我要求封存录音录像，你们也可以调取查看。王局，你应该去实地看一看实际情况"。

王局继续强词夺理："我不看，我为什么要看，去看了反而违法，违反级别管辖规定。下级检察院的同志去实地调查了，我相信我们检察院的同志，你们反映的那些情况不可能存在。"

我坚决反驳："你没去现场调查过，凭什么否定多次到过现场的我们？你再跟我谈这些根本没有事实依据。纪委的'双规'点，你参观过吧？"

王局答，"参观过，条件挺好"。

没想到此人竟会为"双规"辩护，我火气上来了，声色俱厉地说："'双规'是什么情况，众所周知，你却美化'双规'，实难理解。每一个官员，都有被'双规'的可能，包括王局你，也有被'双规'的机会。"

对面三人，均现诧异，表情凝固，愕然不言。我不许王局再插话，强调指居违法是客观事实，证据确凿，随后继续反驳其他问题。"租的房子不是固定的居所？王局是领导，能在北京买得起房，但一般人买不起，北京百分之八九十的人都是租房，难道都不是固定居所吗？你凭何歧视租房的人？法律规定了居所必须是有所有权吗？法律规定了租房不算居所吗？生不带来，死不带去，谁不是临时性地居住于这个世界？第二个问题，律师早已提出了取保候审申请及李梅病历，并且李梅几次病发，律师和李梅本人多次提出要求治病、检查，侦查机关均不予许可，连护腰带都扣押不让送进去。"

绝不退让

我问："本次是否是正式答复？如果是正式答复，极不客观，希望检察院听取律师意见后，进行实际调查，再给予书面答复。"

沈处和王局表示此次是正式答复，问题不再回应。赵红副检察长最后发言，圆滑老道："第一，徐律师非常尽心尽责，确实是在最大限度地维护当事人的权利。第二，关于李波案以及抓证人的情况，网上的报道有所夸大。第三，是否还有其他要反映的问题，检察院可再调查答复。"

我再次声明立场，指定居所监视居住严重违法，不能如此对待普通公民。辩护人提出的问题都是底线的问题。王局又打断，"你们提出的问题根本不是最底线的，否定一切，包括管辖、强制措施"。

我说，"否定管辖，否定强制措施，因为确实违法了，但我最关心的是底线问题，发现侦查机关违法，当事人正在经受酷刑，不提出来是辩护人的失职。我们提出问题，举报控告，一是维护当事人的权利，二是避免办案机关违法办案，并不只是单方面为当事人"。

如果满足辩护人提出的底线要求，其他的问题可以再谈，实体问题我们不提，李波案可以与我们无关，我们甚至可以劝李梅不再牵扯李波案。因为李梅面临酷刑，指定居所监视居住严重违法，"我们的底线要求就是，李梅符合取保条件，应该取保，如果不能取保，则应该变更为到李梅丈夫租住的房屋执行监视居住。"

众所周知，本案存在领导干部干预司法，出庭五个证人全部被抓，在全国闹得沸沸扬扬。如果辩护人提出的底线要求得不到满足，辩护人会在法律框架内采取一切可采取的法律行动，目前已经向叙永县环保局申请了信息公开，环保局设立"双规室"的资金从何而来？如何利用？叙永县公安局花费大量警力、财力侦查如此轻微的刑事案件，我们会向相关部门报告，要求削减其人员编制，减少财政经费，甚至举报控告相关人员和部门涉嫌非法拘禁。一次性抓捕五个证人，我们考虑申请吉尼斯世界纪录。

恳请检察院实行法律监督，满足辩护人提出的底线要求，如此，双方才不会过于对立。三人听得比较认真，我也顺势缓和气氛，"今天我可能有些激动，有些言辞可能激烈了，请领导原谅，尤其是王局，还请谅解。"三人均表示不会，王局也顺藤而下，表示自己的言辞可能有不当之处，相互理解，相互原谅。

绝处逢生

此次谈判，强强对垒。检察院强势，全面肯定公安，无一违法。我也强悍，不卑不亢，可以让步，但底线绝对不退。尽管事先没有任何准备和预料，但谈判的底气源于三点：第一，要有扎实的法律功底，对管辖权与指定居所监视居住违法的论证，无可辩驳；第二，对案件研究深入，为何被抓、管辖从何而来、指居环境如何等均极为熟悉；第三，侦查行为大量违法，对方确有把柄。但谈判也得理性，要放得出去，收得回来。

谈判结束后，我内心久久难以平静。检察院强势维护公安，本在预料之中。一切似乎依然如故，自由尚未实现，同志还需努力。从检察院出来，我和肖哲又到公安局找陈警官，没找到，电话联系，我指控其违法，发生了激烈争执，他挂掉我的电话，且不再接听。

我们立即从泸州到叙永，找到周远明警官，他已经不再是刑警大队指导员，而调任国保大队当政委。跟他交流多次，日益融洽，我预感到变化即将发生。

当天，26 日下午，陈警官打通了李梅丈夫的电话，要求他提供李梅的护照、驾驶证等证件要暂扣。这一消息令人振奋。我判断，要么变为监视居住，要么取保候审，在李梅丈夫租住的房屋内监视居住的可能性更大。原因显然是上午那场决定性的法律谈判。我接手的案子，多选择极冤和彻底无罪的案件，每每有所反转，常有绝处逢生之感。

但这一结果也不意外，是律师强力控告，从量变到质变的必然结果。同时，泸州有关领导的主要目标是控制李波案的审理和"结果"，因为李梅案引发轩然大波，平添麻烦，反而影响他们所谓的"大局"，放李梅出去，让律师消停，不失为次优选择。我在上午的谈判中也阐明了这一利害。

9月27日下午，李梅的强制措施由指定居所监视居住变更为监视居住，在其丈夫租住的房屋内执行，李梅基本获得了自由，和家人同住，老父母也由泸州前往叙永团聚。李梅的老父亲是一位退伍军人，南下干部，86岁，身体虚弱，老母亲是一位护士，平时主要是李梅照顾父亲，指居期间每次都要交代如何给父亲用药。一家人团团圆圆，喜形于色，拍了合影发给我。

李梅的丈夫、父亲、李梅、母亲、陈丽萍

法庭歌声

2016 年 11 月 28 日，李波案一审第四次开庭审理。曾维昶律师和肖哲前往旁听，法院戒备森严，两人连审判庭的门都没有进去。

旁听家属讲述，无人出庭作证，除李梅外，另四位证人分别出具了自述材料，当庭作证变为书面证言，否认了当庭证言，四人均声明不愿再出庭作证，公诉人还出示对四证人的《复核笔录》。面对李梅同样的处境，哪一位证人还敢坚持出庭作证？检察官相信抓人压力下的证言吗？刑事诉讼证人出庭难，其中一难就是怕被公权力打击报复。法庭上的证人消失，李波的歌声响起，"没有共产党就没有新中国"，在法庭回旋。

李波的妻子陈丽萍，是一位坚强、果断、开朗、幽默的女性。因为李波案，她遭了大罪，曾被"双指"40 天整，每天睡眠不到两小时，22 小时坐在凹凸小塑料凳上，"屁股坐烂了，流出的血水渗到裤子上，每次解手脱裤子都撕心裂肺"，大小便须经允许，"大便无论能否解得出来，每天只有一次申请机会，所以每次申请时都会强调'你确定吗'。"40 天后，纪委以陈丽萍涉嫌隐瞒、掩饰犯罪所得罪移送司法机关，陈被关进了看守所，28 天后取保，一年后解除取保，2017 年 4 月 24 日撤案，最终说明其根本无罪。

哭过之后，这位柔弱美丽的女子决心为丈夫洗冤，设法找到她眼里中国最好的刑辩律师朱明勇，以诚意打动朱律师出山。事后我才知道，李梅案发，也是陈丽萍力主一定要我参与共同辩护。李波案发，是李梅和陈丽萍姑嫂相依，合力营救，李梅被抓，"做嫂子的义不容辞，只能雄起"。李波案二审，她又听从朱明勇的建议，增加何兵教授作为辩护人。令人遗憾的是，二审没有开庭，四川高院维持原判。我至今仍然记得，陈丽萍用四川话描述李波案庭审时的绘声绘色，"第二天，主审法官把脸黑起来，用川普、美声唱法训斥：李波，你给我老实点……"

未旁听到审判，曾维昶律师再次约见泸州市公安局刑侦支队陈永告警官，要求取消对李梅的监视居住。

李梅回家

2017 年 1 月 10 日，经申请，李梅被解除监视居住，完全获得自由，回家过年。

2 月 14 日，情人节，李梅正式办理法律手续，拿到了《解除监视居住决定书》。泸州五证人被抓案，李梅终获彻底自由。

李梅没有被批捕，律师在侦查阶段进行了依法、及时、坚决、强悍的辩护，以短平快的进攻式辩护，飓风营救，使李梅迅速获得了自由。我们还尚未从案件的实体方面进行辩护，只是通过程序问题，就达到了目标。甚至律师申请对借据、协议的笔迹进行鉴定，侦查机关都认可是真实的，因而没有鉴定之必要。刑事诉讼，极端残酷，不战而屈人之兵，是刑事辩护的最高境界，此案可谓侦查阶段有效辩护的经典案例。

一个月后，2017 年 3 月 14 日，伍雷邀请周泽、我、袭祥栋、何兵、王万琼、王兴、张磊、刘金滨等共同辩护的杨炳文等涉黑案，吉林辽源警方决定撤销案件。涉黑案件立案后能被认定"情节显著轻微、危害不大"，公安主动撤案的，闻所未闻，大概可以算作共和国的唯一。第二被告人杨炳军，我和袭祥栋认为根本不构成犯罪，只因他是杨炳文之弟，便被列为涉黑二号人物。此案与李梅案类似，都为侦查阶段的有效辩护提供了成功经验：

1. 刑辩就是一场阻击战，寸土必争，没有坚决的斗争，不可能取得进展。在侦查、检察机关存在大量违法以及控方证据链脱节等情形下，进攻是最好的辩护。

2. 刑事辩护的黄金时段在前期，律师介入越早越好，推迟时间便是贻误战机，越往后越被动。律师从接受委托开始的第一时间，就必须严阵以待，开始坚决的辩护。

3. 公权力强势介入的涉黑等案件往往伴随着残酷的刑讯逼供，律师须尽早介入，频繁会见，坚决控告，杨炳文等涉黑案被抓的几十人因此没有一位遭受刑讯。

4. 如有可能，刑事辩护必须团队作战。每个嫌疑人可以请两位律师，绝对不可浪费任何一个名额。李梅案，我和曾维昶律师搭档，配合默契，凝聚合力，我也学到很多。

5. 刑事辩护绝不限于法庭，而是全方位辩护，形式多样，很多案件到了法庭，为时已晚。

李梅与家人住进叙永的房子后，案件突破，大局已定，无须操心，我未再到泸州会见。李梅一直说，想见见"假装大律师"、共同参与营救行动的肖哲，知道我们在重庆长寿办理孔祥文案，要我们一定去泸州，或者她来长寿，但至今仍未有机会谋面。

我其实还想再回泸州。到叙永看看丹山、画稿溪、春秋祠、东汉岩墓、摩崖石刻，看看蔡锷将军与朱德元帅题雪山关之名联，"是南来第一雄关，只有天在上头，许壮士生还，将军夜渡；作西蜀千年屏障，会当秋登绝顶，看滇池月小，黔岭云低"；还想再到泸州老窖原址，品一口老窖原浆，醇香浓郁，回味无穷；到东岩公园的山顶，透过鲜花看两江合围泸州城，沱江长江，浩浩荡荡，洗冤白谤，势不可当……

（陈永告、田亚西、何蓉、沈鸣、王川洪的姓名进行了处理）

第九章 逃亡上海滩
朱庆林绑架罪

石门老宅

2014 年 12 月 20 日，我回老家，江西省丰城市白土镇栗塘村石门楼。老宅是一座半壁徽式建筑，三字墙，青砖绿瓦，满是青苔，往外搭建了厨房饭厅，前后两个院子，茂盛的毛竹围住，绿树如茵，多是果树，有柑橘树、柚子树、桃树、板栗树，还有香樟、月季、栀子花、小池塘、菜地，父母辛勤劳作，连树底下都套种了蔬菜。

每次回到老宅都有落叶归根的归属感。老宅见证了我的成长和我家几十年的历史，但多年未修缮，破旧不堪。偶尔回乡，晒了照片，虽然古朴，却相当残落，亲友看不下去，不知名的网友也批评我不给父母改善生活条件。

父亲很早就想在家乡建房。我们三兄弟都是流浪的人，没心思回乡建房。早年父母跟着我们三兄弟，帮带孩子帮做饭，带完了老大的孩子又带老二、老三的孩子，带完了孙子，又给我两个弟弟带二胎的孙女。我一直主张给父母在镇上、县城或省城买套房子，并在家乡宜春——一座叫春的城市，买了套小房子，据说有富硒温泉，全世界唯一可泡可喝的温泉。我想这样的房子是父母养老也是我们休养的好去处。但父亲热爱家乡，坚决要在家乡修房子，别人都修咱家不修没面子。

有一次，我不经意地说，手头上有点余钱，可以考虑回家建房了。父亲立即从三弟家回去，操持建房事宜。我还没反应过来，他就找村领导批好了地。批地建房不容易，父亲年幼时过继到石门楼，在石门楼住了七十多年，但要建房了却批不上地，原籍袁渡镇涂坊村官塘欢迎父亲回祖籍，于是新房就建在官塘。

这次回家，就是准备为父亲建新房子出一把力。

不速之客

2014 年 12 月 21 日上午，正准备去离老宅三里开外的建房工地。突然，有三个不速之客到来。来人介绍身份和来意后，让我一惊。

朱庆林人高马大，固执倔强，见我后直入主题，"徐教授，我 2001 年因涉嫌绑架罪被通缉，亡命天涯，潜伏上海滩，逃亡了十四年。我不想逃了，逃够了，我想回家。我这次是从上海潜回江西的，就是要求你救我，让我能名正言顺地回家。"他通过我父亲的远房堂弟徐任根，多方打听到我回老家的确定时间，专程来访。

直觉告诉我，"逃犯"专门来老家找我申冤，恐有冤情，但仅凭朱庆林单方面讲述，我无法确定是否冤案，没有答应接案。但朱庆林很执着，我在小树林和菜地里走动，朱庆林也跟在后面不断求我。

我自然要去建房工地，朱庆林几人还是跟着后面求我。新房离老宅三里开外，就是本书开篇提到的父亲执意要修建的红房子。经过近两年的劳作，2017 年春节前夕乔迁新居，乔迁次日我又赶到天津参加赵春华案的二审开庭。

看完新房，我要赶到南昌，当晚在母校江西师范大学政法学院有个讲座。朱庆林一行又跟到南昌，到了讲座现场。演讲主题是《申冤何以可能》，彭隆辉教授主持，迟凤生、刘志强律师正与我合办汤成奇申诉案，和当事人的女儿、北大法学院毕业的汤旸律师，也到现场捧场。

我本科毕业于江西师范大学。彭隆辉教授是我大学的哲学课老师，也是

朱庆林到作者老家求助

班主任许红缨老师的先生。大学期间两位老师就对我关怀备至。我自学吉他，当时年幼不懂事，曾多次中午到许老师的宿舍看电视吉他讲座，现在回想真是太给人添麻烦了。和许老师同宿舍的，是英语老师詹惠春，现在北京师范大学珠海分校，多年未见，偶然加了微信，经常看到她对教学、艺术、社会乃至政治的思考，民主、法治观念与我接近。彭老师从教务处长转任政法学院院长后，推荐我申报江西省的赣鄱英才计划，经复杂程序，顺利入选。此次讲座就是我作为赣鄱英才的讲课义务。

演讲气氛热烈。朱庆林听了讲座后，更是认准了我，坚持要我辩护，"你为那么多人申冤，这次一定要为我辩护。"我不愿轻易接案，还是没有答应，只说可以推荐律师。

婚约纠纷

案件起因于一桩农村婚约纠纷。1999 年 12 月，江西省抚州市临川区大岗镇胡姓男子与周姓女子订婚。后因双方在不同地方打工，来往很少。2000

年11月女方提出解除婚约，男方要求退还三千元礼金，女方否认收到礼金，引发纠纷。

2001年1月5日上午，双方到大岗镇政府，要求调解纠纷。男方邀请亲属车银根、车铜根等十几人从抚州来助阵。女方弟弟周文星见男方人多势众，怕吃亏，邀请同学余春华等人来帮忙。中午时分，余春华等赶到镇政府门口，与车银根、车铜根等发生争执，打了起来。车银根、车铜根受伤，被送到大岗卫生院治疗。因车铜根受伤比较严重，医生建议去抚州治疗。

当天下午3时许，车银根等人打车准备回抚州，余春华等人将车银根拦住，说自己这方有人受伤，索要医药费。余春华打电话给朱明林（朱庆林的弟弟）请求帮忙。朱明林接电话后，开一辆吉普车来到大岗集镇十字街，和余春华等人一起将车银根拉上车，开到大岗株山村委员会余家村祠堂，将车银根绑在柱子上进行殴打。

车银根亲戚接到车银根的电话，"快来，快拿钱来，我不行了"。车银根的大舅哥胡宝德筹集了几千元钱，邀村干部黄国龙、黄跃华等人到余家村。

当时，临川区公安局治安大队民警、大岗镇派出所民警、大岗镇政府干部及村委会班干部，都赶到民兵营长余勇平家来协调纠纷。既然民警在场，如果认为构成犯罪，当场就会采取强制措施。

余勇平之所以叫朱庆林来商谈赎金之事，当地土话称为"做母舅"，是因为他在当地有一定的名望，与余春华关系要好，能说上话。朱庆林在车银根家属和余春华双方之间沟通，最后商定由车银根一方给余春华等人5500元。胡宝德先给3000元，写了2500元欠条，出具了不准报案的保证书。

当晚10时30分许，车银根被放出来。经鉴定，车银根的伤情为轻微伤乙级。1月10日，车银根将余下的2500元钱交给了朱庆林。

此后近3个月，风平浪静，波澜不惊。

逃亡上海

2001年，石家庄"3·16"特大爆炸案发生，全国范围第三次"严打"开始。恰逢此时，临川区公安局收到上访材料，举报朱庆林等人横行乡里，垄断砂石场。局长指示严厉打击。

3月25日，临川区公安局对该婚约纠纷以绑架罪立案，先后拘留了余春华、朱明林。朱庆林闻讯逃跑，一路艰辛血泪，亡命天涯。4月29日临川区检察院批准逮捕朱庆林，将其列为网上追逃人员。"严打"从重从快，余春华被以绑架罪判11年，朱明林被判4年。

14年来，朱庆林先是出逃广州，在建筑工地打小工，后到深圳，在老乡的一家印刷厂暂且容身。朱庆林在深圳稍稍稳定后，思妻念子，冒着巨大的风险与妻儿取得联系。后其妻子变卖家当，借债1万，带着不到16岁的长子，不到14岁的女儿和几岁的小儿子，悄悄赶到深圳，与朱庆林会合。大概也是幸运，朱庆林用捡到的身份证办理了暂住证，应付过了在深圳这段时间各种各样的检查。

朱庆林整日担惊受怕，一家人在深圳也不是长久之计。几个月后，他携一家辗转到惠州石湾镇，在制衣厂打工，收入低，无法维系家庭开支，老婆孩子责怪。一年后，朋友介绍他到上海从事讨债工作。这次他没带妻儿，单枪匹马，孤身前往，几经辗转，历经波折，逃亡到了上海。

在朋友帮助下，他打点关系，办了暂住证，在上海滩潜伏下来。这一潜伏，就是10多年。

朱庆林在家乡绰号"庆林长子"，长短的长，抚州土话意为"高个子"。凭着人高马大，伶牙俐齿，他讨得了一份不错的工作，在讨债公司催债，生活于城市灰色地带，可谓"大隐隐于市"。

虽然担惊受怕，但朱庆林逐渐在上海滩站稳了脚跟。两年后，他独立开始了讨债业务。上海法治发展程度较高，上海人动不动就报警，作为讨债人，他经常得面对警察盘问，有时一天得应付几拨警察，他都凭暂住证顺利过关。

几年逃亡，朱庆林具备了较强的反侦查能力。他从不使用真实的名字和证件，从不乘坐火车、汽车等公共交通工具。住处也经常搬动，在上海至少搬家八九次。

最后，朱庆林住到上海市宝山区罗泾镇，住了一段时间，跟分管小区办暂住证的警察混熟了，他直接告诉警察，"做催债这行的，不能用真实身份，怕被人倒查。""在大哥的关照下，我在这里住了很多年，人口大普查、查居住证的时候，他提前跟我通通气，我就回避一下。"

由于是逃犯，朱庆林隐姓埋名，处处小心，难以进行正常的社会交往，无法照看子女。朱庆林的三个孩子都读书很少，十三四岁就步入社会，打工赚钱。说到这些，朱庆林饱含泪水，长吁短叹，满心自责。不当的刑事追诉，对个人和家庭的打击是毁灭性的。故为自由而辩，救人于水火，是第一天理。

我问他是否催债涉嫌暴力，朱庆林说都是采取合法手段，最多会跟踪，尽量避免冲突，情况不妙，及时撤退。这与 2000 年我调查的东莞"四哥"的民间收债类似，该案被我写入《论私力救济》一书，后来陆续有侦探公司、讨债公司向我咨询，甚至要请我当法律顾问。

有了一些经济基础，朱庆林开始在抚州找关系，希望能销案，但花了钱，却销不了案。

2011 年，公安部开展"清网行动"，公安机关让家属动员朱庆林归案。朱庆林认为自己不构成犯罪，没有收集好证据以证明自己的清白，拒绝归案。

2013 年，因身患重病，且年纪越来越大，朱庆林认为最终要了结此事，不想再亡命天涯，故多次通过我父亲的远房堂弟向我电话咨询，后于 2014 年 12 月 21 日，趁我回老家看父母之机，请我提供法律帮助。

朱庆林见我后，22 日即回上海，三天后乘公共汽车从上海返回临川，行至沪昆高速枫泾检查站时被民警抓获。这是出逃多年来他唯一一次乘坐公共交通工具，就被发现，可见公安通过身份证进行的管控如同天网。大概也由于他归心似箭，自认为收集好了证据，找好了律师，想"主动"投案，做个了断，选择了冒险。2014 年 12 月 31 日，朱庆林被押送到抚州市看守所。

朱庆林被抓，部分原因是向我求助，从而暴露行踪，这让我有些内疚。我邀请罗金寿律师立即介入，为其提供法律援助。罗金寿是江西师范大学政法学院副教授，江西豫章律师事务所兼职律师，我在西南政法大学时指导的博士生，专业水准很高。我远在北京，暂时作为后援，并幕后指导。

罗律师介入后，第一时间向公安机关提交变更强制措施申请。由于朱庆林患有严重的肝病、肾炎和糖尿病，短暂的关押导致肾炎转为尿毒症，确实不宜关押，2015 年 1 月 9 日，公安机关将朱庆林的强制措施变更为监视居住。

刀尖之舞

2014 年 12 月 28 日，罗金寿律师接受委托后，立即开始调查收集证据，前后用了五天时间，坐朱庆林大弟朱文林的面包车，行程遍布大岗集镇和乡村，先后找到九位证人，包括案发时的村干部周俊，被害人车银根的亲属黄爱菊、侄子周新文，村民黄良圣、付龙虎、刘欢呈、夏木根、夏金龙等。

朱文林是位好兄弟。朱庆林逃亡期间，朱庆林家中各种事情均由他帮助办理，特别是朱庆林 2012 年患病后，无法工作，没有收入来源，医疗费等均由其开支，甚至律师办案的差旅费也都由朱文林负担。我曾写过杜荣海案、马彬案、邵洪春案，《每一个冤案背后都有个以命相换的兄弟》系列，朱文林也是这样一位"兄弟"。

刑事案件中律师调查证人风险较大，多数律师一般是回避的。但本案有特殊之处，朱庆林本人曾潜回家乡，见过这些证人，这些证人也向他出具了相关证言，并有录音录像，律师介入主要是核实证人先前向朱庆林出具的证言是否真实。为满足两位律师取证的要求，罗金寿找了江西赣兴律师事务所刘建华律师一起取证，办理了正式的委托手续。

虽然是十四年前的事情，但证人均记忆犹新，说此事当年在大岗镇是重大事件，就像发生在昨天。村干部周俊证实，因男方亲属来了许多人，担心打架，让朱庆林去镇政府帮助维持秩序。当年朱庆林在大岗镇算是个人物，经常被镇政府、村委会邀请去协调矛盾，调解纠纷。被害人车银根的嫂子黄爱菊、证人黄良圣、付龙虎证实，朱庆林没有参与打架，没有在扣人现场。周新文证实，朱庆林没有押送被害人车银根。夏木根、夏金龙证实，朱庆林没有在祠堂里殴打过车银根。

2015年2月10日，罗律师向临川区公安局提交了《朱庆林涉嫌绑架、故意伤害案法律意见》。本案有充分的证据证明朱庆林不在犯罪现场，没有参与绑架，并提交了以上不在场的证据。

不久，罗金寿律师接到临川区公安局李警官的电话，要求见面沟通案情。沟通过程中，有一位高警官插话说，"据我们调查，律师找过的部分证人改变了他们在2001年所作的证言，律师有可能妨害证人作证"。

这可不是开玩笑。罗律师认真回应，"我们调查收集证据，严格依照法律法规，绝对不存在妨害作证的行为。取证全程录音录像，完全可以证明证人如实陈述，律师没有任何误导"。

刑辩律师是刀尖上的舞者。刑事案件中律师的调查取证，特别是收集证人证言，确有风险，《刑法》第306条就是悬在律师头上的利剑。本案同一时期，就发生了一起影响较大的案件，成都詹肇成律师因调查证人而被指控辩护人妨害作证罪。虽有风险，但为自由而辩，也不能回避。只要严格依法，风险也是可控的。

2015年4月底，朱庆林案侦查终结，移送审查起诉。公安机关没有采纳辩护人意见，也没有核实辩护人提供的证人证言。李警官认为，年代久远，无法找到新的证据，且证人证言也不可信。同案犯都判刑，现都刑满释放了，"清网行动"时，多次动员朱庆林归案，朱庆林都拒绝归案，公安机关不可能轻易放过他。

自证清白

早在 2013 年，逃亡多年的朱庆林，为了证明自己的清白，秘密潜回临川，花了九个多月，寻找到二十多位证人，其中包括被害人的亲属胡宝德、嫂子黄爱菊、村干部余勇平等，让证人书写证言，以讨债使用的微型摄录机进行全程拍摄，后来对部分人正式录制了视频。胡宝德、黄爱菊均证实，当年因为不清楚情况而误认为是朱庆林组织策划的绑架。其他证人都不同程度地证实朱庆林没有在绑架现场。

朱庆林对这些证据寄予很高期望，认为这些证据可以救他。2015 年 3 月的一天，朱庆林本人将证据提交给临川区公安局。公安局虽然将这些证据装入卷宗，一并移送至检察院，但认为这些证据是犯罪嫌疑人制作提交，没有证明力。

审查起诉阶段，临川区检察院办案人员甚至认为，这些材料恰好能证明朱庆林干扰了证人作证，并警告朱庆林，要追究其妨害证人作证的刑事责任。后来，检察机关、一审法院都认为，朱庆林取得的证据是违反法律规定取得的证据。

被告人有调查取证和举证的权利，但由于公检法普遍存在误解，有必要进行澄清。

（1）法律从不禁止犯罪嫌疑人、被告人调查取证的权利，调查取证是被告人辩护权的关键，是源于自然权利的基本人权。正如猪被杀前必定会挣扎打滚，你说打滚是违法的吗？

（2）刑事诉讼中检察机关负有提出证据证明被告人有罪的证明责任，检察机关提交的证据为本证，即控方证据，这是控方的责任。被告人没有提交证据证明自己无罪的义务，但并不能禁止被告人调查取证并提交证据证明自己无罪的行为，被告人提交的证据为反证。换言之，被告人没有提交证据的义务，但有提交证据的权利。

（3）《刑事诉讼法》第 41～43 条、《最高人民法院关于适用〈中华人民共和国刑事诉讼法〉的解释》第49—53条等条款明确规定，辩护律师有调查取证权。就实质和本源而言，律师的调查取证权来源于被告人的辩护权。

（4）本案公安、检察机关违反《刑事诉讼法》第52条确立的客观公正义务。《刑事诉讼法》第42条规定："辩护人收集的有关犯罪嫌疑人不在犯罪现场、未达到刑事责任年龄、属于依法不负刑事责任的精神病人的证据，应当及时告知公安机关、人民检察院。"当辩护人及朱庆林本人提交朱庆林不在犯罪现场的证据时，公安、检察机关不认真核实，而是置之不理，甚至威胁律师涉嫌妨碍证人作证，这已违反《刑事诉讼法》第52条确立的客观公正义务："审判人员、检察人员、侦查人员必须依照法定程序，收集能够证实犯罪嫌疑人、被告人有罪或者无罪、犯罪情节轻重的各种证据。"

（5）被告人提交的证据是否就没有证明力？被告人为证明无罪或罪轻，可以提供书证、证人证言、电子数据等形式的证据。这些证据适用该证据本身的判断规则，如证人证言，不能因为是被告人提供就认定无证明力，而应该从证人证言本身进行判断，适用证人证言的判断规则。

（6）被告人取得的证据是否违反法律规定？第一，依据《刑事诉讼法》第43条第二款规定，"辩护律师经人民检察院或者人民法院许可，并且经被害人或者其近亲属、被害人提供的证人同意，可以向他们收集与本案有关的材料"，辩护人在向特殊主体调查取证时，需经过法院、检察院的许可，但必须是进入审查起诉阶段以后，才应遵守这一规定。因为在侦查阶段，检察院或法院尚未出现。第二，此条款不限制被告人本人的权利。第三，依该条款的精神，向被害人一方收集证据有两个条件：经检察院或法院许可；被害人、近亲属或证人同意。但从目的论来解释，后者是实质性条件，前者是为了保障后者的。故只要被害人、近亲属或证人同意，被告人取得的证据就不违法。第四，朱庆林取得的证据是否违法，可以在质证过程中争论。辩方申请了这些证人出庭，法庭完全可以当庭核实证言的真实性。

朱庆林希望媒体关注他的案件，几经联系，没有媒体感兴趣，倒是引来了不少骗子。朱庆林曾说，中央电视台社会与法频道联系他。我说肯定是骗子。

另一个自称与中纪委有关系的人，要朱庆林去长沙见面，也是骗子。当事人不相信司法，才会病急乱投医；司法不为民众信任，骗子才会盛行。

朱庆林为自证清白，还录制了一段约1小时的视频，指着他绘制的一张近两米的现场图，非常详细地讲述该绑架案件的经过，论证自己没有参与绑架。他想让检察官看看这段视频，检察官拿走了，不知道看了没有。一审法官干脆就拒收。

朱庆林写了一封申冤信，用90cm×60cm的纸打印，内容大致为大岗镇全体居民都知道他是被冤枉的，望党和政府为其申冤，还其清白。他还找大岗镇十几个村委会盖了章，几十名党员签了名，然后把信送给了公安局、检察院和法院，也送到抚州市委、信访局等机关。后来，很多盖了章的村委会主任、村支书被公安机关约谈和警告。

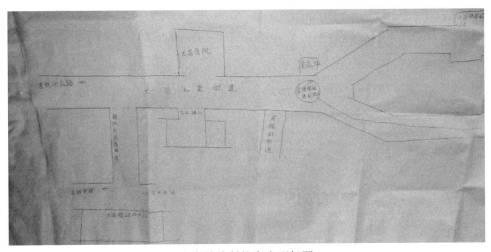

朱庆林绘制的案发现场图

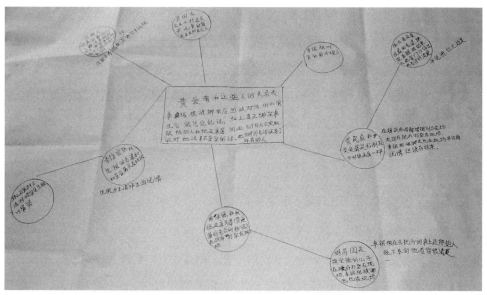

朱庆林绘制的涉案人物关系图

无冤无仇

本案审查起诉期间，两次退回补充侦查。补充侦查期间，公安机关对被害人车银根，证人黄爱菊、黄国龙、邓廷珍再次讯问，补充收集了付龙虎、周金龙、夏木根、周新文的证言。他们均证明朱庆林没有参与绑架。特别是被害人车银根、证人黄爱菊明确表示，2001年向公安机关所作陈述和证言系受他人误导，不真实。

朱庆林又向公安机关提交自行收集的包括被害人车银根，证人黄爱菊、周新文等十几人的证言，旨在证实其没有参与绑架，是以中间人的身份去帮助协商赎金事宜。

审查起诉阶段，辩护人也向检察机关提交了法律意见，认为本案事实不清，证据不足，朱庆林不构成犯罪，建议不起诉。辩护人多次找承办检察官沟通，但检察机关没有重视律师意见。

由于朱庆林在抚州各党政部门反映情况，检察官让罗金寿律师帮助做好朱庆林的维稳工作，并表示他与朱庆林无冤无仇，会秉公执法，不会冤枉他。

但事实证明，检察官有极强的追诉欲，由于自身角色，往往很难做到客观公正。律师认为证据严重不足的情况下，临川区检察院仍认为该案事实清楚，证据充分，于 10 月 29 日向临川区法院提起公诉。

一审开庭

一审阶段，辩护人起草证人出庭申请，由朱庆林署名提交法庭。但承办法官认为申请人错误，说只有辩护人才有申请证人出庭作证的权利。这是严重错误，辩护人的权利来自被告人，被告人岂无申请证人出庭作证权？无奈，罗律师再以辩护人身份再提交证人出庭申请书。

庭前会议，主要就是商量证人出庭作证事项。公诉人强烈反对证人出庭作证，甚至说，如果证人出庭，将追究其伪证的法律责任。辩护人当即批评公诉人威胁证人，不顾司法公正。相持不下，承办法官表示请示领导再定。

开庭前法官告知，领导认为侦查机关已对证人进行过询问，且年代久远，证人证言不真实，没有出庭作证的必要。

2015 年 11 月 27 日下午 2 点，天气阴冷潮湿，临川区法院二楼第二审判庭，朱庆林涉嫌绑架案开庭审理。合议庭由李永恒法官和两名女性陪审员组成。控方由检察官李凯和一名女助手出庭支持公诉。我因事未接受一审阶段委托，由罗金寿律师出庭担任辩护人。

朱庆林身体浮肿，精神疲惫，他因患严重肾病，每周要做透析一次，开庭时脖子上还留着透析的插管。

公诉人宣读起诉书，认为朱庆林、余春华等人受婚约纠纷的女方邀请来帮忙，在镇政府门口将车铜根打伤，在卫生院门口将车银根拉上车，押送到余家祠堂殴打，勒索赎金，朱庆林出面谈判，最终敲诈到赎金 5500 元，犯罪事实清楚，证据充分，构成绑架罪。朱庆林否认检察机关的指控，认为自己没有犯罪事实。

法庭调查阶段，公诉人逐一举证，辩护人逐一质证。整个举证质证过程，将案件证据存在的问题全都暴露了出来。

犯罪嫌疑人供述、被害人陈述、证人证言在取证程序和方式上存在严重问题。例如，没有记录告知被害人作证的权利义务和法律责任；未写明"以上笔录我看过（或向我宣读过），和我说的相符"；侦查人员签名为同一人笔迹；没有询问起止时间；询问地点不明，违反 1998 年《公安机关办理刑事案件程序规定》（公安部令第 35 号）第 180 条、第 184 条、第 189 条规定和 2012 年《公安机关办理刑事案件程序规定》（公安部令第 127 号）第 201 条规定。依 2013 年《最高人民法院关于适用〈中华人民共和国刑事诉讼法〉的解释》第 76、77、82 条的规定，该 11 份瑕疵证据应当补正或作出合理解释，否则不得作为定案根据。但公安机关至案件开庭均未予补正。

主要证据相互矛盾。（1）2001 年 4 月 2 日被害人车银根陈述、2001 年 3 月 29 日证人胡易国证言与 2001 年 4 月 9 日被告人朱明林供述关于参与绑架人、绑架过程的描述矛盾。（2）2001 年 3 月 30 日黄爱菊的证言证实朱庆林只是在打架现场，她不认识绑架车银根的人，只知道是余家人，而当时黄爱菊认识朱庆林。2001 年 2 月 29 日胡保德的证言并没有说朱庆林参与绑架。（3）2014 年 12 月朱庆林归案后，公安机关调取的被害人车银根陈述、证人黄爱菊、周新文、周金龙、夏木根、付龙虎的证言，律师调查收集的黄良圣、黄爱菊、周新文、周俊、刘欢呈、付龙虎、夏金龙、夏木根等证人证言，朱庆林所提供的胡益国、胡宝德、邓廷珍、黄良圣、黄爱菊等人的实情说明均证实朱庆林没有参与绑架。而且车银根、黄爱菊等人明确表示当年因怀疑、误解朱庆林，当接受公安机关询问时说了一些不实的话。

公诉人认为本案事实清楚，基本事实均有证据证明，能形成完整的证据链。辩护人认为该案证据不足，多项基本事实的证据为孤证，核心证据自相矛盾，达不到刑事诉讼证明标准。

庭审按部就班，没有激烈的对抗，公诉人对辩护人提出的问题没有太多回应。庭审一直持续到晚上 8 点半，朱庆林十分疲惫，闭目瘫坐在被告椅上，两位陪审员始终没有讲话……

预感不妙

闭庭后，朱庆林预感不妙，反复跟我联系，请求我一定要参与该案。

我已充分了解案情，感觉有些希望，加之朱庆林坚持，思虑再三，接受了委托。我与罗金寿找到了李法官，说明因当事人庭后才委托，没能出庭辩护，希望能复制庭审笔录。李法官态度不怎么友好，认为辩护人无权复制庭审笔录，可见是一位相当保守的法官。

庭审公开，辩护人复制庭审笔录是没有争议的，有的法院甚至允许复制庭审录音录像。至 2017 年《最高人民法院关于人民法院庭审录音录像的若干规定》第 11 条明确规定："当事人、辩护律师、诉讼代理人等可以依照规定复制录音或者誊录庭审录音录像。"最高法院推动庭审公开，庭审直播越来越多。2018 年 9 月 1 日起施行的《最高人民法院关于人民法院通过互联网公开审判流程信息的规定》更进一步，第 10 条规定："庭审、质证、证据交换、庭前会议、调查取证、勘验、询问、宣判等诉讼活动的笔录，应当通过互联网向当事人及其法定代理人、诉讼代理人、辩护人公开。"第 11 条规定："当事人及其法定代理人、诉讼代理人、辩护人申请查阅庭审录音录像、电子卷宗的，人民法院可以通过中国审判流程信息公开网或者其他诉讼服务平台提供查阅，并设置必要的安全保护措施。"

阅卷之后，我们向法院提交了补充辩护词，认为本案证据不充分，未达排除合理怀疑的证明标准，公安机关 2001 年收集的证据违反程序不应作为定案依据，现有证据证明朱庆林未参与绑架，公安机关 2015 年收集的证据

作者和罗金寿律师在抚州中院

应当作为定案根据，应宣告无罪或建议检察院撤诉。

但辩护意见没有得到采纳，对被告人有利的证据均未被采信。2016 年 4 月 19 日，临川区法院作出〔2015〕临刑初字第 412 号判决，认定被告人朱庆林犯绑架罪，判处有期徒刑七年，并处罚金人民币一万元。

一审失利，朱庆林很失望，他的兄弟要他认命，不要上诉。但朱庆林表示坚决抗争到底。我也告诉他不要过早放弃，坚持还有机会。

巧遇故人

朱庆林直接向抚州中院递交了上诉状。立案庭法官告诉他，可以通过临川区法院提交上诉状。朱庆林说："我没罪，一审法官冤判我有罪，我对他失望透顶，不想再见他。"

一审重判，二审不敢懈怠。我亲自到抚州向法院提交了《开庭申请书》和《通知证人出庭作证申请书》，与承办人孙卫民法官进行了面对面的交流，比较深入地讨论了案件的实体问题。孙法官老到犀利，单刀直入地问："你怎么看朱庆林的弟弟朱明林的供述？"

朱庆林的弟弟朱明林的供述是最核心的有罪证据。2001 年他供述，朱庆林打电话叫他开车过来拉人，把车银根押送到株山余家村，并给了他 30 元车费。如果朱庆林没有参与绑架，亲弟弟为何要说是自己哥哥干的呢？这一直是萦绕在办案警官、公诉人、一审法官以及二审法官心中的疑问。

我说："朱明林说当年被公安人员打得受不了，办案人员让他说是朱庆林干的，不说就打，不好害别人，只好推到自己大哥身上。"

因为朱明林的供述，这对亲兄弟反目。我认为，朱明林的供述不排除是刑讯而来的可能，其供述与余春华的供述、被害人的陈述相矛盾，没有任何客观证据相印证，朱庆林用于联系朱明林的电话号码不清，无通话记录，朱明林所开车辆也不明确。其供述的合法性和真实性都存在严重疑问。

很全面地沟通了案情，最后孙法官爽快地同意传唤证人出庭作证。遇到一个懂法明理、认真负责的法官，是当事人的幸运。

中午，突然接到江西财经大学法学院易有禄教授的电话，他正在抚州中院挂职担任副院长。原来他们大学在抚州中院有很多实习生，其中有学生在刑庭，听过我讲座，把我到抚州办案的消息告诉了易教授。

我喜出望外，朱庆林案有可能得到良好的沟通了。有这层关系，我相信至少辩护意见会得到重视。我不指望易教授影响个案的结果，但在审委会等机制下的案件讨论中，至少能保持客观中立。

见面后除了叙旧，我也简要陈述了案情，提出希望抚州中院依法公正处理的要求。尽管此后我们几乎不谈及朱庆林案，但我相信，易教授一定给予了帮助。

2016 年 7 月 5 日，抚州中院公开开庭审理朱庆林案。抚州中院对该案非常重视，主管副院长和刑庭庭长全程旁听了审理。江西财经大学法学院的实习生、家属、律师同行多人旁听，旁听席上座无虚席。

抚州市检察院孙慧静担任出庭检察员，年纪不大，性格和善，简单地举证，简要地讯问被告人。审判长孙法官积极主动，问了被告人很多问题，把检察员的活都干完了，以致检察员有点像是来旁听的。作为辩护人，我超级喜欢这样的检察官。

法官翻译

被害人、证人出庭是二审的亮点。传唤被害人、证人出庭作证，也让被告人看到了希望，感受到了程序公正。被害人车银根，主要证人黄爱菊、周新文、黄良圣都出庭作证。

被害人车银根系婚约纠纷男方的亲属，现在菜市场以贩鱼为业。2001 年 1 月 5 日，镇政府调解双方婚约纠纷，车银根带了一干亲属专门从抚州赶过来"撑场子"。在镇政府门口与余春华等人打架，后被绑至余家村祠堂，绑在柱子上殴打，后又关至一间破庙中。车银根文化程度很低，连自己的名字都写不顺，不会讲普通话，操抚州方言。辩护人问了几个问题，结果他完全听不懂。没办法，审判长孙法官担任了翻译。

徐昕：你是否记得当年被绑的事情？

车银根：一辈子都忘不了，因为被脱的只剩内裤被吊在房梁上殴打。他向法庭陈述了被绑的经过。

徐昕：朱庆林是否参与绑架你？

车银根：没有看到他参与。

徐昕：在余家村祠堂，朱庆林是否殴打过你？

车银根：没有打过。

徐昕：2001 年，你为什么说，朱庆林在镇政府门口指挥打架、指挥绑架、殴打你？

车银根：当时我不太清楚，同时也很生气，一些亲属怀疑绑架是由朱庆林策划的，我受亲属们误导。

徐昕：2015 年公安机关两次询问你，你是怎么回答的？

车银根：我说绑架我的人有余春华、朱明林和"小毛"三人。

徐昕："小毛"是谁？

车银根：我也不知道，只知道叫"小毛"。

"小毛"是谁，他一直没有说，公安机关也没查清楚。朱庆林认为"小毛"是王清祥（公安笔录为王钦祥）。后来，朱庆林当庭举报了王清祥。

证人黄爱菊是被害人车银根妻子的嫂子。当年车银根等人在镇政府门口打架，车银根被押上车辆送往余家村，她都在现场。2001 年她接受侦查人员询问时说，她不认识绑架车银根的人，但知道是余家村人，余家村人以朱庆林为首，打架时朱庆林在场。辩护人发问，她明确表示，"当年所说余家村以朱庆林为首是气话，是一种猜测。车银根被余家村人打了，我们亲戚都十分生气，因为余家村人都听朱庆林的，所以猜疑是朱庆林一手策划的"。

证人周新文是黄爱菊之子。他曾作证说，2001 年案发时，押送车银根的车辆从其门前经过并停了一会儿。辩护人发问，他回答，"我看见车内的人，包括车银根还有余春华等三人，但没有朱庆林"。

证人黄良圣是婚约纠纷男方的朋友，当天应邀去帮助调解纠纷，打架、绑架时都在现场。特别是车银根被拉至车上时，黄良圣还过去劝导，让余春华等放人，结果被骂了一通，叫他不要管闲事。辩护人发问，他回答，"绑架发生时，朱庆林确实不在现场"。而且黄良圣当庭发誓，"愿拿自己的人头担保，当时朱庆林不在绑架现场"。

法庭课堂

出庭检察员仅发表了一个简单的意见，认为本案事实清楚，证据充分，应当定罪。

辩护人罗金寿提出：原判在朱庆林是否参与拦车、拉车银根上车、押送车银根，是否让车银根打电话，以何种身份参与谈判等事实认定上均存在明显错误；多处证明基本事实的证据属孤证；原判决所依据的证据均为主观证据，缺乏锁定被告人实施绑架罪的客观证据；且主要证据相互矛盾。

我以《法治拒绝"严打"思维》为主题，发表辩论意见，法理阐述细致，法庭辩论环节成了辩护人的课堂。

所谓绑架，实质是因解除婚约引发的民事纠纷，最多违反治安管理处罚条例，根本不构成犯罪。本案事出有因，且被害人有过错，为正当利益而索取医药费，目的合法，扣人行为情节轻微。朱庆林没有参与所谓的绑架，而是帮忙调解。一审法院认定事实严重错误，曲解证言，颠倒黑白。

仅依现有证据，便足以证明朱庆林未参与所谓的绑架车银根。朱庆林归案后，2015年公安机关调取的被害人车银根陈述、证人黄爱菊、周新文、周金龙、夏木根、付龙虎的证言，证实朱庆林没有参与扣人。2001年公安机关收集的证据，也证实朱庆林没有参与绑架。

本案事实不清，证据不足，远未达到排除合理怀疑的刑事证明标准。瑕疵证据不应作为定案根据。瑕疵证据应适用现行程序规则，而非当时的法律标准。法律修改、法治进步所产生的程序利益，应归于被告人。

2015年收集的新证据应当作为定案根据。拒绝采纳新证据是不理性的。新证据是诉讼的关键，是启动再审、推翻原判最重要的原因，许多冤案的平反皆因新证据的出现。司法机关对新证据必须给予最充分的重视。2015年的新证据与2001年公安机关收集的证据并不完全矛盾，甚至是相互补充的。即使新证据与原证据有矛盾，亦应作出有利于被告人的推定，这是刑事诉讼人权保障原则和无罪推定原则的要求。

法庭辩论一轮即结束。检察官是我目前为止见过最平和、或许也基于客观公正而不愿多说的检察官。检察官应当压制过度的追诉欲望，回到客观公正立场，不为辩论而辩论，即使不能背离追诉的角色，也至少可以保持沉默。

沙场争斗

检方还指控了一起故意伤害的犯罪事实，但明显不能成立。

2000年6月2日，进贤人李师元欲强行入股朱庆林等人所开砂石场，数十人携带砍刀、火枪等凶器前来谈判。朱庆林等人予以拒绝，发生打斗，李师元等持刀砍伤朱庆林三个手指，今日仍可见伤残。我老家和抚州都有句俗话："灶下门前三尺硬"，若干人携带凶器，欲强行入股，上门行凶，欺负人到家门口，朱庆林等人还击，属于自保行为，正当防卫。

而且，对李师元等人与朱庆林等人的打架斗殴行为，抚州市公安局早已作过处理，其中朱庆林的行为连治安管理处罚都够不上。三人被劳动教养，朱庆林一方刘木水被劳动教养一年六个月，付松华被劳动教养三年；李师元等人也受到相应的行政处罚。当时朱庆林交纳5000元保证金取保，后因公安机关结案，未给予行政处罚，退还保证金。

朱庆林没有收到行政处罚通知书，未受到公安机关处罚，表明当时公安机关认为其未违反治安管理处罚条例，不应给予行政处罚。没处理朱庆林本身就是一种处理，不给予处罚本身就是一种结案方式。已经公安机关行政处理的案件，不应再次提起公诉，否则违反一事不再理原则。该原则源于古罗马，不能让一个人两次踏进同一条河流，一事不二罚。

此案由江西省公安厅专案组督办，抚州市公安局当时处理时，都不认为朱庆林应受治安处罚，为什么十几年后的今天，检察院会认为构成犯罪？当时不构成治安管理处罚的行为，现在更不可能构成犯罪。我批评了检察官的"严打"，希望法院落实"宽严相济"的刑事政策。

不过，这起指控最终被认定成立，并判处朱庆林有期徒刑11个月，缓刑一年。当然，这是法院为公检法留下的台阶。当下中国，彻底无罪的判决太难了。

先礼后兵

闭庭后，承办法官多次打电话与辩护人交流讨论案情及证据，我预想结果应该比较乐观。果然，2016 年 8 月 2 日，抚州中院以该案事实不清、证据不足，裁定撤销原判，发回重审。我发微博对抚州中院表示感谢。

发回重审后，辩护人向临川区检察院提交了撤回起诉的书面建议，向临川区法院提交了建议检察院撤回起诉的律师意见。

2017 年春节前，我特意到临川区检察院找到主办检察官李凯，建议检察院撤诉。检察官仍然认为，该案证据充分，应该定罪，并告知检察院将派出公诉科长等精干人马出庭支持公诉。我告诉他，我们是先礼后兵，这个案件你们肯定要败的，检察机关主动撤诉是最好的处理方法。

见承办法官费了点周折，来临川之前两天，我打电话给承办法官许卿卿希望当面交流意见，法官说很忙，我说就耽误三五分钟。到了临川法院，我打电话给法官，但一直无人接听。百般无奈，我通过微博发出想见承办法官的消息，很快就接到法官的电话，说让我在法院等一会儿。

许法官也是一位认真负责的法官，在庭审之后专门与朱庆林长谈了一次，认真听取了朱庆林的陈述。这份耐心让朱庆林觉得受到了尊重，让他轻松了许多。

近几年，有关部门出台文件，名为保障律师权利，实为禁止律师网络发言。律师的网络言论是言论自由的一部分，也是制约违法的必要手段，在司法不公较为严重的今天，尤其重要，应当鼓励。朱庆林案按部就班，与检法打交道较为顺畅，我们基本未在网络发言。

案件再次退回公安机关补充侦查，公安机关询问了证人王清祥、刘木水。王清祥称，因为朱庆林是余春华的老大，所以找朱庆林去谈赔钱的事情。刘木水称，婚约纠纷的男方找刘木水帮忙，刘木水让他们去找朱庆林帮忙，因为朱庆林在社会上玩，身边有人帮忙。据案件材料，刘木水曾参与镇政府门口的打架。

辩护人向法院申请王清祥、刘木水出庭作证，但两人均拒绝作证。我国证人作证制度存在重大缺陷，证人出庭率低，没有约束机制，证人未经交叉询问，证言的真实性无法保证。

2017年4月24日，临川区法院开庭审理。合议庭由审判长许卿卿和张柏兰、龚敏两名陪审员组成。许卿卿与原一审承办法官在同一个办公室。有时我会想，推翻对面同事的判决，会是什么样的感受，会有怎样的阻力。

交叉询问

车银根、证人黄爱菊、黄良圣、周新文再次出庭作证。公诉人盘问被害人、证人非常仔细，以距案发时间年代久远、记忆不清，朱庆林与被害人、证人见过面，在一起吃过饭来否定证言的真实性。

公诉人：你什么时候认识朱庆林？

车银根：我被放出来，过了几天，和黄跃华去送钱，朱庆林请我们吃饭认识了。

公诉人：为何你2001年公安人员问话的时候，说在余家祠堂全是朱庆林指挥打你？

车银根：因为当年朱庆林是大岗社会上的老大，余春华、朱明林等人都跟着他，所以公安人员调查时，我就说是他指使的。

公诉人：现在你为何说不是他指使的？

车银根：当年他没有绑架我，也没有指挥打我。我因为当年受亲戚的误导，以为是他在后面策划。后来，我知道是误会了。朱庆林是来帮忙，做"母舅"的。

公诉人：为何2001年你说是用朱庆林的手机打电话给亲戚来赎人的？2015年接受办案人员问话时，你说你们是用朱庆林的手机打的就是用他的手机打的，一般人也用不起手机？

车银根：当年场面很乱，不知道是用谁的手机打的，后来公安人员问话，我就说是用朱庆林的手机打的。2015 年，公安人员人不断问我，联系亲戚的手机到底是谁的，问烦了，就说你们说用谁的就是谁的。

公诉人：你是否记得 2001 年车银根被绑架的事？

周新文：记得很清楚。

公诉人：你是否记得 2013 年朱庆林请你们家人吃过饭？

周新文：朱庆林没有请我们吃过饭。

公诉人：2015 年临川公安局办案人员询问你母亲黄爱菊时，你母亲说朱庆林请你们全家人在临川一个馆子吃饭，让他写情况说明，你怎么看？

周新文：那肯定是我母亲记错了。

辩护人的发问仍然紧紧围绕目标，被害人、证人直截了当地证明了辩方所期待的案件事实。

徐昕：车银根被绑架时，你是否在现场？

黄爱菊：在。打架的时候也在，双方在卫生院门口拉扯的时候也在。

徐昕：朱庆林是否参与了拉扯车银根？

黄爱菊：没有。当时没有看见他在场。

徐昕：2001 年为什么向公安机关说余家村人是朱庆林为首。

黄爱菊：因为车银根被余家人打了，我们很气愤，因朱庆林在余家村有名望，那些绑架的人平时都听朱庆林的，所以猜测是朱庆林策划指挥了此事。

辩护人提出与二审相同的辩护意见，我结合庭审中的新情况，从不同角度作了一些论述。公诉人还是原一审检察官，性格要强，有强烈的追诉欲望，尽管庭审中明显处于劣势，但坚决不服输，以致双方发表了三轮辩论意见。

辩论的焦点一：瑕疵证据能否被采信？

公诉人认为，瑕疵证据应适用当年的法律规则，认为新法没有溯及力。

我回应，实体法适用从旧兼从轻原则，程序法适用审判时的法律规定，这是法学常识。瑕疵证据应适用现行程序规则，而非当时的法律标准。

辩论焦点二：证据是否充分，是否达到刑事证明标准？

辩护人自第一次移送审查起诉以来，即认为综合全案证据，无法得出朱庆林参与绑架的唯一结论，远未达到排除合理怀疑的刑事证明标准。但公诉人还坚持本案证据充分，形成了完整的证据链条，达到了刑事证明标准。

证据采信、证明标准适用、事实认定上缺乏可操作性的标准，司法人员裁量空间巨大，这正是冤假错案发生的重要因素之一。侦查机关、检察机关、法院是冤假错案的三道防线，均需判断证据是否达到证明标准。但本案中公安局、检察院、一审法院均失守。

本案一审与重审都经过临川区法院审判委员会讨论，但结果迥异。有时我想，同一案件，同一审判委员会，截然不同的判决，是什么左右着法院的判决？除法律外，肯定还有其他重要因素，甚至更重要的因素。

宣告无罪

2017 年 7 月 5 日，临川区法院作出〔2016〕赣 1002 刑初 294 号判决，认定证据与待证事实间之间不完整、不合理，主要证据存在矛盾，被害人及证人证实被告人不在扣人现场，部分证人 2001 年证言与 2015 年证方不一致均作出合理且符合逻辑的解释。无法得出被告人系参与绑架共犯的唯一结论，未能达到排除合理怀疑的刑事证明标准，存疑应有利于被告人。公诉机关指控被告人构成绑架罪的证据不充分，本院不予支持。对被告人朱庆林及两位辩护人的无罪意见予以采纳。

朱庆林绑架案被宣判无罪，具有典型的法治意义。

第一，法院最终抛弃"严打"思维，对于刑法谦抑性原则的适用具有示范性。案发于 2001 年 1 月，朱庆林亡命天涯，逃亡 14 年，2014 年 12 月归案，

2017 年最终判决不构成绑架罪。历时 16 年，涉及新旧法的适用，互相矛盾的新旧证人证言的采信，瑕疵证据的采信，刑事证明标准的适用，被告人是否可以自证清白等专业问题。此案其实是一起简单的民事纠纷，只是因为"严打"，多人被打成绑架罪，受到严厉处罚，辩护人提出司法人员需拒绝严打思维，法治的进步带来的程序利益应归于被告人等鲜明观点。而在同案犯服刑完毕、可能引发申诉的情况下，法院坚持实事求是，最终适用已经进步的法律规则，拒绝"严打"思维，具有普遍的借鉴意义。

第二，判决严守刑事证明标准，存疑有利于被告人，对于证据不足的案件具有指导性。判决书直接指出"目前没有直接证据证实，各证据与待证的案件事实之间不够完整、合理。无法得出被告人系绑架共犯的唯一结论，未达到排除合理怀疑的证明标准，应存疑有利于被告人"，非常难得。

基于这些理由，该案经初选、投票、专家评审，最终被评为中律评杯2017 年十大无罪辩护案例。2018 年 5 月 19 日颁奖典礼，我正在香港大学法律学院，青年刑事辩护律师技能训练营，发表一个《我反对》的主题演讲。罗金寿律师出席了颁奖典礼及研讨会，发表了一些感慨：

本案有一大特点，北京律师与本地律师合作办案，两位律师都是大学教授，体现了学者参与司法实践的担当。法学是一门实践性极强的学问，希望法律学者都能积极地参与司法实践，关注司法实践，实现法学研究和法学教育的实践转向。

自 2001 年 1 月案发至最终宣告无罪，本案历时 16 年。16 年，沧海桑田，人世巨变。伴随着当事人亡命天涯，漫长的煎熬，国家法治环境逐渐发生了改变，法律逐步健全，法治观念渐入人心。这是朱庆林得以洗脱罪名的重要原因。是法治，让一个逃亡 14 年的"通缉犯"重归故里。故土是流浪者的根，正如我的父亲一定要在家乡建房那样。

但时至今日，"严打"思维、有罪推定思维还在不少法律人心中根深蒂固。法治之路，仍然漫长。

第十章　救援二十六天

天津大妈赵春华气枪案

第一天　接受委托

2017 年的第一天，赵春华的女儿王艳玲和天津系列气球射击摊案的另一位当事人家属，从天津赶来北京见我。我们约在北外附近一个小咖啡馆见面。律所远，我通常在这里见当事人。

王艳玲看起来很憔悴、紧张。"挺害怕的，怕二审维持原判，我母亲身体不好，受不了这苦。"

前天，王艳玲慌慌张张向我求助，"我母亲被判了实刑三年半，请您一定要帮帮我们"。

侦查阶段，王艳玲曾联系过肖哲，也给我打过电话。当时，找我的枪案很多，2015 年 10 月我代理福建刘大蔚申诉案以来，持续呼吁少年网购仿真枪判无期太冤和枪支认定标准太高，一年不到福建高院决定再审，在枪案领域有较高的知名度。但我接案很少，照例推荐给其他律师，赵春华案当初推荐给浦志强律所的王永梅律师，后未谈成，王艳玲为方便会见委托了天津的律师。

三年半牢狱之灾，王艳玲觉得天都要塌下来了。全国各地，气球射击摊到处都是，此案判得太重，而在我看来，完全是无罪的。我安慰她，表示愿意接案。但正如我对刘大蔚父母说过的那样，"我有个条件，此案涉及枪支认定标准，希望在案件审理过程中，特别是未来解决后，不要光顾自己，还要帮助别人，共同呼吁提高枪支认定标准。"王艳玲当即同意，"一定会的，大家帮我们，我们也应该帮别人。"

关于律师费，王艳玲主动提出4万元，"如果不行，我再和舅舅们商量"。但后来我发现，她们家确实太困难了。赵春华在看守所节俭到连咸菜都舍不得买，"看守所三个月，生活费才用了500多元""我妈妈写信出来，让我不要再花钱找人救她"。因此，我决定提供彻底的法律援助，家属只承担差旅费。王艳玲还想坚持，"徐教授，你们收下吧，要不然我也过意不去，您能接案，我感觉是上天的恩赐，无以回报！"

就这样，我正式接受委托，担任赵春华的二审辩护人。秉承我一贯的团队作战理念，为了追求案件的最佳效果，我邀请斯伟江律师加入，共同为赵

王艳玲到北京

春华提供法律援助。斯伟江是公认的律师界的才子，一流的刑辩律师。

一接受委托，我们便迅速开展工作。现有材料无法全面深入研究案件，我建议王艳玲找一审律师，将案卷提供给我们。我依该律师声称的律所要求，提供了授权委托书等法律文件，王艳玲与一审律师约好1月2日去律所拿辩护词、判决书原件等材料。

第二天 诉讼策略

1月2日，王艳玲到该律所，一审律师仍不愿提供案卷，并做她的工作，希望二审继续委托她或她们律所主任辩护。

王艳玲说："一审律师希望挽回声誉，想继续代理。我说我已经跟徐教授签了协议，一审律师便不给我案卷，辩护词也不给我。""还面临一个新问题，她们所的主任可能要介入这个案子，我猜天津官方找一审律师了。"

我说："如果案件能顺利解决，我不介意，你确认一下，天津官方有没有人找过她们？"

王艳玲说："没有明确说找过。"

我提议："如果她们能与天津有关部门沟通，你不妨再考虑考虑，我和斯伟江可以退一个，让原来一审律师继续代理。"

王艳玲坚决不从："您和斯律师是所有人替我争取的，请你们任何一个都不要放弃我妈妈。"

赵春华枪案引发全国性关注，我认为应尽可能与天津有关部门沟通协调，促使案件朝着最有利于当事人的方向发展。我们决定采取无罪辩护、真诚沟通的诉讼策略。

我紧急梳理天津法律界的朋友圈，决定向几位体制内人士寻求帮助，其中有一位是天津某检察院的领导，我一直称他"贾检"。我发消息给贾检，希望他向天津市政法部门的相关领导传递我的善意，"可否转告领导，我想从如下角度为天津说几句话"——

　　客观地说，社会对天津公检法的批评过于苛刻。天津法院的这一判决算不上错案，法官对事实和法律有不同理解和判断在自由裁量权的范围内，多数法院仍然适用公安部 1.8J/cm² 的标准，多数法官没有适用《刑法》第 63 条"根据案件的特殊情况，经最高人民法院核准，也可以在法定刑以下判处刑罚"条款。法官之错，仅在于司法机械主义，将玩具／仿真枪完全等同于真枪定罪量刑，从而导致原审判决违背常识常情常理。希望通过依法辩护和真诚协调，顺利平稳解决此案。

　　贾检非常理解和认同我的诉讼策略，认为我代理很可能有利于案件解决，有利于减轻天津公检法面临的舆情压力，有利于提升天津公检法的公众形象。其实，这也是我致力推进的目标：不仅是个案的公正，也是整体的法治理想。此后，他一直在我与看不见的"那只手"之间进行协调。

　　除了"表态"，更重要的是寻求帮助，首先必须解决会见问题。肖哲查询了网上预约系统后告诉我，天津市河北区看守所会见只能预约到 1 月 12 日。这相当蹊跷，后两次预约会见，都能约到第二天。我让助理先预约 1 月 12 日，再来想办法。

　　为了全面了解信息，我先找到大案志愿者，天津的王屹然律师，他告诉我，"河北区看守所会见确实难，算是天津最难会见的看守所之一，假期不能见，平时也很难会见，经常需要提前一周预约，平时只开一个会见室，会见介绍信的日期必须写会见日当天，有律师遇到提前写好了日期不让会见的情况。""一入牢门深似海"，中国传统司法的沉疴痼疾还总是有各种花样翻新的现代版本。

　　没办法，我向贾检求助，"因无法确定赵春华是否上诉，我明日必须紧急会见，但预约要等十天后，这很可能会导致过了上诉期。"贾检说，这确实耽误事，答应"尽我所能去建立相互间的信任"。

为了保证会见不被耽误，我发布求助的微博："准备会见，才发现天津河北区看守所会见特难，网上注册再预约，最快只能约到 10 天后。会见无数，从未遇此情况。因要提交上诉状，急需赵春华签字，恳请看守所保障律师会见，或安排赵签字，保障其上诉权。向 @ 平安天津、@ 平安河北区、@ 天津政法、@ 天津市河北区政法委　求助。"

第三天上午　紧急会见

1 月 3 日，我早早出门，希望赶上第一波会见。北方冬日严寒，雾霾夹杂着寒气，感觉格外的冷。上了高铁，被人认出来，原来是成都商报的赵倩，她说本来准备在看守所门口等我，没想到车上相遇，便戏称自己为"随军记者"。

北京到天津，就一会儿，天津河北区看守所，也不远。到了看守所，门前还等候着澎湃新闻的邵克，天津系列气球射击摊案的几位当事人家属。邵克于 2016 年 12 月 29 日最早报道此案：《天津老太摆射击摊被判非法持有枪支罪，警方鉴定出 6 支枪支》，当天 74 家媒体网站转载，几百万网民参与讨论。鉴于年龄问题，我后来将"天津老太"的表达纠正为"天津大妈"。

到律师会见窗口交材料，果真无法会见。有一位律师预约了上午几个时段，我跟她商量，可否让我 20 分钟，让被告人签上诉状，很快。她不同意。于是，我开始跟管理人员磨，"有几间会见室？我是否可以使用讯问室？能否把上诉状带进去代签？"

无奈，我联系贾检，"在看守所等，接待人员态度很好，但没有会见室，我决定等一天，一定要见到。"贾检问，"就一间会见室？""另一间据说在装修。"贾检进行了协调沟通，很快管理人员通知我填写"自愿使用讯问室"的承诺书。讯问室与律师会见室的区别，就在于前者有同步录音录像监控，后者理论上没有，律师会见不被监视。其实，我不介意被监控和录像，尤其是赵春华案，很愿意让有关部门和领导看看我是如何依法办案，看看我推动案件和谐解决的诚意。

填好了承诺书，管理人员又告诉我，"另一间律师会见室已经装修好了，你可以使用。"装修至少也得十天半月吧，怎么可能这么快啊？但我并不惊讶，看破不说破。我相信，这次会见肯定会被录音录像，而且会提交给领导看，但我不介意。绕到房子的背后，我便到了律师会见室等待赵春华的到来。

一眼看去，赵春华非常苍老，满脸皱纹，完全是老太太的形象。赵春华身份证年龄51岁，但她女儿说，实际年龄是54岁，而看起来真的像60多岁的人。

赵春华不知道女儿替她找了新律师，进来后狐疑地看着我，猜想我应该是新律师，忍不住问："上诉得花多少钱啊？北京来的律师是不是特别贵啊，要多少钱啊？"一边问，还忍不住嘀咕，"不能花太多钱啊，小孩赚钱难。"我告诉她，我和斯伟江律师提供法律援助，她才安心。

她确实说过，让女儿不要再花钱找人"救她"。她还没有上诉，她以为上诉会花很多钱，会拖累唯一的女儿。她甚至觉得，是不是自己早点从看守所去监狱服刑，能争取减刑早点出来。赵春华告诉我，在看守所，咸菜和蔬菜都需要提前预订。她担心，如果不上诉，就会去监狱服刑，之前预订的咸菜和蔬菜就要浪费了。她的境况，真禁不住让人想起欧·亨利的《警察与赞美诗》。

我对赵春华说，社会上很多人关注此案，关心她，我接此案的主要目的是为公益，推动枪支认定标准回归科学、合理。如果她能很快出去，希望她不会只顾自己，也要关心枪支认定标准不合理的政策问题。她似懂非懂地点点头。从初见时的无信心，到会见结束时紧握我的手，赵春华对未来多了几分渴望。

"您帮忙给我女儿说一声，我眼睛有点看不清，配一副老花眼镜。"赵春华让我带话，"眼镜十几块钱就行了，千万不要买贵了"。

会见结束，门口多了几位记者，还来了一位热心公民，特意来用车接送我。他因为家庭矛盾打官司，我劝他息讼宁人，吃亏不要紧，兄弟姐妹，互谅互让。

第三天下午　提起上诉

简单午餐后，我到天津市河北区法院提交赵春华签署的上诉状。在门卫处联系原审法官时，吕法官情绪激动，我任凭其发火，只是平静地陈述，我来提交上诉状及辩护手续。他火气一直下不来，拒不接待，让我们去天津一中院交上诉状。上诉是被告人的基本权利，法官阻挠当事人上诉实际上是非常严重的问题。

为了当事人和法院方便，当事人一般是通过原审法院上诉的。当然，法律也规定了可以直接到二审法院上诉，原审判决也会如此载明。实在说不通，我跟王艳玲等人便奔天津一中院去试试。意料之中，中院不接受刑事案件的上诉材料，让我们回区法院交。

没有办法，只能折回河北区法院。但几番联系吕法官，他还是不接待。看来这几天的报道真把他气坏了。上诉绝对不能耽误，我基于真诚沟通的诉讼策略，也不愿意跟法院形成对抗，只能再找体制内的朋友。还是贾检，帮忙协调。

贾检在联系的过程中，我对王艳玲使一眼色，径直往法院里面走。碰巧，一路无人阻拦，问人刑庭怎么走，好心的人给我们指点，穿过里三层、外三层迷宫式的房子，我和王艳玲终于到了法院后面的刑庭。我上二楼，看到房间有人就过去问，问到书记员的房间号，在门口等到书记员，但她也不肯接材料，说只能交给原承办法官。我只好在二楼等。

等待的过程，贾检联系好了，有人来找我，安排我到一楼的审判庭。刑庭庭长亲自接待，合议庭三位法官和书记员都在，吕法官依然火气冲天，脸红脖子粗。我说，"案件不是我炒起来的，我也没有骂过法官，还在帮河北区法院说话，别把火撒在我身上。上诉谁都不敢耽误，法院是必须收材料的。其实，我是来帮忙的，来推动案件和谐、顺利、稳妥解决。"

庭长非常友善，支开了吕法官，合议庭的其他法官做了笔录，收了材料，

提交完上诉状之后

表示将立即移交案卷。我准备了取保候审申请，想一并提交，法官表示一审已结束，一审法院无权处理取保申请，不能收，我表示理解。我希望阅卷，但法官称，卷未装订好，不便查阅，我也不勉强。

先前报道称赵春华已经上诉，但事实上没有上诉。如果不紧急会见，不提交上诉状，赵春华或有可能错过上诉期，根本没有二审的机会。

对于贾检为会见、上诉提供的帮助，我深表感谢，同时依约不把和他联系的情况告诉记者。为了建立与天津有关方面的信任，提交上诉状的波折、原审法官的情绪，我从来没有透露给记者，也叮嘱随行的记者不提这茬。

第四天　申请取保

1月4日，我向天津一中院立案庭和刑庭分别邮寄两份取保候审申请书，并发文章，期待中院尽快立案和安排承办法官，辩护人能及时阅卷、沟通，反映律师意见。

赵春华案引发热议，也招来了一些批评。一种代表性的批评是，本案无罪辩护不可能成功，徐昕的辩护策略不利于当事人。这种观点很外行，无罪辩护本身就是一种策略，只有无罪理由充分，才可能真正获得民众同情。无罪辩护并不意味着一定要取得无罪判决的结果，在当下无罪判决率极低的情况下，实报实销、缓刑、撤诉等从某种角度看都可以视为"无罪"。会见赵春华时，我也特意叮嘱，先前对事实的认可，甚至"认罪"仍然可以继续，律师作无罪辩护，两者之间并不矛盾。

批评者中有一位自称"枉议然"的法官，观点偏激。我善意、直接，简直有些露骨地为天津、为法官说话的观点——"社会对天津公检法的批评过于苛刻，天津法院的这一判决算不上错案，此案裁决考验法官智慧"，此人居然来骂，说要给徐昕教授上一课，简直不识好人心。网上活跃着一些网红法官、检察官，对热点问题频频发表倾向性意见，顺带对律师横加指责，十分不妥。律师的言论应当赋予更多的自由，法官、检察官恰恰需要约束公开言论。

何兵教授批评我："不能为了和缓关系，放弃法律的判断。本案被告人主观无犯罪故意，客观无危害社会结果，构成哪门子犯罪？社会的批评，一点不苛刻。"

为了促进和谐解决，我可不敢跟何兵一样说话。我持续发声，建议公众"更多关注制度问题，而非对天津法官的批评"。

我的努力得到了体制内人士的回应，贾检表示，"我们体会到了您的诚意，从昨天到今天，媒体表现平和，这与您的真诚、理解、包容是分不开的。"我说，"为这个可怜的当事人寻求最好的结果，未来或许有利于枪支认定标准改变，从而点滴推动法治进步。那这起影响性案件反而能变为好事。"他很低调，"我们都在尽一个法律人的本分。"

天津财经大学侯欣一教授非常关心本案。我刚宣布接受委托，侯教授就联系我，"到天津时如有时间，请两位吃顿饭。"我和侯教授有些交往，都研究司法制度，他不仅学问做得好，还是全国政协委员，当属天津名流，我也拜托他关注赵春华案。我表示，将追求妥善解决的诉讼策略，希望先取保，争取让大妈回家过年。侯教授完全认同。1月5日，侯欣一教授告诉我，他联系了天津体制内某领导，转发我的相关文章，转告了我寻求和谐解决的态度，建议从天津的形象出发，"尽量满足律师的正当要求"。本案的妥善解决，很多体制内外的法律人都付出了努力。

第六天　法官来电

1月6日，天津一中院刑一庭法官张玉峰两次来电。第一次来电，我问，"邮寄的取保申请，是否收到？"法官说没有收到，但收到了斯伟江律师的辩护手续。我们约好下周一上午见面，阅卷、沟通以及再次提交取保候审申请。

法官第二次来电，是由于斯律师没有留电话，嘱咐我通知斯律师。我又说到取保之事，并说明了我们将作无罪辩护。张法官说："先申请吧，我们研究。"

这两个电话表明：第一，河北区法院以最快的速度移交了案卷；第二，天津一中院迅速安排了主审法官，组成了合议庭；第三，主审法官希望尽快推进案件解决，希望我们立即去阅卷；第四，法院欢迎沟通，也不拒绝考虑取保申请。直觉告诉我，天津方面也想速战速决。

1月6日晚，参与中国政法大学举办的第104期蓟门决策：玩具为何忽成枪？——刑事司法中的客观归罪与对策。会上多位专家学者认为赵春华、刘大蔚无罪，并提供了出罪的辩护思路。

第七天　多重压力

1月7日，是天津大妈赵春华的生日，我偶尔读到赵春华写给女儿的信，据说是写在一张面巾纸上托人带出来的，十分感慨。熊培云先生从这封信中看到的一位中国母亲的隐忍与救赎。

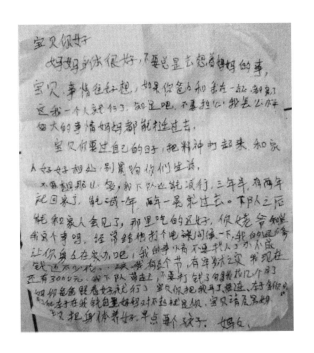

媒体介入得越来越多，王艳玲跟我表示压力很大。她最关心的是："徐教授，接受媒体采访过多会不会让天津方面不高兴，从而导致案件结果不利？"其他射击摊家属给她施加压力，怕她把事情搞大，影响他们的案件。正在摆摊的人意见更大，"因为现在有人管他们，不能再摆摊了，他们把所有的责任都怪在我身上了。"接受采访还有可能让婆家不高兴。

我宽慰她调整心态："女儿救母亲没有错，如果你母亲能尽早回家，其他被抓的人，案件会以此案为风向标，未来一定会感谢你，敬佩你的坚持和勇敢。"

但接受媒体采访需要有所区分，适合选择一些主流媒体和影响力大的媒体。许多媒体联系我，索要王艳玲的电话，我会进行筛选。比如，中央电视台新闻频道记者冀成海1月7日采访了我一小时，他们要去找王艳玲，我就建议她一定要接受采访。

2016 年 10 月 12 日晚，天津公安从"天津之眼"摩天轮下的 9 个射击摊点带走了 13 人，除赵春华被判刑外，已有 8 人被取保候审，还有 4 人在看守所。被羁押的 4 人中，有 3 个人的家属联系过我，我说可以推荐律师，但建议先观望，因为赵春华的案件处理将影响其他系列案件。我把他们的电话提供给了多个媒体。

第九天　面见法官

1 月 9 日，我和斯伟江律师如约到天津一中院阅卷。刑一庭庭长、审判长杨帆和张玉峰法官接待了我们。我们和法官对案件进行了实质性探讨和真诚的沟通，并重申推动案件和谐解决的愿望，提交了取保候审申请书。

下午，我和斯律师共同会见了赵春华。赵春华的状态比上次见面好得多，但上次捎话要女儿配的老花镜还没送进去。紧张的行程刚结束，斯律师就抽空写了办案札记《一头猪和上万枪犯》：

今天和徐昕教授，再次去会见了赵春华。五十出头的人，苍老异常，身体也不是很好，告诉律师，被抓之后，一直哭了半个月。"我清楚地记得，哭到 29 日，我才不哭了"。但一和律师谈到唯一的女儿，她的头就伏下去，在袖口上擦眼泪，觉得对不起女儿，袖口旁边的，是手铐。这么老实巴交的人，是从来没有想到自己会进来吃牢饭、戴手铐的。他们在面对法律这黑洞洞的枪口时，状况也比不上那试验物，因为虽然人是万物之灵，但国家机器太复杂了……

从政治上看，本案显然不可能无罪，一旦判无罪，就会有大量的案子要求申诉、翻案。从法律上看，本案无罪是可能的。最终的结果是什么？江西抚州资溪县法制办主任已经说过了。毫无悬念。

第十一天　辩护意见

法官特别希望我们先提交辩护意见。我们清楚法官的想法，他们以及检察官、有关部门、有关领导都想先知道我们的底牌。没有关系，此案有必要坦诚相待。

阅卷之后，我们抓紧研究案卷，迅速完成了初步辩护意见。辩护意见主要是斯律师起草，我和肖哲在刘大蔚案中对涉枪案件进行过深入研究，也在有限的时间内作了补充。辩护意见的最后，是典型的斯氏风格：

因枪支认定标准过低，她和万千无辜的枪案嫌犯一样，已受法律故障的误伤，在看守所里度日如年，以泪洗面，身欲自由而不能得，心怀怨诽而不敢怒。国之命，在人心。人心相通，物伤其类。人同此心，心同此理。谁无母亲，谁无姐妹，如果说有，赵春华就是；法之贵，在良善，在公正。故意犯罪，必明知故犯，过失犯罪，常需损害后果。无知无觉，陷人于罪，绝非良法，如果说有"病法"，枪支标准太低便是。惩恶扬善，拯救无辜，岂不是法律人最该做的事情。智者顺时而谋，愚者逆理而动。顺势而行，此其时也。救人如救火，纠错如救命，恳请法院公正裁判，不要让她一伤再伤。

春节将近，万家团圆，愿法官将心比心，尽快作出无罪判决，让赵春华回家过年。另外，本案暴露出的问题，今天呈现在民众面前，社会也有所了解。如此，亡羊补牢，犹未为晚，希望此案能促进我国枪支管理法制之完善，杜绝无辜的人因此入刑。古人说，徒法不足以自行，法不外乎人情。唯有良知之人，能予法入人情。人非圣贤，孰能无过，做错了，总要有人出来说，我来担当。国人重史，历史都是后人所写。有良知才有良制，有良制才有良治，有纠错才有担当，有担当才有未来。

1月11日，应合议庭的要求，我和斯伟江律师给法院寄出了律师的主要辩护意见，并申请多名警察及鉴定人出庭。

第十二天　拒绝取保

1月12日，我接到法官的电话，法院对我们提出赵春华不应该被羁押，根据本案的案情和法律规定，应该对其予以取保候审的申请，口头答复，不同意取保候审。

这一消息并不意外，因为如此影响重大的案件，取保很可能带来新的舆情，会指向原一审法院错了。但王艳玲非常失望，我安慰她："这很正常，我们将再次提交取保候审申请""不取保也未必就是坏事，有可能会加速开庭，一步到位地解决。"

尽管否定了取保申请，但我仍然发布文章，重申沟通的诉讼策略："此案我们坚持当事人的利益为重，推动案件柔性、稳妥、和谐解决的目标不会改变。我们也一直恳请法官慎重对待，凭着法官裁判他人自由与生命的审慎和智慧，依据法律，基于良知，回到常识，考量人情，尽快取保，回家过年，并依法作出公正的判决。"

这篇文章还和我往常一样，超越个案进行呼吁："2017年，我最大的愿望就是，赵春华案、刘大蔚案获得圆满解决，枪支认定标准提高到科学合理的水平。"

第十三天　决定碰头

1月13日，在法院不同意取保的情况下，我决定把检察院拉来，共同面对这一影响性案件。我安排肖哲写好法律文书，申请天津市检察院第一分院对赵春华进行羁押必要性审查，希望检察机关充分发挥法律监督职能，作出建议天津一中院对赵春华变更强制措施、予以取保候审的决定。为了加速案件的进程，材料邮寄的同时，也请王艳玲送至该院案件管理中心。

下午，我接到主审法官的电话。1月17日上午9点半，将在天津一中院召开控辩审三方碰头会。我问是不是庭前会议，张法官答也不算，只是一起来碰碰头，协商，还说要交换证据，看是否有新证据，是否需要调取新证据，是否需要申请重新鉴定等。张法官还说让我通知斯律师，看他来不来，不来也行。

其实，这就是庭前会议，但为了避免造成可能很快开庭的压力，或者说不给外界造成这种印象，就说成是碰头会。法官在处理这些问题时，往往很有智慧。但斯伟江律师早已定好了1月17日到四川的行程，他和周泽为詹肇成律师涉嫌妨害作证案作无罪辩护，是涉及律师权益的重大案件，也耽搁不得，我只能独自参加。

第十七天　庭前会议

1月16日晚，我和肖哲到了天津。1月17日上午，天津一中院举行控辩审三方碰头会，实质上就是庭前会议。天津市检察院一分院二审监督处苗志处长亲自带队，三位检察官作为出庭检察员。合议庭就管辖、回避、是否有新证据、是否申请调取新证据、申请重新鉴定等事项，征求了控辩双方意见，主要是辩方意见。检方关于枪支鉴定、检材同一性等一些情况补充了说明。

鉴定人、侦查人员出庭的申请，法院说还没有收到，合议庭的意思是希望不出庭。我们的辩护意见和出庭申请是一并寄出的，法官拿着辩护意见在看，却说没有收到鉴定人、侦查人员出庭申请，着实奇怪。

我再次申请对赵春华取保候审。我认为，赵春华不构成犯罪，身患多种疾病，取保没有任何社会危险性，完全符合取保候审的条件。希望春节前取保，让大妈回家过年。我和斯律师的意见一致，如果年前能取保，能让步的我们可以让步，如果年前不取保，我们将坚持各项申请。

庭前会议在友好的气氛下进行，法官、检察官的态度很好，控辩审三方都表示愿意推动此案的稳妥解决。法官明确表示，要尽快开庭，但何时开，还不确定。

下午，我们到天津市检察院第一分院提交羁押必要性审查申请，当面向刑事执行处王检察官等陈述案情，希望其作出建议天津一中院对赵春华变更逮捕强制措施、予以取保候审的决定。主要理由：赵春华没有犯罪故意；关键证据《枪支鉴定书》存在严重问题，不能作为定案依据；赵春华的行为并无任何社会危害性；极低的枪支认定标准不合法、不合理；赵春华患有多种疾病，对赵春华取保候审没有社会危险性。

从检察院出来，我又去河北区看守所会见赵春华。和先前两次会见相比，赵春华的状态更好，对未来信心更足了。她说，看守对她很好，女儿买的眼镜也已经送到了。

但有特殊情况，她说法官和检察官提讯过她好几次，非常重视。检察官前面的态度不错，最后一次即前天的态度好像有点强硬，"你咋知道这个枪不是枪呢？里面不是有金属吗？有危害性"，诸如此类的话。

我向她介绍了庭前会议的情况，表示近期有可能开庭，我们将认真准备开庭，也劝慰她放宽心，等待开庭，并告诉她开庭的注意事项。

第二十天　等待开庭

1月18日，我印象深刻，那天是个匆忙的令人心痛的日子。我接到天津市检察院第一分院刑事执行处王检察官的电话，我们申请对赵春华的羁押必要性审查，已正式立案。

1月20日，农历腊月二十三，小年，我已在南昌，斯伟江律师也已回老家，准备回家过年。侯欣一教授私下透露，天津方面暂定 24 日开庭。当天，我们一直在等法官的电话。中午，斯律师等不及，打电话给法官，询问何时开庭。法官说开庭会尽快通知，斯律师问年前会开庭吧，法官不肯说，斯律师问有可能吧，法官说有可能，确定了会尽快通知。

21 日下午，侯欣一教授跟我说，刚接到通知，24 日开庭的事，"据说由于不可抗力，暂时取消，何时开庭另行通知。"

赵春华案已成为重大敏感案件，开庭涉及的事项太多，我相信，法官比我们更焦急。春节前是热点案件开庭的黄金时间，我们一直呼吁让大妈回家过年，春节前开庭能把舆论关注降到最低，春节之后就不可能再成热点了。

第二十三天　开庭通知

1 月 23 日，刚回到江西丰城老家，晒了新修的红房子，和父母的合影，宣布回乡隐居，就接到天津一中院张玉峰法官的电话，通知赵春华涉嫌非法持有枪支案 1 月 26 日上午 9 点开庭。

1 月 24 日，农历腊月二十七，辞旧迎新"洗福禄"，我们家乡视为大吉之日。凌晨，我们三兄弟和父亲，从老家搬了柴米油盐，给爷爷奶奶的灵位上香，祭拜天地灶神，告别老房子，搬至新家，母亲燃炮庆祝，又放了烟花。就这样简单而隆重地完成了乔迁之喜。新房的风水很好。大门朝南，一条乡村公路通往远方，两边是油菜花，一望无尽的绿油油，似是对我们三兄弟低调之才华的赞誉。北面是一个大荷塘，夏日虽未至，却已有"过雨荷花满院香"的沁人。再远处是宽阔的抚河、南昌到抚州的高铁，近处则是原来废弃的南昌至江边村的铁路线。西面可见一处小树林和远山，东面一个小山丘，有梯田，梯田上不知是谁村的坟地，看着倒也更能明白人生的短暂。

宾客陆续到家祝贺。我不太喜欢各种仪式，劳烦亲友上门，也感觉给人添麻烦，只是借机亲友聚聚，而且聚得特别齐，倒是一件好事。现代人多漂泊在路上，回乡聚首，成为寻根之旅的一部分，传统习俗的保留和延续不可少，社会发展了，民族的东西不能丢。有一位邻县的潜在当事人，我只是提供过咨询，转过微博，没接案子，知道我回乡，非要到我家看我，碰巧遇上了乔迁。在路上，是任何有担当的法律人的宿命，因为法治在路上，洗冤在路上，民主在路上，宪政在路上，路远且长。

无论如何忙碌，如何奔波，随着年龄的增大，我越来越有隐居的愿望。我会更多地回到家乡，回到这座红房子，多陪父母。父母为建新房，操持了一年多，执拗地坚持亲力亲为。如今的乡村，几乎已成空巢，年轻人都外出打工，许多人当了老板，留在家乡的多是老老小小，请个人做事也不容易。持续不断的操持，父亲清瘦了许多。有一次骑三轮还掉进了沟里，幸无大碍。母亲不小心，摔了一跤，手断了，幸好我们家有位老朋友，白土小学的刘老师，推拿接骨一流，母亲基本没有留下后遗症。

次日，我从老家赶往天津了，虽然辛苦，但完全值得。基于对案情的分析，与天津法检的接触，我在宣布开庭日期时就明确说，赵大妈有望回家过年。

自 2017 年第一天接下赵春华案，我们一直坚持以当事人的利益为重，积极推动案件柔性、稳妥、和谐解决。在与法官、检察官的反复沟通过程中，辩方毫无保留地展示了柔性解决案件的真诚，庭前就提交了几乎全部辩护意见，对程序问题采取完全配合的做法，申请鉴定人员、侦查人员出庭并不打算坚持，法庭语言方面也乐于接受庭前会议上审判长的建议。杨庭长说，法庭上别说"法官应凭良知和智慧明断是非"之类的话，似乎会显得一审法官没有良知。

我还多次向法官建议，希望他们写出一个漂亮的判决，因为这一判决将成为社会关注的对象，学者和法律人研究素材，甚至可能成为涉枪案件的标志性判例，对未来的类似案件产生连锁反应。

我们将作无罪辩护，但最终判决无论是否无罪，我都相信，赵春华案必定会成为涉枪案件的一起重大案件，从而个案推动法治。我能感受到，合议

开庭路上

庭成员、出庭检察员亦有类似的司法理念。这一点难能可贵。我隐约地感觉到，天津政法部门在稳妥地推动赵春华案迈向一个"多赢"的结果。

第二十六天　当庭释放

2017年1月26日，农历腊月二十九，除夕前一天，赵春华非法持有枪支案二审在天津一中院开庭。

一到法院附近，就被记者团团围住，仿佛是娱乐记者围堵明星。这种状态非常奇怪，开庭需要冷静和理性，不适合接受采访。但记者们一路跟随，许多人在直播，有一位问："徐律师，您在干吗？我说："走路"。

很快进入安检区，记者进不去，但仍然听到他们在直播："现在赵春华的女儿和律师已经进入安检区了，我们连线……"安检处最初要我们存包，我们拒绝，我和斯律师也坚持带助理一同进去，僵持了一会儿，法官派人接我们上去。

坐电梯上楼，在审判庭外，碰到侯欣一教授，还有先前采访过我的央视新闻频道记者冀成海。

法官先安排我们到休息室，说要研究助理的席位，我们提出，不坐在辅助席也行，可以在旁听席。但旁听席人都安排满了，最后法官还是让助理和我们坐一排。旁听的每一位大概都是有头有脸的人物，连一直关注本案、进行协调的贾检都没进入法庭旁听。我认识的媒体记者，除 CCTV 外，一个都没进去。

斯伟江律师在资深助理严涵的协助下，准备了充分的质证意见，制作了PPT，提出要当庭播放，但法官说事先没有说，法院没有准备设备，无法播放。检察官的电脑连着投影仪，我们提出放在出庭检察员的电脑上打开展示，也被驳回，甚至我们提出先给一套书面质证意见给法官和检察官，法官都答复称，庭后再交。这是个央视直播的"模范庭审"，法官不允许任何预料之外的事情出现，亦在情理之中。

从法官的角度来说，这一选择是无比正确的。如果播放了这个 PPT，合议庭将很难当庭宣判，因为 PPT 将清楚地显示，涉案枪形物的同一性无法认定，即查获的所谓枪形物根本不能认定是赵春华持有，有罪判决将缺乏证据和事实根据。

庭审按法定程序进行，没有太多悬念。斯伟江律师准备的质证意见，根本无法施展，他昨天特意到天津某大商场买了一支仿真枪，本想在庭上展示，也就作罢。法庭辩论阶段，我们提纲挈领地发表辩护意见，为赵春华作无罪辩护。我稍多一些谈到枪支认定标准的一般问题。

在法庭辩论环节，赵春华突然打断我，支支吾吾地说，"我希望不要说太多枪支认定标准的问题"。我稍有惊讶，便意识到这有可能是"法庭剧本"的一部分。后来得知，看守所的人在开庭前找过她谈话，告诉了她庭审时该怎么做。事实上在发问阶段，赵春华已明确推翻了我第一次会见时的供述，"我不知道是真枪，不知道有杀伤力"，而说"知道有杀伤力"。当事人的软弱，情有可原。审判长后来借机打断我几次，但我坚持说完我的辩护意见。

休庭之后，当庭宣判，结果毫无悬念。我和斯律师通过朋友圈和微博第一时间发布了"改判赵春华有期徒刑三年，缓刑三年，赵春华被当庭释放"的消息。

宣判结束，审判长跟我们商量："外面记者很多，能不能离开法院大楼后再接受采访？"我和斯律师均表示，我们其实不太愿意接受采访，案件已经得到顺利解决，更无须多说。

1月26日央视新闻庭审画面

开庭结束，离开法院

法院安检门外，长枪短炮，记者团团围住，进行直播。我们迅速挤出去，一路上仍然被记者包围。出于对记者的尊重，特别是东方卫视看看新闻网张正磊多次报道无辜者计划推动的冤案，他的提问，我不好意思拒绝。我回答了两点："第一，判三缓三是预期的结果，家属表示满意，律师为赵春华作无罪辩护，认为这个判决有遗憾，我们准备了一个声明，马上发布。第二，赵春华案的顺利解决，有赖于媒体关注，感谢记者，希望大家未来关注无辜者计划其他未解决的冤案。"

赵春华和王艳玲没有从法院正门出来，法院安排她们从其他通道离开。没有堵到母女俩，有记者又到河北区看守所门口等，也没有等到。法院带她们到公安分局办理相关手续，也建议她们不要接受记者采访。其间，王艳玲发短信道歉，我表示理解，只要她们一家团圆，就比什么都强。

中午，我、斯伟江、朱孝顶律师、武琳悦一起吃饭。其间，我把事前准备的公告发布出去：

关于赵春华案件最终结果的一点致谢

赵春华涉嫌非法持有枪支罪一案，今天上午，天津第一中级法院经开庭审理，当庭宣判，赵春华被判处有期徒刑三年，缓刑三年，赵春华被当庭释放。

作为辩护人，我们的态度是很明确的，赵春华不构成犯罪，任何有罪判决，都是违背了现行法律规定和世道人情，不知者不为罪，且公安部的推荐性标准，不能替代法律。因此，我们对判决赵春华有罪，表示深深的遗憾。尽管如此，我们也对天津一中院这个折中妥协的判决，感觉很复杂，毕竟，站在当事人利益至上原则，这个判决，比一审的判决，多了一些人情味，赵春华可以回家过年，和女儿家人团聚，虽然顶着犯罪分子的帽子。世事复杂，有时能争取到打折的正义，也不容易，均需大家一起努力。

为此，我们感谢所有新闻媒体，也感谢为本案出声呼吁的所有国人，赵春华案，如果没有你们的呼吁，恐怕今天的结果也难以奢望。我们也希望国人能更多地关心其他因仿真枪入刑或者将要入刑的同胞，如刘大蔚案等。我们应该意识到，个案通过媒体和大众的关注，或许能赢得回应，但更多的，我们要追求法律的良善，就此枪支立法领域而言，我们呼吁国家立法机构或者有权解释法律的机构，能明确出台枪支的标准，对枪支进行分级分类立法管理，对仿真枪的管制区别于真枪。控枪政策我们支持，但立法需合情合理，权力和权利要平衡，规则制定者，需要心有敬畏，追求良治，而非简单粗暴，陷民于罪。执法者，当心存良善，敬畏天命。

时值新春，我们在此祝福大家，也祝福这个国家，在所有有担当、有关切的国民的共同努力下，日新、苟日新，又日新，一步步走向善治。为此，每一个公民都当有所作为。真诚感谢大家。

徐昕　斯伟江
2017 年 1 月 26 日农历大年二十九于天津

回家过年

天津大妈，回家过年，赵春华枪案经过 26 天的努力，顺利解决。受赵春华女儿王艳玲的委托，我发布了她的致谢：

感谢天津一中院在大年二十九给予我母亲回家过年的机会，只要她回来就好，这一天我等了、盼了 106 天。

没有徐昕律师和斯伟江律师的无私付出和巨大努力，我和我母亲今天不可能团聚。今天本来是他们和家人团聚的日子，却为了我和母亲的团聚奔波在外，两位律师是我的恩人，感谢两位律师，我无以为报。

同时也感谢媒体关注。

荒唐的枪支认定标准，才导致我们家遭此劫难，为了避免更多的人遭受不公，我和我母亲会为推动枪支认定标准提高尽力做一些事情，帮助需要帮助的人。

再次感谢法官，两位律师，感谢大家。祝大家春节快乐！

王艳玲

2017/1/26

天津大妈和女儿

致谢配了王艳玲和母亲赵春华专门拍摄的照片。赵春华获得自由后，没有接受过媒体采访，也没有被记者拍摄过照片和视频。

1月26日下午，我接到天津市检察院第一分院刑事执行处王检察官的电话，称由于赵春华已当庭释放，对赵春华的羁押必要性审查程序已经终结。当天下午，天津系列气球射击摊案被羁押的4人被取保，回家过年。

腊月二十九，第二天除夕，我们也得匆忙往老家赶了。春节期间，来回天津的票都不好买，我订了晚上到南昌的机票。江西一群公民通过乐平案的律师，打听到我的航班，一定要在机场迎接。除夕凌晨一点，我在机场见到这些陌生的朋友。"为人辩冤白谤是第一天理"，他们的标语是对我莫大的激励。第二天，有朋友送我回丰城老家。

欢迎回家过年

两面锦旗

尽管律师对判三缓三的有罪判决表示遗憾，坚持认为无罪，但赵春华本人和家属对结果相当满意。赵春华打来电话致谢，家属多次表示要送锦旗，我都说没有必要。直到王艳玲说做好了，给我发了图之后，我只好同意收下锦旗。赵春华及家属遵守先前的承诺，共同呼吁废除不合理的枪支认定标准，令人欣慰。

我接下天津大妈赵春华气球射击摊案，为少年刘大蔚网购仿真枪被判无期案呼吁多年，筛选典型的假枪真罪案件，包括警察、法官因仿真枪被判刑等案件，希望更多律师参与和帮忙，推荐鞍钢于萌枪案给何兵教授，邀请斯伟江律师共同为赵春华作无罪辩护，后来又接了深圳翟俊武枪案、河南气瓶变真枪案，目标都是希望个案推动法治。

以前是呼格吉勒图案、聂树斌案、陈满案、乐平案、陈夏影案每日一呼，后来是仿真枪案每日一呼：1. 公安部提高枪支认定标准，先恢复至 2001 年的标准，枪口比动能大于 16 焦耳／平方厘米；2. 呼吁司法解释将仿真枪的定罪量刑区别于真枪；3. 枪支管理应分类分级，仿真枪的管理区别于真枪。

春节期间，侯欣一教授联系我，今年"两会"，他作政协委员准备提交枪支鉴定标准应修改的提案。我非常高兴，让肖哲准备了一些材料供他参考。"两会"期间，侯委员修改枪支鉴定标准的提案，以及朱征夫等代表委员的议案提案，成为热点。

天津大妈赵春华枪案后，一度传来好消息，个案推动法治，有可能取得成功。

"两会"期间，2017 年 3 月 8 日，媒体报道，"两高"及公安部酝酿新司法解释，仿真枪入刑或松动。5 月 28 日，媒体报道，多地暂停玩具枪案办理疑等新规，有法院收回未生效判决。此后几个月，我问过全国多个法院，仿真枪案审理的确暂停审理。

6 月初，侯欣一教授告诉我，他参与了涉枪案件司法解释的意见征求会，大多数与会人士认可行政法和刑法的二元管理体制，希望尽快出台司法解释，明确规定行政处罚优先，至于何时能出台，难以确定。

涉枪案件被暂停审理，取保的当事人表示庆幸，但刘大蔚的父母心急如焚，刘大蔚仍在漳州监狱，身体还出了状况，脸部肌肉持续抖动，呈现面瘫的症状，人的自由与健康不能等待，他们真的等不起。

枪案批复

2018 年 3 月 28 日，赵春华重获自由的一年零两个月后，"两高"终于联合发布《关于涉以压缩气体为动力的枪支、气枪铅弹刑事案件定罪量刑问题的批复》。该批复规定：

近来，部分高级人民法院、省级人民检察院就如何对非法制造、买卖、运输、邮寄、储存、持有、私藏、走私以压缩气体为动力的枪支、气枪铅弹（用铅、铅合金或者其他金属加工的气枪弹）行为定罪量刑的问题提出请示。经研究，批复如下：

一、对于非法制造、买卖、运输、邮寄、储存、持有、私藏、走私以压缩气体为动力且枪口比动能较低的枪支的行为，在决定是否追究刑事责任以及如何裁量刑罚时，不仅应当考虑涉案枪支的数量，而且应当充分考虑涉案枪支的外观、材质、发射物、购买场所和渠道、价格、用途、致伤力大小、是否易于通过改制提升致伤力，以及行为人的主观认知、动机目的、一贯表现、违法所得、是否规避调查等情节，综合评估社会危害性，坚持主客观相统一，确保罪责刑相适应。

二、对于非法制造、买卖、运输、邮寄、储存、持有、私藏、走私气枪铅弹的行为，在决定是否追究刑事责任以及如何裁量刑罚时，应当综合考虑气枪铅弹的数量、用途以及行为人的动机目的、一贯表现、违法所得、是否规避调查等情节，综合评估社会危害性，确保罪责刑相适应。

大家通常会忽视第一段，即该批复的起因，程序上源于部分省级法院、检察院的请示。这正是包括我们在内的律师、当事人、家属、公众、媒体、专家等不断呼吁共同推动的结果。

批复是一个进步，但由于未解决枪支认定标准极低的根本问题，规定的弹性大，各地法院仍在等待最高法院或省级法院对该司法解释的解释。直到2018年5月，各地传来涉气枪案件开庭的消息，我承办的深圳枪案——翟俊武案也于5月25日开庭。

5月9日，澎湃新闻报道了多起涉气枪案件被决定不起诉，分为两类：一是出于娱乐目的被不起诉，如广东省佛山市禅城区佛禅检刑不诉〔2018〕22号不起诉决定书；二是初犯、悔改被不起诉，如津东检公诉刑不诉〔2018〕17号不起诉决定书。

6月7日，东莞市第二人民法院判决黄建团等四被告人不构成非法买卖枪支罪，裁判理由极具司法智慧："涉案1000余支仿真枪确有44支经鉴定枪口比动能等于或大于1.8焦耳／平方厘米……应认定为枪支，但从鉴定结果来看涉案仿真枪的枪口比动能绝大部分未超过法定标准，**超出标准的占比**

仅为 4.4%，所占比例极小；且即使是前述 44 支被认定为枪支的比动能最小为 1.8 焦耳／平方厘米，最大仅为 3.52 焦耳／平方厘米，44 支中大部分的枪口比动能在 2 焦耳／平方厘米左右；从鉴定物品的照片亦可见相同形状、同一型号的仿真枪存在部分超标部分未超标的情形。由此可见，涉案仿真枪的生产者在制造、生产涉案仿真枪时应有遵照相关规定，控制枪口比动能，**但因生产过程中的原因导致部分产品超标**，被告人黄建团作为**销售者不可能知道所进货物中存在部分"不合格"的情况**，黄建团等人归案后亦稳定供述其销售的是塑料玩具枪，黄建团等被告人主观上并无明知是枪支仍予以销售的主观故意。"

6 月 19 日，济南中院对 14 名被告人改判免予刑事处罚。判决理由：（1）虽然超过 1.8 J/cm²，但致伤力极低，属于《批复》规定的"以压缩气体为动力且枪口比动能较低的枪支"；（2）涉案人员主观上均是以"玩具枪"的认知而进行买卖、持有，客观上亦未造成严重的危害后果，社会危害性相对较小，到案后又能配合办案机关的调查工作。

公安部的枪支认定标准实质上扩大了刑法的入罪范围，不仅导致涉枪刑事案件的急剧上升，也在全社会范围内引发了玩具枪恐惧症。这是一个明显的反法治现象：公安部界定了罪与非罪，而不是全国人大颁布的刑法。

这一低标准还违反了长期以来社会生活中形成的"枪"的共识，造成了社会公众认知的困惑，从而制造出大量完全不具备犯罪故意的所谓涉枪案件，人为制造了一批冤案当事人、家属及不必要的对立。

不知法不免责，作为一项法律原则存在例外，若行为人所处环境决定其完全有理由认为自己的行为合法，因不具有期待可能性而可以出罪，不知者不为罪。假枪真罪现象的大量存在，原因就是极低的枪支认定标准不为社会公众所知悉，刘大蔚、赵春华也不可能了解。

也因此，我一直主张行政法与刑法的二元管理体制，公安部的标准只适用于行政执法，而不能界定罪与非罪。但基于职能分工及公安部的强势，"两高"无法改变枪支认定标准，更令人遗憾的是，该批复对枪支认定标准未加任何说明，没有明确公安部的标准是否能用于犯罪的界定，即没有明确二元管理体制。这将人为导致司法实践中的两极分化：既可以用公安部的标准，也可不用，或者表面上视为枪支，实质上当作玩具。用与不用，司法人员拥有极大的自由裁量权，权力寻租的空间也随之扩大，最高人民法院、最高人民检察院追求的法律适用的统一性就将大打折扣。

枪支认定标准的问题无法回避，这个千呼万唤始出来的司法解释，充其量还是一个有待完善的半成品。被告人必须找一位好律师，还需要祈祷，遇到一位温厚仁慈的检察官或法官。

第十一章　寻枪

刘大蔚网购仿真枪判无期案

2016 年 10 月 18 日，我正在泰国曼谷，得知福建高院决定再审刘大蔚案，欣喜万分。

申诉难，难于上青天。哪个重大冤案的申诉不是几年十几年甚至二十几年的漫长等待。纵观福建高院这几年平反的冤案，吴昌龙案 12 年，陈夏影案 19 年，许金龙案 21 年，缪新华案 14 年，念斌案也经历了 7 个年头。我从没想到刘大蔚案的再审会如此之快。从我提交申诉状到立案再审，仅 11 个月。这么短的时间就决定再审，堪称近年来冤案平反的司法奇迹。也因此，我多次公开赞许福建高院和马新岚院长对冤案平反所做出的巨大贡献。

刘大蔚案一直是我最希望解决的案件，自 2015 年 10 月接手申诉到福建高院决定再审，我的呼吁从未间断。2016 年初，我将本案的解决作为年度法治心愿。刘大蔚案，并不像上面提到的是杀人、爆炸、投毒、抢劫这样的重大案件，大部分人认为本案基础事实没有争议，只是涉及法律适用和量刑的问题。这相比于能冤死人的案件，本案申诉，在所有人看来，都是难上加难，必然是无尽等待。有一次承德陈国清案研讨会上，我提到本案，何兵教授直言不讳地说："像陈国清案这样的重大冤案都排着队，你这个仿真枪案不知道得排到猴年马月去了。"大家都不看好，申诉没有音讯，那段时间我也有些心灰意冷，但还是告诉自己坚持，你不知道哪片云彩会下雨。

虽然我介入 11 个月就再审，但这 11 个月的心路历程，和吴昌龙、陈夏影、陈满等待十几年、二十几年的心情是一样的。即便是收到再审决定书的前一天，你也不知道要等多久，不知道哪一天会再审，消息来得突然。

受托申诉

2015 年 9 月下旬，刘大蔚二审被维持无期徒刑后不久，刘大蔚的母亲胡国继通过微博找到我，"我是向台湾网购玩具枪被判无期孩子的母亲，我孩子刚满 18 岁就被泉州海关从四川家里抓到福建来，已经关了一年了，特想请您做我孩子的辩护律师。"此前我知道这个案件，但不清楚细节，照例我让她把案件材料发到邮箱。

找我的案子，申诉案件占很大部分。绝大多数申诉案件都令人感慨，为什么没有把握申诉前的那么多机会。就像本案，网购仿真枪就判无期，如此荒唐，为什么一审能判下来，二审还维持了？我仔细研究现有材料，发现判决有很多事实不清的地方，加之有个案推动法治的意义，符合我的接案条件，就让家属到北京来谈谈。

胡国继 10 月 26 日到北京，直接找到北京理工大学研究生楼，我当时正在上课，便安排在律所实习的学生带她先去律所。

下课后，我往律所去。此时的北京，正是最美的季节，学校的银杏树开始转黄了，一些新生在树下拍照，有说有笑。他们大概和刘大蔚一样的年纪。

"徐教授，我儿子刚满 18 岁，只是网购了 24 把仿真枪，货没收到，钱也退了，就被判了无期徒刑，大半辈子要在监狱度过。请您一定救救他。"胡国继说起这些，悲愤交加。我无法切身体会这个母亲的感受，但我也是个父亲，天下父母对儿女的心都是一样的。

我通常不放任当事人的情绪，不让他们在我面前哭泣和抱怨，便转移话题，询问一二审情况、律师意见，她一一作答。

办好委托手续后，胡国继匆忙赶回福建，后反复给我发信息："我们和孩子的希望全寄托在您的身上了……这次我对不住，没请您吃饭，下次一定请您！我买了车票和交住宿费后就剩下 100 多块，不好意思！因为我老爸住院花了些钱。"

当事人的窘迫令人同情，儿子入狱，老父住院，多重灾难一下子降临到这个家庭。但有什么办法呢，假枪真罪，全国大概有近十万这样的家庭。我能做的，只有尽力推动枪支认定标准的改变，从根本上解决这个问题。

后来，她告诉我，不少记者和律师对她说："只有徐昕老师，才有可能把这案子翻过来。"

初次会见

申诉案件，不立案复查，律师无法阅卷。但救人一刻不能耽误，必须全力拼搏，我也打算立足此案，来撬动过低的枪支认定标准。

接受委托后的一个月，我根据原辩护人周玉忠律师提供的申诉状等文书和案卷，以及家属提供的有限材料，心无旁骛，专攻此案。周玉忠律师自 2009 年起致力反"假枪真罪"，推动了王国其等重大冤案的平反，他发送给我的法律文书成为我研究刘大蔚案的起点。2014 年 10 月 19 日，在杨斌组织的天祥关爱基金成立仪式上，周律师特意赶来，希望我参与反"假枪真罪"的事业，也曾多次发电邮希望我利用影响力来参与推动。我的事多，公开的邮箱每天很多信件，大多是不看不回的，很遗憾没有早日参与这项工作。

我原以为本案只是错误认定刘大蔚主观故意和枪支认定标准不合理的问题，不承想，此案远非媒体报道的那么简单，刘大蔚不仅主观上没有走私武器的故意，而且还没有确切证据证明涉案枪形物是刘大蔚所购买、"碧海蓝天"所发。刘大蔚确实购买了枪形物，他从不否认，但查扣的枪形物，是不是刘大蔚向"碧海蓝天"购买的那批，无确实充分证据证明，证据链完全断裂，遂决定申诉时对此问题深化挖掘。

申诉状修改多次，终于完成。申诉方案也基本确定：团队研究→提交申诉状→会见→与法官沟通→争取阅卷→给马新岚院长写信→适当时间公开→研讨会→就枪支认定标准的合宪性审查提出公民上书→申请吉尼斯世界纪录。

我借在天则经济研究所开会之机，提到这个案件研讨会，天则所当即表示愿意承办此会，一位民营企业家对本案也很感兴趣，愿意出资。

2015 年 11 月 26 日，我到福建高院提交申诉材料。热心网友"闽山羊"到机场接我。我们在武汉的信息公开培训会议上认识，他真名张永祥，开汽车修理店，为人豪爽仗义，热心公益，关注身边的维权，举报违建，告电信，告政府，申请政府信息公开，竞选区人大代表，曾因 2009 年发现假警察从而协助破获一起涉枪涉毒案，获"福州市见义勇为先进分子"。

11 月 27 日，我和冯敏律师乘坐福州出发的早班车，前往漳州监狱会见。司法部 2004 年《律师会见监狱在押罪犯暂行规定》极不完善，很多规定不合理，如要求必须两位律师会见，未明确规定律师代理申诉等。我会见时也多次遇到麻烦，有的监狱要求必须预约，有的监狱隔着玻璃不能直接沟通，有的监狱如泉州监狱要求必须罪犯本人委托。不少律师多年呼吁修改，如泥牛入海。

前一天，漳州监狱的预约电话一直没人接，我发微博求助，找漳州的朋友联系帮忙，希望能顺利会见。有一位朋友说如果无法会见，可以帮忙协调，这样我才安下心来。

漳州案中曾到贵州找律师的郑丽云到车站接我们，我曾为她的姑父谢永平辩护，冯敏为她的叔叔郑龙森辩护。

监狱的地址往往是保密的，导航找不到，绕了个大圈，开到监狱的后门，进不去又换路再走。车子在闽南城郊的村道里绕来绕去。也许未来很多年，我得经常在这迷宫般的曲折道路上行进。

到了漳州监狱狱政科，有法官要进监狱开庭，负责安排会见的警官回来后，经过沟通，同意会见。在等待会见的过程中，我向这位警官介绍了刘大蔚案，目的是引起他的理解与同情。这位警官叫刘健能，后来的确尽可能提供了一些方便，包括自己掏钱将刘大蔚的申诉材料快递给我。

我和冯敏时坐时站，等狱警带刘大蔚过来，她翻看着我起草的申诉状。

好一会儿，屋里走进来一个寸头短发的年轻人，两位狱警押着。刘大蔚一脸的稚嫩，比照片中胖些。

判了无期徒刑后，他父母还没有会见，他一直在等律师。见到我后，他开始急切地说案件，情绪很不稳定，陈述案情时，就像内心憋着一团火，想一下子喷射出来。他的眼神无助而坚定，透露出对自由的向往。他拿出26页的手稿，解释为什么冤。

我说，书面材料经审查后，我可以带走，时间有限，你选择要点陈述。

他提出了16个疑点，如查扣清单涉嫌造假，鉴定报告送达不合法，查获的24支枪形物并非其购买。

我问："你开庭时是否提出了这些质疑？"

"我一说，法官就打断。"

我感到愕然："查扣的枪形物，是否是你所购买的枪形物？物证的同一性问题非常关键，是申诉重点，我已经写了，你认真阅读申诉状，看是否有修改补充。"我将申诉状留一份给他，刘警官表示需要经过审查。

冯敏律师说："徐教授治学严谨，代理案件更是一丝不苟，注重细节，独辟蹊径，不愧为刑辩专家，能请到徐教授出山简直幸之又幸。"刘大蔚似懂非懂地点点头。

临别时，我们透过小窗握手，我让他沉住气，坚定信心，申诉只能打持久战，但这起案件是有希望的。我还强调，"如果案件能启动再审，你不能光顾自己，未来也要为其他玩具枪案的受害人呼吁，推动枪支认定标准的提高"，他点头同意。

刘大蔚手写的申诉材料，经审查让我带走了，有两张涉及监狱事项的材料没有带出来。我手里的材料并不全面，而刘大蔚的陈述和书面材料，提供了申诉线索，印证了我对证据不足的判断。

"烛光里的妈妈"

刘大蔚确实还是个孩子，但他所面对的是半生铜墙铁壁的牢笼，朝夕相处的是杀人、抢劫、贩毒等重刑犯，漳州监狱是重刑监狱。他眼神中的稚嫩令人心痛。他没有多少过错，却承受着生命中难以承受之重。

刘大蔚的父亲刘行中从小就梦想成为一名军人，少年时跟我一样，用自行车链条做过火柴枪，但参军被刷了下来。儿子出生，刘行中激动不已，自己的梦想可以让儿子去实现。他给儿子取名大卫，"保家卫国"的意思。1998 年春节，刘大蔚刚满两岁。外公买下了那把刘大蔚非要不可的"枪"。此后每年过春节，刘大蔚的礼物都是玩具枪。

14 岁，刘大蔚就外出打工。后来，他想考驾照，还想报名参军，就带着女朋友回家了。

2014 年 6 月的一天，吃过晚饭，刘大蔚跟父亲讲了想买仿真枪的事儿。

"我当时一看，仿真枪又不是真枪，而且既然网上可以卖，应该就能买吧。"刘行中问，"买多少？"

刘大蔚说，"本来只想买两支玩，但对方要满 3 万元才愿意发货，估计要买个 20 支。"

"我跟他妈就商量了一下，这孩子平时特别节约，衣服都舍不得买新的，打工三年也攒了些钱，我们做父母的又不图他的钱，不好制止。再说，我没读多少书，大蔚也是，真没想到这个仿真枪会有这么严重，没有法律常识，压根没有想到会犯法。"

《潇湘晨报》的报道《枪·劫》记录了这家人的心态。一家人都不觉得仿真枪是真枪。刘大蔚经父母同意，选购了仿真枪。三人谁也想不到，这竟会招致无期徒刑。

一份好的法律文书是案件成功的起点。我根据刘大蔚狱中自书的 26 页申诉材料，继续修改申诉状。

律师界有死磕派与技术派之争，实际上两者并不对立。死磕派更必须以技术分析为基础，否则只会把自己磕死；技术派面临各种违法，一定程度的较真也是必要的，否则只能是形式辩护。死磕的程度与违法度大致成正比。如果司法机关认真对待律师的意见，真正做到依法、公正，何需死磕？谁愿意死磕？所以，技术分析是基础，是为权利而论证，而死磕只是不得已而为之的为权利而斗争。如此看来，德国法学家耶林的名篇《为权利而斗争》，才是死磕派的精神之源。

刘大蔚案一直是我办案、教学和研究的重心。有空，我反复阅卷，完善申诉状；上课，我谈刘大蔚案；招助理，试题也是刘大蔚案。这样反复思考，不断对申诉状进行修改。

2015 年 12 月 24 日，肖之娥（笔名肖哲）作为助理正式上岗，研究刘大蔚案成为她的主要工作。经过上百次修改，我们完成了申诉状第二稿，于 2016 年春节前邮寄给福建高院，也让刘大蔚父母到法院提交。

申诉几个月没有消息。外头的家属、律师心急如焚，里头的刘大蔚日夜期盼。还好我会见刘大蔚后，他心态有所调整，也明白申诉的漫长，在狱中学习刑法、刑诉法，看书写信。

2016 年漳州监狱的元宵晚会，刘大蔚和父母短暂"团圆"。晚会上，刘大蔚表演了《烛光里的妈妈》。台下的胡国继泣不成声：

元宵节本应当一家三口在家团圆的，如今我和我的丈夫却只能去到漳州监狱，我们有 6 个半小时的时间，与我 20 岁的儿子在一起团圆。这要感谢漳州监狱的领导们，安排元宵节的晚会，大蔚才能从一百多人中争取到表演节目的机会。我们才能零距离的与他一起过元宵。我想我要走快些，得早到，也许就能跟他多待几分钟。

见到大蔚，他问我们最近的身体状况，身在狱中，却时刻牵挂于我们。他表演的节目是《烛光里的妈妈》，让我不要哭，我忍不住眼泪，想到这 6 个月天地之差的生活巨变，想到未来不知多少年他要在监狱度过，想到也许这样 6 个半小时的团圆机会以后都可能没有，我一句话也说不出来，只能注视着大蔚的一举一动、一言一行，这样的相聚，过了，对我们来说，就真的没有了。我要记住，刻在心里。

我会申诉到底，还大蔚一个清白，付出多少都坚决不放弃。儿子，相信妈妈。

亲人是狱中之人唯一的牵挂，刘大蔚也很关心父母，时常写信回家：

请养好身体，缺什么就买点什么吃，可我现在已经失去收入了，不能再给你买啥子了，但我真心恳请你多买点补的，养好身体，再生个弟弟或妹妹，我十分羡慕那些有弟弟或妹妹的大哥，我真心觉得有个弟妹真的好幸福，家里多热闹啊，真心期待等我出去之日，便是与弟妹相见之时，妈，看你啦……

他还画了四个小人，分别代表父母、自己、弟、妹。

刘大蔚的家书，让其父母总是忍不住眼泪。自从刘大蔚被抓，这个家庭最重要的事，就是为他的案子奔波。夫妇二人也从四川到福建，一边申诉一边打工。

刘行中说："我一辈子也忘不了大蔚被抓的那天。2014 年 8 月 31 日，那天我们夫妻俩去稻田里收稻谷，刘大蔚在家里睡觉，说好了去稻田里给我们帮忙，但到上午 11 点多钟，我们打电话给他，一直打不通，我们还说这个家伙怎么回事，还不来。我们就自己干自己的，也不管了。再后来感觉不对劲，人在家怎么会一直打不通电话呢？结果是海关把我儿子抓了，手机什么的都扣起来了。"

每日一呼

喊冤，喊冤，冤是被喊出来的。接手刘大蔚案以来，我每天在微博呼吁。微博呼吁，必须有亮点，我考虑再三，结合案件的特点，将案件名称提炼为"少年网购仿真枪判无期案"，从此这一案件逐渐成为影响性大案。

案件要获得重视，不能局限于案件本身，还要让政法系统和民众看到超越个案而达法治的一般意义。由于 2007 年以来枪支认定标准的大幅降低，大量仿真枪、玩具枪被认定为真枪，涉枪案件急剧增加。而在所有的玩具枪案中，刘大蔚是最冤的一个，被判无期。天津赵春华枪案被报道后，我进行对比："刘大蔚现在还在蹲监狱，比天津大妈赵春华冤得多。"正因如此，刘大蔚案能反映荒唐的枪支认定标准所带来的冤案，能够代表假枪真罪的庞大群体，因而有可能发挥个案推动法治的意义。

因假枪真罪而喊冤的人极多，保守估计，2008 年以来至少波及 10 万个家庭。据公安部官网 2016 年 8 月 12 日披露，"公安部部署开展打击网络贩枪犯罪专案行动"，2011 年至 2015 年，全国共破获非法制造贩卖气枪、仿真枪等各类枪支案件 9000 余起，抓获犯罪嫌疑人 8 万余名。这意味着平均每年全国有 2 万人因此被抓。肖哲检索案例数据库，四类涉枪案件（非法制造、买卖、运输、邮寄、储存枪支罪，非法持有、私藏枪支罪，非法携带枪支危及公共安全罪，走私武器罪）数量自 2008 年特别是 2010 年开始激增，2014 年至 2016 年涉枪案件数量均超过 1 万件，2015、2016 年均超过 15000 件。扣除少数涉及真枪的案件，最保守的估计，近年来每年至少有 1 万人因仿真枪被判刑。鉴于情况的严重性及牵涉法治一般问题，我开始个案推动法治的呼吁。

2015 年 12 月 14 日，薄谷开来、刘志军减为无期徒刑，我感慨道："我不禁想起少年网购仿真枪判无期案，想起会见时刘大蔚冤屈而渴望自由的眼神。"12 月 17 日，福建高院公布许金龙案的再审决定，我为福建高院点赞的同时也询问申诉进展。

申诉没有消息，我只能不断研究案件，不断向福建高院寄送法律意见。2015 年 12 月 8 日，委托鉴定申请书及妥善保管、不得销毁仿真枪的紧急申请；2016 年 1 月 5 日，《枪支弹药鉴定书》鉴定违法、涉嫌造假的报告；2 月 1 日，刑事申诉状第二稿；2 月 12 日，致福建高院院长马新岚大法官的信；2 月 13 日，紧急申请再审的说明；4 月 21 日，调取证据申请书等。这些材料还安排刘大蔚的父母前往福建高院和有关部门当面递交。

很多律师不愿做申诉案件，太难了，有时我也不知道还能做些什么。虽然认真写一份申诉状，律师的工作似乎就基本完成了，但我还是放不下"我接了案件，怎能没有效果"这样的执念。有些案件结果不理想，我会难过，大概也源于这样的执念。

我充分利用自己拥有的资源，向人大代表、政协委员、体制内人士求助，也不断寻求记者的关注。但过了热点，无人报道，直到 2016 年 2 月 23 日，卢义杰记者写了两篇报道，《中国青年报》整版发表。案件没有进展状态下的这次深度报道，如同雪中送炭。

3 月"两会"，全国政协委员朱征夫提交提案"枪支鉴定标准太宽应修正"。该提案在"两会"议案榜里排名一直靠前。借此机会，刘大蔚案再次被诸多媒体关注。

功夫不负有心人。申诉 5 个月，2016 年 4 月 11 日，福建高院正式立案复查，案号为：2016 年 001 号。

刘大蔚的父母开始很高兴，但知道"立案复查"只是复查而不是启动再审后，很快又开始发愁。我告诉他们："提交申诉状后不到半年，法院就决定立案复查很不容易，应当感谢福建高院。"

自从委托我以来，刘大蔚的父母，特别是她母亲经常找我，发来网友意见。我理解他们的心情，儿子因网购仿真枪判无期，谁能不心急如焚？但委托人指手画脚，是律师最排斥的行为之一，反而会影响律师工作的积极性。我明确说："你们两位放心，这个案件是我最用心的，不用多说。"

立案复查后仅 5 天，我又向福建高院提交第三稿申诉状，并打听复查法官的名字，准备联系阅卷，和法官沟通。但遗憾的是，福建高院诉讼服务中心窗口的法官一直不肯透露。

决定再审

立案复查，大多是一个不透明的过程，我们只能继续以各种方式催促。这期间，郭伯雄、令计划被判了无期，虽说是不同案件，但我总忍不住对比。

我安排家属定期到福建高院询问情况，也计划着下一步的研讨会、公民上书等行动。

3 个月，没动静；6 个月，通常到了决定的时刻。2016 年 10 月 17 日，福建高院通知我们去法院，我当时正在泰国度假，就让刘大蔚的父母去。10 月 18 日，福建高院以原审对刘大蔚量刑明显过重为由决定再审。

这是个惊喜！我对福建高院给予了高度评价。"刘大蔚走私武器案，福建高院决定再审，必须点赞，谢谢体制内健康力量，以及关注此案的记者和网友们。"

李蒙记者说："还是徐昕老师的嗓门大，喊哪个案子哪个案子平反。"

嗓门大是一方面，最关键的还是精挑细选发现真正的冤案，长期持之以恒地呐喊。

每年下半年，课业较多，我安排出时间，约好 10 月 24 日与福建高院的法官见面。那天，还是张永祥接我，到福建高院门口，先和刘大蔚父母签好了再审阶段的委托手续，申诉阶段象征性收费，再审阶段完全法律援助。

11 个月前，我来提交申诉状；11 个月后，本案再审。这 11 个月的每一天，我曾经都把它作为十年漫长申诉中的一天，做好了持久战的准备，一步步谋划着如何推动再审。没料到，这竟是 11 个月而不是十年里的一天。

法官安排书记员张柱芹来接，两位复查法官接待我们。我首先对法院和复查法官表示感谢，提交了再审辩护手续，提出了若干申请，就案情进行了探讨，希望尽快开庭。

法官说："有些申请是不需要的，例如，枪支鉴定的具体数据，二审案卷中已经有了。"

虽然周律师早提供了案卷，但我仍认为必须再次阅卷，希望不漏掉任何材料。但法官说，案卷到了检察院，我希望法院帮助联系。沟通好之后，我们到检察院阅卷，但承办人不在，多方联系，最终顺利阅卷。但有若干光盘，承办人不同意复制，需要法院明确许可。天色不早，我决定等案卷回到法院再去复制。

第二天，阳光灿烂，我赶到漳州监狱会见刘大蔚，厦门邱祖芳律师拨冗陪同。这是第二次来漳州监狱，心情与上次大不相同。

刘大蔚已经知道了这个好消息，很开心，充满了希望。他知道再审来之不易，感谢福建高院和律师。

下一步开庭，刘大蔚说："我认为主要是证据问题，而不是枪支认定标准问题。"我表示同意。刘大蔚准备了一些材料，我对他进行开庭辅导，让他继续准备材料。

我说："这个案件再审是很多人共同推动的结果，包括媒体的报道、网友的关注。"我希望他未来获得自由后，能关注他人，关注公益，特别是协助我一起推动枪支认定标准的提高，这样可以每年避免成千上万人因仿真枪被抓。"枪支认定标准也有意义，我会从刑法不能适用该标准出发进行辩护，未来推动枪支认定标准的提高是公益行动，你应该参与。"他欣然同意，"我很愿意参与，希望能帮到更多的人。"

监狱管理已经"升级"，刘大蔚准备的材料，不让我当场带走，只能检查后邮寄。于是，我留了地址给监督会见的刘健能警官，托他以到付的方式快递给我。10月29日，我收到来自漳州监狱的信，刘大蔚手书的9页辩护思路，刘警官个人代付了邮费。

刘大蔚的信中阐述了自辩思路，还手绘了各种表情包，开心、伤感、流泪。看着信，我心里很难过，一个20岁的孩子，前途不该被荒唐的枪支认定标准给毁了。

女友嫁人

2016年11月29日，我再到福建高院，与审监庭许庭长和两位法官见面，沟通案情，商量开庭时间，初定12月下旬开庭。

我补充拍摄了个别不清晰的卷宗材料，复制了光盘。阅卷是刑辩律师最基础的工作，一个字都不能错过，光盘更是绝对重要。

11 月 30 日，我再次会见刘大蔚。除沟通辩护思路外，刘大蔚还羞答答地说了两次："我开庭的时候，能不穿囚服吗？"我说没问题。

此案再审确实体现了福建高院的担当，我让他开庭及最后陈述时记着感谢法院。临别时狱警提醒："你也要感谢律师呀。"刘大蔚一个劲儿地点头："感谢徐教授。"

后来，胡国继会见时，刘大蔚也描述了警官提醒的这一段，还说，"妈妈，您在媒体、微博、微信上有感谢徐教授吗？我的案子如果不是徐教授接的话，现在都还看不到未来！徐教授对我们家法律援助，我们要好好地感谢徐教授！"

2017 年 1 月初，天津大妈赵春华枪案引发媒体的广泛关注。在办理赵春华案的过程，我预感到刘大蔚案的开庭肯定会延迟，多次联系法院，都无法确定开庭时间。

春节后，很快又是"两会"。接着，多地暂停玩具枪案办理疑似等待新司法解释。

这一延期有好有坏，对于大多数仿真枪案来说，肯定是好事，但对于刘大蔚而言，只得艰难地等待。开庭变得遥遥无期。这一过程逐渐消磨我和刘大蔚父母的耐心。家属催我，我催法院，我与家属都催法院。他们联系法官，到法院去，甚至还在福建高院门口举牌。法官劝他们，案件要办好，耐心再等待。我也只能劝他们耐心等待。这一等，就到了 2018 年。

刘大蔚的女友等了三年，最后经不住长辈的劝说，另嫁他人。"我们一点不怪她。"胡国继说，"我们以前就跟小唐说，照刘大蔚这样的情况，估计短时间内是没办法出来了，这样耽搁人家也不好，就希望她能为自己打算一下。没想到她摇头，要继续等。由于小唐和刘大蔚没有确定婚姻关系，所以去监狱会见的时候，她也见不了刘大蔚的面。虽然看不到人，她还是要去，很令我们感动。"

刘大蔚的母亲

深圳鹦鹉案宣判后，2018 年 4 月 2 日，我顺道去福建高院催问何时开庭，并提交了肖之娥的辩护手续。她自从跟随我实习以来，就一直在研究此案，下了功夫，有了出庭资格，理当参与共同辩护。

4 月 4 日下午，我会见了刘大蔚，他急切地希望尽快开庭，我们商量了开庭的大概安排。4 月 23 日我再到福建高院，毫无保留地提交了所有的辩护意见和质证意见，法官很高兴律师的配合。但我们提出的证据问题，开庭时仍有不少未得到检方和法院的回应。

终于开庭

等了快两年，如我所预计的一样，本案在 2018 年 8 月开庭。

8 月 2 日福建高院电话通知，将于 8 月 9 日上午召开庭前会议，10 日上午开庭。

7月以来，我碰巧进入开庭季，几乎每周都有一两个庭。我协调了其他案件的开庭时间，以配合本案开庭。

8月8日凌晨2点多，我在厦门机场与等了近16个小时的肖哲会合，赶到漳州已凌晨4点。

约好了上午10点与法官沟通，因法官未到而推迟到下午。这样，连轴转的我能多休息几小时。

下午3点，会见刘大蔚。这次会见跟以往不同，我似乎成了客人。狱政科科长顺利给我们办了会见手续，陪同狱警途中说了好几次，"你们是客人，你们先。"他们猜想，刘大蔚快出去了。

还是那个窗口，三年来，我们隔窗而见。回想起来，几乎每次会见，我都能带给刘大蔚好消息。2015年11月27日会见，他一直在等律师，我去了；2016年10月25日会见，案件进入再审；2016年11月30日会见，初定开庭；2018年4月4日会见，告知他《批复》出台；2018年8月8日会见，即将开庭。

本案决定再审后，每次会见我都告诉他如何准备开庭，他似乎成竹在胸。肖哲第一次见他，跟他核实了一些证据问题。

2018年年初，漳州监狱提出给刘大蔚减为有期徒刑，他认为自己无罪，拒绝了。他希望早点出去，希望法院能判无罪，很急切地问，"徐老师，我能很快出去吗？"

"判无罪的可能性几乎没有，也不会当庭宣判。"我还开玩笑说，"你要有点心理准备。你在这儿应该住不了多久，但不排除法院让你再多待几年。"

他吓了一跳，"徐老师，出庭检察员问我封闭式问题，我只能回答是或者不是吗？我能解释吗？"

"当然能解释。"

"原来的检察官都不让我解释。"

"这次是再审，不会太对抗，你尽管解释，但注意，发言要举手。"

"我能不戴手铐脚镣吗？"

"你进入法庭后，法官会让法警给你打开戒具，我也会提醒法官。"

"徐教授，我能不穿监狱的衣服吗？能换双皮鞋吗？前几天理发，我特意让给我留点，没剃光头，光头不好看。"

"你还挺重视外在形象嘛，你妈妈会给你带新衣服，鞋就不要提要求了。"

"我有个狱友，我每次见您时，他都要让我拜托您，帮他申诉。"

"是那个毒品案件吗？罪轻申诉没有可能性，家属联系过我，又不发材料，再让他们联系一次，发材料我看看吧。"

我告诉他，此次开庭是最后的机会，这回判了，就不会再改了，开庭要表现好，该认的就认。

这次会见，全程陪护的狱警没有催，还翻看我们准备的质证意见和辩护词，允许我们给刘大蔚一份，还问我们这个仿真枪到底有没有杀伤力。

会见结束后，我们立即赶到漳州中院。这次会面，合议庭两位法官与我们私下沟通，检察员没有参与。主审法官林小超我见过多次，担任审判长的是审监庭庭长李培新。合议庭另一名审判员审监庭副庭长林庆高没有参加。

沟通主要是保证庭审的顺利进行，这是法官和我们共同的想法。法官很关心刘大蔚的状态，并多次嘱咐我做好家属工作，不希望庭审有意外情况发生。我跟他们详细讲了会见刘大蔚的情况，表达了对案件的看法，希望法院能最大限度地考虑法律效果和社会效果的统一。李庭长表示会尽可能做到让多方满意，还特别问到了刘大蔚的衣服，家属是否准备。

漳州中院是我曾经战斗过的地方，4 年前漳州案开庭的情景浮现眼前。郑龙江一家是幸运的，大概是判得最轻的"黑社会"，时至今日，绝无可能。

庭前会议

几天来，我东奔西跑，很累，建议法官稍晚点召开庭前会议。两位法官都很理解，遂推迟半小时，9 点开始庭前会议。

　　检辩审三方在法警队大办公室召开庭前会议。出庭检察员是福建省检察院公诉二处副处长潘月玲和代理检察员姚华。

　　庭前会议持续了近 3 小时，比较随意，检辩双方就庭审焦点达成了一致，主要就物证的同一性、"两高"批复如何适用展开。

　　就鉴定人和侦查人员出庭的问题，审判长询问了检辩双方的意见。

　　我说："我们希望庭审简化、高效地进行，虽然此前申请过鉴定人出庭，但不再坚持。如果法院决定鉴定人出庭，我们也很高兴，会好好发问，问出水平。"检察员说服从法院决定。

　　昨天，法官给我们一叠再审阶段调取的新证据，今天又说侦查人员做了《刘大蔚案枪支对应关系梳理》的 PPT，要当庭播放。

　　我说："第一，这个 PPT 应该算作新证据，理论上要提前 3 天给我们；第二，侦查人员是否出庭？"

　　法官说："马上拷贝给你们。"

　　我说："此案物证同一性问题非常大，如果侦查人员出庭，庭审就复杂了。其他案件，我们想方设法传侦查人员出庭传不来，这次侦查人员能出庭很好。我们会充分准备，好好发问。但为了庭审的效率，我们不申请侦查人员出庭，由合议庭决定。"

　　检察员说："辩方要当庭播放开箱视频，那我们要侦查人员当庭播放 PPT。"

　　主审法官板着脸说："辩方说他们不申请，那你们申请喽？"

　　检察员不语。合议庭最后决定不通知侦查人员出庭，PPT 和其他再审阶段法院调取的证据，一并由法庭出示。合议庭也同意辩护人当庭播放质证的 PPT 和部分开箱视频。

　　检辩就质证也达成了一致，庭上只对最核心的证据提出质证意见。法官担心刘大蔚无法说清楚问题，导致庭审不流畅。我看出了法官的担忧，"昨日跟刘大蔚商议，质证阶段辩护人先说，他补充。"法官很高兴，"这样再好不过了，徐律师就是出庭经验丰富。但我们要问他，他庭上讲了让你们先说，你们就先说，他再补充。"

书记员整理庭前会议笔录期间，主审法官拿了 3 份关联判决给我们，都是在批复出台后判决的。刘大蔚案涉及的淘宝店林宗贤，判了 8 年半；另一台饮水机涉案 11 支枪形物的当事人，判了 12 年；达明磊，判了 7 年。这些关联案件的当事人都判得很重，法官似乎在告诉我们，刘大蔚不可能判无罪。

庭前会议结束，我们紧急准备新证据的质证。侦查机关提供的 PPT 有 147 页，加上昨天拿到的新证据，工作量不小。

此案热度不减，财新、南周、界面等媒体都在关注，追踪到漳州的媒体有澎湃新闻、新京报、央广网、法制晚报、红星新闻等，还有各地赶来的玩具枪蒙冤家属。

说是公开开庭审理，但还是受到限制，当天来旁听的人，都没能进去。我多次跟法官说希望开放旁听，或同步转播，这是给福建高院加分，但最后还是没有被准许。

"我反对"

庭前会议很和谐，但庭审持续 3 个多小时，控辩双方交锋激烈。

发问阶段，检察员开始就跟刘大蔚核实购物清单。刘大蔚当庭陈述和庭前多次供述都提到，"送我一盒""和一盒"不是他选购，他想买美式 M4，清单中并没有。在刘大蔚明确回答的情况下，检察员的发问，显然在诱导刘大蔚认可该购物清单的部分内容。我当即想反对，但考虑到避免对抗，没有提出。

接下来，检察员就扣押清单刘大蔚签字的时间纠结了很久，又就指控事实无关的 QQ 聊天记录发问刘大蔚，这些不是庭审的重点，我也忍着。

再后来，检察员问："你原来多次供述都说，知道购买的是仿真枪，从台湾购买是违法的。这都是你之前做过的有罪供述。"

"反对"，我忍无可忍，"第一，刘大蔚的陈述非常明确，知道是违法的，但违法不等于犯罪，检察员将刘大蔚的如实陈述说成是有罪供述，曲解了刘大蔚的意思；第二，基于和谐开庭的宗旨，我一直忍着没有打断，但检察员的很多发问是庭前达成共识的，不少问题跟指控事实毫无关联，浪费法庭的时间。"

审判长愣了一下，"辩护人的反对，书记员记录在案。检察员的讯问，一部分是刘大蔚刚刚回答的问题和辩解意见涉及的，关于行为性质的认识是违法还是犯罪，这个问题另行研究。"

我提出，"没有任何证据证明刘大蔚有走私武器的犯罪故意。案卷中的QQ聊天记录表明：当卖家提到杀伤力更大的商品时，刘大蔚说'只要仿真的'。林宗贤也证明刘大蔚仅有购买仿真枪之意图。刘大蔚仅仅是根据网上图片下单，图片未标明威力，卖家网站介绍为出售仿真枪，网页显示的购买物品为生存游戏BB枪、电动发射BB弹、充气发射BB弹、模型手枪等。这些能是武器吗？"

我突然的反对，法庭大概没有想到，由此拉开了激烈庭审的序幕。由于我的反对，检察员问了两个问题后，便迅速结束。

购物清单

肖哲负责质证部分，我按可视化辩护策略的要求，安排她将质证意见做成PPT。

首先呈现的是购物清单，肖哲花了很长时间翻来覆去地看，发现购物清单繁简字体混用，购物清单与扣押清单的制作人、形成时间均不相同，但顺序却一模一样。这些疑问至今无任何解释。

1. 购物清单、查扣物品与刘大蔚选购的差距极大

购物清单除24支枪形物外，还有"送我一盒""和一盒"，但刘大蔚称

从未选购这些。刘大蔚几次供述均称：长枪有 4 支，其中一把是电动的发射 BB 弹"美式 M4"，其他三支记不清了。但购物清单中没有"美式 M4"，案卷中《枪支弹药鉴定意见书》和附录图片表明，4 支长枪形物没有一支是美式 M4，且所鉴定长枪形物皆为气动，没有电动。

购物清单存于刘大蔚的电脑，侦查机关 2014 年 8 月 30 日将存有该购物清单的电脑扣押，9 月 5 日送鉴定提取数据，9 月 18 日鉴定机构作出鉴定意见。侦查机关是 9 月 5 日之后才拿到购物清单。从时间上看，8 月 31 日制作扣押清单时，并没有购物清单。扣押清单本该是将查扣的枪形物随机排列所制作，可购物清单和扣押清单上，涉案枪形物的排列顺序却一模一样，未免太过巧合。从时间上看，极有可能是拿着 8 月 31 日做好的扣押清单，去调整 9 月 5 日之后才能拿到的购物清单。否则，如何解释两份清单顺序排列完全一样的不正常现象？

2. 购物清单简繁字体混用

购物清单是福建中证司法鉴定中心从扣押电脑中提取。作为关键证据，购物清单应当检验文件属性，确认文件的形成时间、修改时间，以确定未曾被编辑，但鉴定意见未就此关键问题作出说明。清单上有"项目、品名、连接、售價、匯率 3.3"，其中售價、匯率写为繁体字，"连接"有繁体字"連接"，却写为简体。清单项目 21 为电动 G36K，对应的却是 WE G39K GBB 瓦斯气动枪，既然为电动，具体信息为何变成瓦斯气动枪？清单中的"花纹""军版""连发""银""样""气动""电动""竞"字都出现简繁字体混用的情况。

3. 购物清单总价存疑

经准确计算汇率，发现购物清单规律为：小数点全部进位。但购物清单中两个 2800 台币的项目，却分别对应人民币 845 元、848 元，而按全部进位的规则应为 849 元。最后三组数据，折合台币 2450 元，按 3.3 的汇率计算只需 742.3 元，却成为 1400 元。出庭检察员称，"送我一盒""和一盒"是送的，既如此，为何标价收钱？购物清单价格总计 98599 台币，折合人民币

29878.4 元，而非实际支付的 30540 元。

检察员多次称刘大蔚确认了购物清单，完全是不顾事实。刘大蔚当庭多次说，购物清单中有自己没有选购的项目，自己想选购的项目，清单中没有。

多数律师可能不会注意上述疑问，但细心的肖哲发现了那些奇怪现象。魔鬼隐藏于细节之中，越细心，越深入，越能发觉本案背后另有真相。2018年上半年，我在中国政法大学作了一场演讲：《细节辩护：刑事辩护的核心技巧》。细节决定成败，打破有罪指控的关键就在于发现细节，从细节打破指控或定罪的逻辑体系，从细节寻找推倒控方证据大厦的突破口，从细节发现无罪或罪轻的证据。进而，刑辩律师还应当以勇敢和坚持的精神，放大细节，作为辩点，实施进攻型辩护，最终或有可能促成案件的顺利解决。

"一对夫妻"

原判认定，刘大蔚通过 QQ 与台湾卖家"碧海蓝天"洽谈购买枪支事宜……台湾"一对夫妻"发货。

但没有证据证明"一对夫妻"是"碧海蓝天"。刘大蔚说从 QQ"碧海蓝天"购买仿真枪，"碧海蓝天"姓甚名谁，他不知道。在案证据没有"一对夫妻"的任何信息，只知道其中女性自称徐女士；徐女士是不是"碧海蓝天"，没有证据证明。台湾有 800 万对夫妻，凭何"一对夫妻"就是"碧海蓝天"？

本案证据除 2014 年 8 月 5 日调取的通话记录外，其他证据均形成于 8月 30 日后。8 月 30 日前，侦查机关如何知道涉案枪形物是寄给刘大蔚的？没有任何证据。再审时，法院调取的破案经过显示，侦查机关最早是 8 月 12日得知"天－643"的收货人、收货地址和电话。但这与侦查人员 8 月 5 日调取通话记录矛盾。侦查机关到底是什么时候，通过什么方式，得知涉案枪形物的收货人，仍是一个谜。

刘大蔚当庭陈述，不知道枪形物会被装到饮水机中运送。林宗贤笔录证实，整枪会被拆成散件，分批次运到大陆。再审阶段调取的陈仁贵判决证实，陈太发的货被拆成散件。如果陈太是"一对夫妻"，枪形物也会被拆成散件。但涉案枪形物没有拆成散件，没有分批运输。不能排除"碧海蓝天"没有发货的合理怀疑。

冠宇公司的情况说明和再审调取的新证据《事由经过》都提到，"天3—642及643，从2014年5月24日即开始出货至7月26日"。但2014年5月24日，刘大蔚还没有订购枪形物，如何出货？这说明，该批货并非发给刘大蔚的，"碧海蓝天"可能根本没有发货。

检方在法庭上强调，派送单、情况说明都说收货人是席先生，涉案枪形物就是寄给刘大蔚的。这并未回应辩护人提出的发货人是否是"碧海蓝天"的重大疑点。发货环节的证据链断裂，无法认定涉案枪形物是刘大蔚所购买。难道随便一个人寄一批枪形物给刘大蔚，就能判刘大蔚无期徒刑吗？

关键物证

凡涉及物证的案件，都必须高度重视物证的同一性问题。天津赵春华枪案、深圳鹦鹉案、深圳翟俊武案、刘大蔚案，物证的同一性都存在严重问题。

一、物证保管链条断裂

涉案枪形物，2014年7月22日凌晨1点由石狮分局根据线报在泉州清濛开发区物流公司仓库查获→8月4日开箱、理货→8月31日扣押。第一，从查获到开箱，相隔12天之久，这12天货物在哪儿？由谁保管？货物是否被打开过？没有任何证据证明。第二，8月4日开箱后，8月31日才扣押，相隔26天之久，这段时间，涉案物品在哪儿？由谁保管？没有任何证据证明，不排除被混淆、组装、调换的可能。可见，定案物证的保管存在两个空白期。保管链条断裂，不排除被混淆、调换的可能，同一性无法保证。

再审阶段，法院调取了涉案枪形物保管情况、入库过程的说明，试图解释保管链条，但显然达不到证明目的。

依《公安机关刑事案件现场勘验检查规则》第57、62条，要有保管人，保管物品应当建立档案，存放于专门场所，由专人负责，严格执行存取登记制度，严禁侦查人员自行保管。要证明8月4日开箱清点涉案枪形物后保管链条完善，必须提供保管人的证言、保管档案的原件、涉案枪形物的存取登记簿原件。且保管情况说明中，铁皮柜钥匙是由办案人员保管的，违反该规则第62条的规定。

再审调取的情况说明用于补强原审证据，但远达不到证明保管链条完善、物证具备同一性的证明目的。例如，上图从侦查人员制作的《刘大蔚案枪支对应关系梳理》PPT截取。鉴定编号10、标签18的枪形物，蓝白标签上沾上了水、油或其他物质，标签被污染。这说明涉案枪形物并没有像情况说明所言按规定保管。

二、开箱、提取、扣押程序严重违法

1.勘验、检查程序违法

开箱时的勘验、检查人员不明，勘验、检查全程没有见证人。依《公安机关办理刑事案件程序规定》第210条、《公安执法细则》6-02、《公安机关刑事案件现场勘验检查规则》第6、24条，勘验、检查由公安机关组织现场勘验、检查人员实施，勘验、检查人员应当具备现场勘验、检查的专业知识和专业技能，具有现场勘验、检查资格，持有《刑事犯罪现场勘查证》，应当邀请一至二名与案件无关的公民作见证人。但视频1中，未见穿制服的执法人员，开箱人的身份不明，没有任何证据显示有见证人。视频2到视频16，穿制服的工作人员清点枪形物，但具体是谁也一无所知，且现场都是穿制服人员，并无见证人。

没有勘验、检查笔录。依《公安机关刑事案件现场勘验检查规则》第24条、《公安执法细则》6-06，勘验检查应当制作笔录，对重大案件的现场应当录像。本案有现场照片并录像，却没有勘验检查笔录。

勘验、检查拍照、录像不符合规定。依《公安机关执法细则》6-06.4、《公安机关刑事案件现场勘验检查规则》第48、49条，现场照相和录像应当：影像清晰、主题突出、层次分明、色彩真实；清晰、准确记录现场方位、周围环境及原始状态，记录痕迹、物证所在部位、形状、大小及其相互之间的关系；细目照相、录像应当放置比例尺；现场照片需有文字说明；符合有关行业标准。依公安部《法庭科学枪支物证的提取、包装和送检规则》，对于涉及多支枪支的案件，应对枪支分别编号，并将编码摄入画面。但本案的录像，从开箱到贴标签，断断续续，不连贯不完整。与刘大蔚有关的木箱、第一台饮水机、24支枪形物，现场照片和录像都没有清晰、准确记录现场方位、周围环境及原始状态，记录痕迹、物证所在部位、形状、大小及其相互之间的关系；没有放置比例尺；24支枪形物，录像没有将编号摄入画面，也没有任何文字记录。虽然照片拍到了枪形物的编号，但没有任何文字记录，无收集人签字、盖章。何时？由谁？在哪儿拍摄？均一无所知，来源不明。

2. 提取了枪形物，却没有任何提取程序的证据

《公安机关执法细则》6-09、《公安机关刑事案件现场勘验检查规则》第52条规定，现场勘验、检查中发现与犯罪有关的痕迹、物品，应当固定、提取。《法庭科学枪支物证的提取、包装和送检规则》第3条明确规定了枪支的提取方法、步骤规定："3.1 枪支提取前应按照 GA/T117—2005 的规定对枪支的原始状态和所处的环境进行拍照固定，并做必要的文字记录。对于涉及多支枪支的案件，应对枪支分别编号，并将编码摄入画面。3.2 枪支提取时应对枪支表面的其他痕迹物证（如指纹、微量物证和生物物证等）进行保护，防止上述物证受到污染和破坏。3.3　枪支提取时应由熟悉枪支性能的工作人员或检验专业技术人员负责检查，并拍照和记录。检查内容包括弹膛内有无枪弹、枪支机件是否完整及保险状态等。3.4　枪支提取后原则上不应擦拭和分解，要尽量保持其原始状态；当保持枪支的原始状态有可能影响后期检验工作时，可采取适当措施对枪支进行处理，处理后应尽快送检。"

对涉案枪形物应当依法提取。但开箱视频显示，海关人员清点、提取涉案枪形物，并标记、贴标签，但案卷却没有提取程序的任何证据，没有《现场勘验检查提取痕迹物证登记表》，也没有提取笔录。涉案枪形物虽然被贴了标签，但是否分别封存、包装，没有拍照、录像。枪支提取有严格的规定，而视频中枪形物的提取不规范，枪形物被组装、拆卸，严重违反了枪支提取的规则。

3. 扣押程序违法

未当场扣押枪形物。依《公安机关执法细则》9-01、《公安机关刑事案件现场勘验检查规则》第54、55、56条，在勘查、搜查中发现的可用以证明犯罪嫌疑人有罪或者无罪的各种物品和文件，应当扣押，发现爆炸物品、毒品、枪支、弹药和淫秽物品以及其他危险品或者违禁物品，应当立即扣押。本案2014年8月4日开箱、理货、清点、贴标签，扣押清单却是8月31日才开具，其间涉案枪形物在何处，由谁保管，一无所知。扣押清单上的枪形物是否是饮水机中的枪形物，无法确定。

无笔录。依《公安机关办理刑事案件程序规定》第224条，查封、扣押应当制作笔录，由侦查人员、持有人和见证人签名。但涉案枪形物勘验、检查、提取、扣押没有任何笔录，尤其开箱后26天才扣押，涉案枪形物何时、何地、何人在场的情况下被扣押，一无所知。扣押物品是否是8月4日开箱的枪形物，是否是贴标签的枪形物，无法确定。

无见证人、保管人。本案勘验、检查、提取都没有说明是否有见证人，扣押涉案枪形物时的见证人，信息不知，见证人资格存疑。依《公安机关刑事案件现场勘验检查规则》第57、62条，《扣押清单》一式三份，一份交公安机关保管人员，扣押的物品、文件，应当按照有关规定建档管理，存放于专门场所，由专人负责。但涉案24支枪形物的扣押清单上，并无保管人。

4. 涉案枪形物未经刘大蔚辨认，独特性无法保证

24支枪形物，刘大蔚至今没有见过，一审、二审、再审的检察官、法官、辩护人均未见过。鉴于本案不能排除涉案枪形物非刘大蔚购买的合理怀疑，辩护人认为检方应当庭出示关键物证24支枪形物等查扣物品，交被告人核实是否为其选购，否则只能认为本案缺乏定罪的关键物证。法庭不得以存在高度怀疑、传说中的物证作为定案根据。

涉案枪形物是定罪量刑的关键证据，但勘验、检查、提取、扣押程序完全违法，也未经刘大蔚辨认，而购物清单、查扣物品、刘大蔚辨认三者本应达到同一性，否则不得作为定案根据。

标签修改

涉案枪形物2014年8月31日被扣押，9月12日鉴定机构受理，相隔12天之久，涉案枪形物如何保管？由谁保管？没有任何证据证明。

我们逐一将开箱照片中贴标签的枪形物和鉴定意见中的枪形物进行对比，发现无法一一对应：16支枪形物的标签位置明显不同；4支（编号2、7、20、24号）枪形物看不到海关贴的蓝白标签；5支（编号4、5、6、15、19号）枪形物的标签明显被重新写过。

例如，鉴定编号1的送检枪形物与海关编号1的枪形物，蓝白标签的位置方向不一样，前者标签端正，在外侧，后者标签不端正，在内侧。

编号为1的送检"枪支"

编号6的送检枪形物与海关编号6的枪形物，蓝白标签位置不一样，字体不一样，鉴定枪形物上蓝白标签明显被重写过。

编号为6的送检"枪支"

面对这些客观证据，出庭检察员不得不承认，标签出现了修改，却反过来说：标签不同一，不等于枪形物不同一。我断然反驳，"这有违检察官的客观中立义务，涉案枪形物被贴标签之后，标签是区别于其他同一批号、同一外观枪形物的重要标志，标签位置变了，标签上的文字被重新写了，足以说明涉案枪形物不同一。"

标签的修改，证明检材受到污染，鉴定的枪形物与海关贴标签的枪形物并不同一，存在被调换的合理怀疑，鉴定意见不能作为定案根据。

惊人发现

案件凡有视频，必定是关键证据。16段开箱视频，我们看了多遍，一次不经意的瞬间，肖哲发现了一个惊天的秘密：开箱视频的修改时间竟然在案发之前！小姑娘惊呼不已，虽是深夜，仍立即联系我，声音有些颤抖。

我第二天就立即到福建高院再次阅卷，确认原光盘中视频文件的相关信息，拍摄了照片。当时有些小激动，几次对焦不准。从那天开始，肖哲的工资翻了一番。

2014年8月4日开箱视频资料
创建时间: 2016年4月5日 星期二 下午11:20
修改时间: 2014年1月10日 星期五 下午6:29
☐ 样版
☐ 已锁定

16个视频文件的修改时间都是2014年1月10日，而此时尚不满18岁的刘大蔚根本没有网购仿真枪。本案开箱时间为2014年8月4日，开箱视频文件的最后修改日期却是7个月前的视频，侦查人员涉嫌栽赃、嫁祸，是天大的假案。

这绝对是重磅的颠覆式证据！但出于沟通的目标，我2018年4月就将全部辩护意见毫无保留提交法院，希望得到合理解释。但令人遗憾的是，检方对此没有提供任何证据进行解释，只是回一句，说是录像机的时间设置问题，却未提供任何证据。

我在法庭上尽量保持克制，"我不指责侦查机关造假，故意陷害，为了办案立功而不择手段，我只说这项证据的重大疑问，就足以认定无罪。如果换成发货的中国台湾，不说太多问题，仅开箱视频的修改时间在案发前，检方又没有提供任何证据进行合理解释，法官只能得出疑罪从无的判断。任何法治社会，法官都会做出这样的判断。前不久周立波在美国的涉枪案无罪开释，就是很好的对比。"

16 个片段的视频，最短的只有 7 秒，整个视频断断续续，不完整不连贯。视频不排除被编辑、修改的可能。除了修改时间的重大疑点之外，开箱视频也无法得出：从 643 号箱中拿出的饮水机里装了 24 支枪形物的结论。视频没有从 643 号箱拿出饮水机的完整过程，没有打开饮水机的过程，没有将 24 支枪形物一支一支从饮水机中拿出的过程，无法清楚地知道该饮水机里装了哪些物品。

庭审播放了几段开箱视频，肖哲同步说明了侦查机关收集证据的随意和违法，庭审效果极好。

视频 MOV039：仓库，现场人员，全是便衣，没有一个穿制服。录制视频时，643 号箱子已打开，一台饮水机已打开，从打开的饮水机中拿出 2 支长枪形物。该视频得出的结论：打开的 643 号木箱，打开的饮水机，里面装的全是长枪形物，而与刘大蔚相关的是短枪形物 20 支，长枪形物 4 支，另一台饮水机没有打开。

视频 MOV040：场景转到海关办公室，饮水机已打开，枪形物绝大部分被取出，穿制服的女工作人员从打开的饮水机中拿出最后几把短枪形物；没有看到箱号 643；枪形物多数有盒子，能否装盒放回饮水机存疑。在场人员说有 21 支，后说还有一支，即该饮水机中只有 22 支，工作人员始终未提到 24 支，而刘大蔚购 24 支。枪形物被拆开，经过组装。

视频 MOV041、MOV042、MOV043：工作人员清点枪形物，说到 21、22、20、11、15、35，没有一次提到 24。

视频 MOV044、MOV045、MOV046、MOV047：工作人员清点、组装长枪形物，能连贯地看到木箱，上写昆明，也能看到饮水机从木箱中拿出，工作人员打开饮水机后，能看到枪形物如何装在饮水机中，长枪形物均有塑料泡沫包装，工作人员拆掉泡沫，组装枪形物。而前一台饮水机，没有看到从 643 号木箱中拿出饮水机，打开饮水机，枪形物如何装在饮水机里，又如何从饮水机中逐一拿出。

视频 MOV048 到 MOV054：再次转换场景，两台饮水机中所有的枪形物都被放到地上，依次排开。不同案件的物证放在一起，不能排除混同的合理怀疑。

开箱视频属勘验、检查录像，但完全不符合法定要求。作为视听资料，开箱视频既没有按视听资料提取要求取证，也没有提供存储视频的原始介质录像机，更没有提交录像机时间设置、事后未修改的证据，以及时间未修改的鉴定意见，甚至连情况说明都没有提供。根据《最高人民法院关于适用〈中华人民共和国刑事诉讼法〉的解释》第 94 条："视听资料、电子数据具有下列情形之一的，不得作为定案的根据：（一）经审查无法确定真伪的；（二）制作、取得的时间、地点、方式等有疑问，不能提供必要证明或者作出合理解释的。"

开庭结束后，可以断言，检方对这一重大疑问进行补救根本没有可能性。这样的开箱视频能作为关键证据，认定可能判处死刑的犯罪吗？原审时走私武器罪最高刑可是死刑，至 2015 年 8 月 29 日刑法修正案（九）才废除死刑。

证明责任

检方对辩方提出的重大疑问，无法作出有效反驳。针对辩护人提出的物证收集程序的严重违法，没有任何回应。出庭检察员说："辩护人提出的购物清单被修改，没有证据证实；查扣枪不是刘大蔚购买，没有证据证实；同一性无法保证，没有证据证实。"

对如此言论，我倍感惊讶，这本该是辩方对控方的质疑啊——购物清单是否为刘大蔚的，控方没有证据证实；查扣枪是否为刘大蔚购买，控方没有证据证实；物证的同一性，控方无证据证实。可按检察员的逻辑，在案件审判前，物证同一性已得到确认，这些查扣的枪形物就是刘大蔚买的，控方既不需要提供任何证据，也用不着进行证明。

我断然进行了反驳："检察员犯了常识性错误。辩方需要证实吗？刑事案件的证明责任在于检方，而非辩方，检方必须排除合理怀疑地证明所谓的犯罪。而辩方只需要提出合理怀疑，指出证据的矛盾，而没有证明的义务。例如，针对我们提出的枪形物不同一的种种合理怀疑，控方应当提供证据证明这些怀疑是不成立的，而不能说辩方没有证据证明枪形物不同一。"

"检察员没有提供证据证明上述合理怀疑不成立，却反过来说辩方没有证据证明合理怀疑成立。事实上，辩护人已经提出了相当有力的证据，例如，原审定案的控方证据中，开箱视频形成于案发前 7 个月；购物清单、派送单有修改的疑问；发货时间大大早于案发时间的情况说明、事由经过；鉴定枪形物的标签发生明显变化等。"

检察员还说："任何一份证据不可能独立地证明或否定犯罪事实的存在，需要结合在案的其他证据，以确定证据之间能否相互印证，能否形成完整的证据锁链，才能证明或否定犯罪事实的存在"，还说"辩方以单个证据否认事实，放大证据证明力，否定证据链。"

检察员难道不知道什么是直接证据与间接证据，也不知道什么是证据链及证据链的证明规则，还不知道刑事诉讼中证明责任该由谁承担，不知道检方和辩方到底该做什么？"检方证明犯罪事实成立，需要有完整的证据链。辩方否定犯罪事实存在，无须拆散全部证据链，更无须提供证据形成完整的证据链条来证明控方证据链断裂，只需提出合理怀疑，只要证据链中的任何一个证据存在问题，就打破了证据链，整个证据链就不能成立。何况本案证据链各环节都断裂？"证据链之所以为"链"，就像是一串项链或自行车链条，任何一个环节断裂，链条就断了。

《批复》适用

"两高"《关于涉以压缩气体为动力的枪支、气枪铅弹刑事案件定罪量刑问题的批复》2018 年 3 月 28 日出台。刘大蔚案当初迟迟不开庭，就是在等批复。

但出庭检察员竟然说刘大蔚案不适用"两高"涉气枪案件批复，依据是"两高"2001 年《关于适用刑事司法解释时间效力问题的规定》第 4 条，"对于在司法解释施行前已办结的案件，按照当时的法律和司法解释，认定事实和适用法律没有错误的，不再变动"。

我完全没有想到再审的法庭上，检方竟会匪夷所思地提出如此违反法律常识的观点。案件办结了？你在这干吗？法官在这干吗？不是正在办吗？我近乎愤怒地进行了回应：

第一，案件处于再审之中，尚未办结。进入再审程序的案件就是属于正在处理的案件，而非"已办结的案件"；所谓已办结的案件指裁判生效、未启动再审的案件，以涉枪案为例，若以应当适用"两高"批复为由而申请再审，不得因此启动再审。

第二，本案 2016 年 10 月即决定再审，再审是刑事诉讼法明确规定的程序，本案属于正在处理的案件，再审审理与一审、二审一样，当然是属于"处理"的范畴，应当适用《解释》第 2 条之规定，"对于司法解释实施前发生的行为，行为时没有相关司法解释，司法解释施行后尚未处理或者正在处理的案件，依照司法解释的规定办理。"

第三，本案不属于该《解释》第 4 条指的是"按照当时的法律和司法解释认定事实和适用法律没有错误的"情形，按照当时的法律和司法解释认定事实和适用法律也是错误的。批复的内容实际上都是对适用法律中常识问题的重申，而非创设新的法律标准，即便没有该批复，法院在适用法律时也应当照批复强调的要点适用法律，否则就是错误适用法律，机械司法。

最高人民法院研究室《关于涉以压缩气体为动力的枪支、气枪铅弹刑事案件定罪量刑问题的批复》的理解与适用中特别指出，"一些涉以压缩气体为动力且枪口比动能较低的枪支的案件，涉案枪支的致伤力较低，在决定是否追究刑事责任以及裁量刑罚时唯枪支数量论，恐会背离一般公众的认知，也违背罪责刑相适应原则的要求。司法实践中，个别案件的处理引发社会各界广泛关注，法律效果和社会效果不佳。""从司法实践来看，此类案件涉案铅弹往往数量大，通常一小盒铅弹的数量即超过五百发，达到入罪标准。因此，在决定是否追究刑事责任以及裁量刑罚时唯铅弹数量论，也会出现刑事打击范围过大和量刑畸重的不合理现象。"这即意味着此前司法实践对刑法的理解和适用存在错误，刘大蔚案便是典型，也正是"两高"《批复》出台的背景。再审程序的目的就是纠正错误，本案原本就存在适用法律错误，并非批复出台才导致原审错误。

恰恰可能因为刘大蔚案的再审、天津赵春华案等重大影响性案件，推动了《批复》的出台，《批复》甚至有为本案量身定做的可能，难道不该适用？本案决定再审近两年才开庭，一个原因就是因为等待《批复》出台，终于等到了《批复》出台，却不适用？

第四，"从旧兼从轻"是刑法的基本原则，本案的再审必须按照该原则适用法律，适用"两高"《批复》，这一点不应当有任何争议。

关于批复的具体适用，依《批复》第 1 条，"充分考虑涉案枪支的外观、材质、发射物、购买场所和渠道、价格、用途、致伤力大小、是否易于通过改制提升致伤力，以及行为人的主观认知、动机目的、一贯表现、违法所得、是否规避调查等情节，综合评估社会危害性"，从主客观相统一出发，足以判断刘大蔚的行为没有任何社会危害性，应该被认定为无罪。

（1）涉案枪形物不能确定是刘大蔚所购，卖家退款给刘大蔚，订单与海关查获的内容不符，刘大蔚至今没有见过涉案枪形物，涉案枪形物有可能不是刘大蔚所购，不是"碧海蓝天"所发。

（2）20 支被鉴定为枪支，其中 19 支为发射塑料 BB 弹，仅 1 支发射铅弹，枪口比动能均极小，最小的刚过 1.8 J/cm²，最大的仅 10.53 J/cm²，其余均低于 10 J/cm²，其中低于 5 J/cm² 的 11 支。涉案枪形物的致伤力极低，皆远低于 2001 年 16J/cm² 的枪支认定标准。

（3）购买渠道为淘宝，是民众使用最频繁、普通、正常的电子商务渠道；如有走私故意，不会选择淘宝。且卖家包邮，刘大蔚没有支付运费，不清楚卖家如何将货物运入大陆，对卖家是否寄送枪形物、如何运输、是否经报关、如何入境更一无所知——单纯的网购行为不具有走私的行为特征。况且，运送货物的行为由卖家实施，与刘大蔚无关。订单被取消，特别是卖方涉嫌以走私方式运货，网购合同因卖方的根本违约而不成立。

（4）涉案枪形物是否容易改制，改制后枪口比动能最大能到多少，没有任何证据证明，存疑应当做有利于刘大蔚的解释。

（5）刘大蔚购买枪形物目的是娱乐和收藏，没有营利的目的，没有违法所得。

（6）刘大蔚联系购买时仅 17 岁，网购时仅 18 岁零 3 个月，还是个孩子。他案发前一直表现良好，没有任何违法犯罪记录，不存在逃跑躲避规避调查的情况，被采取强制措施后，实事求是地说明了自己购买枪形物的过程，配合调查。他还有一腔爱国热血，想入伍参军，保家卫国。

两岸关系

涉案枪形物，检察员说不是玩具枪，不是仿真枪，是真枪。我们认为，那就是玩具枪，是玩具。原一审宣判时，刘大蔚愤怒地说："请用我买的枪枪毙我！如果我死了我就承认我有罪！"这难道不是最好的辩护？

我说："今日庭审，那个当年刚满 18 岁、如今 22 岁的年轻人，已不敢说话。但辩护人要说，物证必须出示在法庭，请把涉案的枪拿来法庭，对着刘大蔚当场射击，如果他被当场击毙，就算有罪，如果他毫发无伤，就宣判无罪，当庭释放。"

这是一个包括法官、检察官在内所有人都清楚结果的对赌协议，这也能让所有人都明白刘大蔚被判走私武器罪的荒谬，与刘大蔚内心的无限悲哀。

"这算哪门子武器啊？"而我还要不断与检察员辩论：这不过是玩具。

检察官不明白吗？法官不明白吗？这些普通人能明白的常识、常理和常情，公检法为什么会视而不见？

"刘大蔚被判无期，失去自由近 4 年。他犯了什么罪？无非就是选购了 24 支玩具枪，还没有收到，这有何社会危害性？ $1.8 \, \text{J/cm}^2$ 的枪口比动能，是在 $10 \sim 20\text{cm}$ 处射击眼球，能对眼球造成伤害而得来的。这样的距离，任何硬物都能对眼球造成伤害，而且是更严重的伤害。如果涉案枪形物是真枪，则任何硬物都会是武器，弹弓是导弹，菜刀就是核武器。"

激动之处，我指出本案判决有可能影响两岸统一大业，"涉案枪形物只是玩具枪，联系购买时还不满 18 岁的刘大蔚不是走私武器的军火商。希望合议庭回归常识，对刘大蔚宣告无罪。这样的玩具枪，台湾不构成犯罪，大陆不但构成犯罪，还是重罪，可能判无期徒刑，2015 年前还可能判处死刑。本案每个环节都断裂的证据链，台湾必定会判无罪，大陆却很可能会以证据确实充分而判重罪。台湾同胞会愿意生活在这样的法治环境吗？涉案枪形物来自台湾，两岸同胞都在关注本案，恳请福建高院慎重判决，因为你们的判决有可能影响到两岸统一大业。"

倒霉的猪

《枪支管理法》明确规定，枪支须具备"足以致人伤亡或者丧失知觉"的本质属性。1.8J/cm^2 的标准，仅为真枪的 1/154，2001 年原标准的 1/9，中国港澳地区的 1/4，中国台湾地区和日本的 1/11。该标准与《枪支管理法》《刑法》相冲突，不应适用。枪支认定标准过低，正是本案发生的根源，也导致每年出现成千上万假枪真罪的荒唐案件。

1.8J/cm² 的枪支认定标准，首次出现在可查询到的官方文件中，是《枪支致伤力的法庭科学鉴定判据》。季峻等人确立该标准的试验为：选用 11 头重 200 斤左右的健康长白猪，用直径 0.6cm 重 0.9g 钢珠弹，在 10～20cm 处，射击猪眼。试验得出结论：比动能大于 1.5J/cm² 时，对人要害部位（眼睛）近距离射击可造成伤残，后推论 1m 内阈值钢珠气枪致伤下限值定为 1.8 J/cm²。但该试验根本不符合常识。

这些倒霉的猪被捆绑着，无法反抗，在 10～20cm 处射击，才能射中。人不是猪，如此近距离恰是最佳反击范围，以 10～20cm 射击人眼的情况根本不可能出现，故脱离了枪支"远距离致伤"的本质。以根本不可能出现的"危险情况"作为枪支致伤力实验的前提，实验方案有根本缺陷。

10～20cm 处，任何器物均能击伤眼球。射击距离变大，对射击对象的致伤力会变小。枪支是远距离致人伤害的武器，禁枪的原因正在于此。2001 年检验枪支性能的射击干燥松木板法，要求距离松木板 1 m 处射击。为何改变原射击距离，本试验并无说明。如此近距离，任何器物都能击伤眼球。而如此近距离才能击伤人体最脆弱的部位，恰恰说明 1.8J/cm² 致伤力不足。

试验射击距离从 2001 年的 1m 变为 10～20cm，只选用钢珠弹，未选用 BB 弹、铅弹试验，射击对象由干燥松木板变为眼球，试验结论为：1m 内钢珠气枪致伤下限为 1.8J/cm²。结论与试验脱节，逻辑跳跃，结论不科学。

试验只选择射击眼睛，不合常识。10～20cm 处，手指、刀、弹弓、筷子、铅笔、牙签等任何器物都会对眼球造成损伤，且致伤力远超枪支，手握这些硬物打击眼睛的准确度也高于枪形物。且人体要害部位很多，如太阳穴、心脏、各处动脉，1.8J/cm² 的枪口比动能根本无法致伤这些部位，"皮毛无损"。瞄准眼睛射击并击中的概率有多高？眼睛区域，不到脸部面积的 1/10，脸部不到人体面积的 1/10，击中脸部、击中眼睛、击中眼球的概率有多高？人不是被捆绑的猪，会躲闪。如此关系重大的试验，即使射击对象从干燥松木板改为人体，也应选择多个部位，多次测试，才能综合得出试验结果。

只用钢珠弹测试而得出结论，不能适用于所有枪形物。季峻等人其他试验表明，气枪发射弹丸重量不同，比动能数据不同，钢珠弹比动能多数大于塑料弹比动能。他们明知塑料弹和钢珠弹射击比动能不同，却选择钢珠弹测试。钢珠弹与塑料弹材质不同，与射击对象接触后，弹丸变形程度不同，对致伤力有影响。而仿真枪基本使用 BB 弹，BB 弹便宜且易购买，适配 BB 弹的仿真枪发射钢珠、铅弹易损坏。试验只用钢珠弹测试，不符合实际。

早在 2000 年，季峻曾发文《钢珠枪检验与鉴定的研究》（《刑事技术》2000 年第 2 期）："众所周知，人体的皮肤是一个很好的防护层，具有弹性，穿透皮肤才能形成创伤。Sellier（1979 年）指出：根据试验结果，穿透皮肤的投射物的比动能（动能除以截面积）最佳为 $10J/cm^2$。也就是 $10J/cm^2$ 具有侵入穿透皮肤的杀伤力。"$1.8J/cm^2$ 的结论，是在打自己的嘴巴。

三鞠躬

整个庭审，刘大蔚被吓到了，胆怯，很少说话。每次审判长问他的意见，他都很小声地说："让我的律师说。"而我们发表意见后，他一句都没有补充过。

进法庭时，他父母看到他在流泪，离开法庭后全身还在发抖。刘大蔚的母亲说："大蔚被带进法庭时，是哭着的，眼睛都是红的。"

刘大蔚的父亲说："由于年龄加上社会磨历少，与社会脱节，失去自由四年，产生恐惧心理了，自己准备的几页纸，一句都没念出声。"

最后陈述，刘大蔚站起来，被戴上了手铐。

"审判长，我很奇怪，为什么最后陈述阶段要给他戴手铐？"我提出质疑。

审判长命法警解开手铐。

刘大蔚以感谢和三鞠躬结束了他的最后陈述。

"由于我从小就崇拜军人，是军事迷，为了实现自己的军人梦，在不知道会有牢狱之灾的情况下，我网购了仿真枪。我要感谢福建高院给了我新的希望，谢谢（向法庭鞠躬）；感谢我的辩护人徐昕、肖之娥为我付出的巨大努力，谢谢你们（向律师鞠躬）；同时感谢所有在场的人，谢谢你们一直关心我（向旁听席鞠躬）。如果可以的话，我出去后一定继续报名参军，报效社会，报答福建高院的挽救之恩。谢谢，我说完了。"

审判长说："说完了吗？最后陈述阶段，你可以就这个案件如何判处，谈你的想法和愿望。"

刘大蔚答，"首先，这个事情我确实做了，有去买，这个不可否认。但我没想到会判走私武器的重罪，还判了无期，这是我万万没有想到的。当然，这件事情毕竟我做了，该承担还是要承担，如果可以，如果可以的话，希望能轻判，让我早点出去，报效社会，报答我的父母。"

庭审结束后，我请求审判长让刘大蔚和他父母短暂会面，审判长给了5分钟。胡国继说："庭审结束，徐教授给我们申请了几分钟和大蔚碰面，我们在一间房子里看见他的时候，他整个人还在发抖，我就问他，你怎么了？抖得这么厉害？他说，没事，说话的声音都是抖的，我就把手上的水给他喝，后来警官给了他一瓶水，我们聊了一会儿，他就稍微好点了。"

刘大蔚原本很有信心，觉得很快能出去，但大概是检方的态度，让他很害怕。

指挥办案

开庭前，胡国继在朋友圈发了一段感谢的话：

今天8月9日，离开庭时间还有24个小时，我们都在倒计时度过。感谢徐昕教授和肖哲律师，从申诉开始，你们为刘大蔚案夜以继日地工作，您们的付出，远远超过了我们对自己孩子的付出，我们做父母的眼睁睁地看见自己的孩子被关在监狱里却无能为力，是你们把他从无期徒刑的深渊里拉了回来，申诉—启动再审—开庭审理，这每一个环节都离不开你们的微信微博上每日一呼，离不开你们的心血，我们做父母的除了对你们的感恩还是感恩，你们就是刘大蔚的再生父母。我真恨不得用世界上最美的语言来歌颂你们，可惜我书读得太少，文化水平有限，我也无法充分表达我的意思，总之千言万语汇成一句话——感恩让我们遇到了你们。

在此让我最衷心的祝福，祝徐教授身体健健康康，长命百岁；祝肖哲律师业绩成篇，薪水升天，祝您生活美妙，逍遥似仙，祝您幸福快乐，魅力无极限。

虽然用再生父母这词我觉得用得不恰当，因为肖哲律师还是女孩子，可她做得的确比我们做父母的还多得多。

相比于温海萍一百多封血书，呼格吉勒图父母十几年上访，陈满父母二十余年的申诉，刘大蔚的父母所经历的4年，还算不上艰难。本案历时4年，刘大蔚案就再审开庭，他们是不幸之中的幸运。尤其是申诉这几年，案子几乎一直是律师在操心。

也许没有经历太多刑辩的艰难，他们不时听别人的意见来指挥我们办案。包括开庭前一天傍晚，紧张准备新证据质证意见时，刘大蔚的父亲还在指挥我，给我提要求，告诉我要怎么辩护。

这真让我生气了。但他不以为然，觉得法院一定会判刘大蔚无罪。我也不愿多说。

开庭结束，记者采访他，他面色凝重，连连摇头，"没想到会这样，检察院是这个态度。"到此他才知道辩护不易。

开庭结束，大家要分开时，四下无人，他才向我道歉。但我批评他也过度了，事后我也内疚。这家人太不容易了，该多体谅他们。

"磕枪律师"

等待宣判，又是一个漫长而焦虑的过程。尽管我经常催促福建高院，但我清楚，这个案件肯定要上报研究，只能耐心等候。

涉气枪案件批复出台时，天津赵春华案、福建刘大蔚案再次被社会关注，有媒体称我为"磕枪律师"，推动批复出台的关键人物之一。不敢居功，批复出台是媒体、网友、律师、体制内健康力量共同推动而来。

2018 年的最后一个月，忙得一天都没有停下来过，我下定决心 2019 年最多只接 5 个案子。我正在南通开庭时，福建高院通知 2018 年 12 月 18 日开庭宣判。因赶上改革开放 40 周年纪念大会，开庭临时取消。

千呼万唤，2018 年 12 月 25 日圣诞节，刘大蔚走私武器再审案宣判，我此前预料刘大蔚能很快回家，最差的结果是 4 年 6 个月，年后回家。没想到福建高院从无期徒刑改判为 7 年 3 个月，报最高人民法院核准。

我对此深感遗憾，作为辩护人，我和肖之娥坚持认为，本案无罪理由非常充分，刘大蔚是无罪的，这样的判决，我们无法接受，刘大蔚无法接受，家属无法接受，我相信关注这个案子的朋友们也都无法接受。本应无罪，却判得如此之重。

宣判前，刘大蔚紧张，说预计结果不会太好。宣判时，刘大蔚一直哭，哭到抽搐，又不敢发声。宣判结束，审判长、家属、辩护人、法警等到一个小房间，审判长问我们对判决的意见，我非常愤慨，但克制情绪，对再审决定表示感谢，但对他们做出这样的再审判决，表示遗憾和不解。再审这样的案件非常不易，这类枪案，全国各地都在轻判，福建为何还判得如此之重？

我决定，立即向最高人民法院提交法律意见，要求不予核准，撤销福建高院的这一判决书，发回福建高院重新审判。如果最高人民法院核准，我们将立即提出申诉。刘大蔚已签署授权委托书，最后哭着对我说，"徐教授，救我"。我们决定提供法律援助，代理他继续申诉到底。

本案能大大减刑，是媒体、玩具枪蒙冤群体、网民、律师和家属努力争取而来，我们感谢多年来为本案努力过的所有人。但正义尚未到来，同志仍须努力！

刘大蔚案和赵春华案，对"两高"涉气枪案件批复出台起了较大的推动作用。2018 年 11 月浙江出台《关于办理涉以压缩气体为动力的枪支刑事刑事案件的会议纪要》，不少省份也有类似规则，法治进步如今已接近我一直呼吁的目标。

亲历四起枪案（还有深圳翟俊武案、河南濮阳气瓶变真枪案），见证法治进步。我深怀感激，充满期待，坚信法治中国，必将越来越美好！我也期待法治进步的阳光，能照到刘大蔚的脸上。

刘大蔚案宣判前，我寄出了请求全国人大常委会审查公安部枪支认定标准的合法性，并对《刑法》规定的"枪支"进行解释的建议书。

从书斋走向法庭，个案推动法治，是我一直的心愿，也在为此不断努力。与其在热闹的场所合奏壮丽的曲调，不如孤独地漫步，这样能让我保持清醒与专注，做自己的事，做一件事，做好一件事。

我相信，极低的枪支认定标准将来一定会改变。在此之前，我仍会继续承办相关案件，和周玉忠律师同仁一起，不断呼吁提高枪支认定标准。我还会依个人偏好，等待机缘，百里挑一，以社会意义、制度变革意义、"违宪审查意义"为标准，承办下一起影响性案件。

第十二章　鸟案风云
深圳鹦鹉案

　　2017 年 3 月下旬，北京的春天还有些凉意，知道云南省高院田成有副院长来北京学习，我邀请他见面一叙。席间，我说到近年来学术研究有所耽搁，但参与司法实践，也承办了一些有意义的案件，如天津大妈赵春华枪案、刘大蔚案。田院长说到鹦鹉案，有人因为鹦鹉被判刑，还判得挺重。我们都认为违反常识，"恶法非法"。

　　说鹦鹉，鹦鹉就到。半个月后碰巧就有一起鹦鹉案找我，这就是后来轰动全国的深圳鹦鹉案。被告人王鹏的妻子任盼盼最早联系我，是在 2017 年 4 月 14 日，那时一审尚未宣判。她发了一些材料给我，我初步判断不构成犯罪。她说，一审律师作罪轻辩护，希望能判缓刑出来。我建议律师尽早介入，一审判决前可以增加一位律师，二审阶段难度会增加。刑事辩护的黄金时段在前期，律师介入越早越好，推迟时间便是贻误战机，越到后面越被动。但任盼盼对一审判决还抱有侥幸心理，"我们的案子已经到了这个阶段，只能抱着一丝希望去赌一把，赌我们会遇到一个有正义感有担当的法官，赌最终会给一个充满人性的判决吧。"

　　5 月 2 日，我接到任盼盼的电话，她声音颤抖地叫了一声"徐老师"，就开始哭，边哭边说："徐老师，我赌输了，赌输了，王鹏被判了 5 年，5 年啊。"丈夫被冤判五年，孤儿寡母怎么过？我安慰她要振作，还有希望。稍微平静之后，她收拾情绪，异常坚决地说："王鹏没罪，我要尽我所能救他。"就这样，我接受委托，担任涉嫌非法出售珍贵、濒危野生动物罪的王鹏的二审辩护人。

作为大学老师，兼职律师，我的时间有限，向来不轻易接案，但此案必须接。规则出了问题，法院机械司法导致判决违背常识。这不仅涉及王鹏一家，还涉及数十万养鹦鹉的家庭，乃至几百万人工驯养繁殖野生动物的家庭，不仅涉及个案，还有可能挑战不合理的司法解释，从而个案推动法治。

我告诉田成有副院长，前段时间聊到鹦鹉案，现在正好接了一个。"有意思"，他说下属法院办理了类似的动物案件，已向最高人民法院请示。我认为这是一个很好的走向，司法解释亟须调整，《野生动物保护法》也有待进一步完善，深圳鹦鹉案或是转机。

轩然大波

5月4日，任盼盼发了一条微博："【千古奇冤】只因养鹦鹉，我丈夫王鹏就被深圳宝安法院判刑5年，已向深圳市中级人民法院提起上诉。绝望，无力瘫坐，眼泪流干……无数个失眠的日夜，等来的却是这残酷判决！法官为什么这么残忍，人性人心对法官来说算什么！看着才一岁的你，妈妈好无助，没能给你一个幸福完整的家，妈妈很自责……邻居家的小哥哥小姐姐问你为什么没有爸爸，妈妈的心如刀绞！宝贝，爸爸不是坏人，爸爸因为无知而身陷囹圄，我们要相信爸爸！妈妈一定不会放弃，一定拼尽全力还你一个完整的童年。"

我评论并转发："数千年养鹦鹉，都不犯罪；且养其他野生动物或许是为吃用，但养鹦鹉是为了爱。此案违反常识，涉及大量类似的动物养殖者和使用者，正如刘大蔚、天津大妈枪案，我接此案旨在个案推动法治，将坚决作无罪辩护。"

这一转，引发了轩然大波。绝大多数网友对王鹏被判刑表示同情，但也有一部分人认为法院判决没有错。大家争相在任盼盼微博下留言，陆续有人撰文评论此案，引起了广泛讨论。

为了简要说明案件情况，我次日发布短文：《"80后"养鹦鹉获刑案：又一起违反常识的荒唐案》。"正如天津赵春华案、福建刘大蔚案等仿真枪案、农民采三株野草获刑案、杂戏团运输动物案一样，本案是一起机械司法的典型案例。此案明显违反常识……涉案鹦鹉全系被告人自己繁殖养育，而不是从野外直接抓回来的，自己养鹦鹉不仅没有侵害野生动物，反而增加了鹦鹉数量，有益而无害。此案涉及大量类似的动物养殖者和使用者，具有制度意义，我接此案旨在个案推动法治，促进动物保护法更贴近人性和常识。"文章还提出了我的辩护思路。

媒体开始关注深圳鹦鹉案，掀起了一轮报道的热潮。但网络突然出现明显的倾向性引导，王鹏妻子和我的微博遭遇了空前的谩骂，甚至"私信人身攻击、伤害孩子"。我劝告网友，回归理性的讨论。"这起案件当然会有争议，有些动物保护人士不太了解案情，也可能作出对王鹏不利的判断，这种批评完全是正常的。有人从法律上批评我进行无罪辩护的策略，以及我粗粗发布的辩护思路，这些批评都很欢迎。但不可拘泥于法条，如果按照这样机械的思路，福建刘大蔚案、天津赵春华案等仿真枪案至今都是无法推动的。无罪辩护是本案的最好策略，是我们律师团队根据案情所确定的，我们相信是为当事人利益最大化的最佳策略，更利于为王鹏争取自由。请静观我的辩护词，最后的辩护效果，以及未来可能对法治的推动。"

再度联手

刑事辩护是一场阻击战，寸土必争，没有坚决的斗争，不可能取得进展，因此必须尽可能团队作战，每个被告人可以请两位律师，绝对不可浪费任何一个名额。这一理念决定了我的大部分案件都有合作者。我合作过的律师有朱明勇、伍雷、王万琼、张磊、周泽、刘金滨、袭祥栋、王兴、迟凤生、何兵、杨学林、李仲伟、王飞、王甫、易延友、燕薪、黄佳德等。这些律师各有所长，我也能与大家愉快合作。鹦鹉案的最佳合作者，我认为是斯伟江。

斯伟江是律师界公认的才子，我们在天津赵春华枪案中配合默契，他的专业、认真、敬业令人敬佩，他还具有宽广的视野、超越实定法的高度和广泛的影响力，能够在个案推动法治的方向上加一把火。

对于是否加入这起案件，斯伟江比较慎重。他主要担心案卷中可能有不利证据，如王鹏的供述，网络聊天记录，"这个案子我先要仔细看一下判决，我担心无罪理由不足。"

经过几天的研究，我将团队几天研究提炼的初步辩护思路发给斯伟江，"你先看看吧！期待再次联手！无罪理由还是比较充分的，但仍然是以前的套路，追求人尽快出来，时间上我估计去个两三次差不多。"

5月6日，我发出合作要约，一天后斯伟江加入。5月8日，我们发了一份深圳鹦鹉案律师声明：

法律不应远离民众：期待王鹏案二审的公开公正

深圳居民王鹏（江西九江人），因为出售自己饲养的鹦鹉，一审以非法出售珍贵、濒危野生动物罪，被深圳宝安区法院判决罪名成立，判处有期徒刑五年，该案经媒体曝光后，引起了社会的广泛关注。毕竟我国民众普遍有饲养鹦鹉的习惯，而绝大多数人，无法辨识所养的鹦鹉，是否属于国家保护野生动物？法律红线应该是鲜明的，谁也不愿意一脚无意踩入法律的陷阱。王鹏及其家人感到冤屈，也是有理由的。毕竟，中国传统历来可以养鹦鹉，饲养各种宠物的人很多，绝大多数不可能去国家林业局官网查询，所养是否系珍贵、濒危野生动物，即使去查官网，也无法认定自己所养的，是哪一种具体类别（学名），而且，野生保护动物目录还在变化，会不会哪一天，某一种猫狗在官网上也标记为珍稀动物，另一个把自己猫狗下的崽拿去卖的"王鹏"，也因此坐牢？政府有没有做过广泛宣传，让大家知道某种鹦鹉、兰花、蛤蟆等和大熊猫、金丝猴一样，属于珍贵、濒危野生动物，而且，自己人工繁育的变异的动物依旧算野生？家猪算第几代的野猪？这样的法律，离人民生活有多远？

我们受王鹏妻子的委托，担任王鹏二审期间的辩护人。我们对此案声明如下：

1. 二审程序是我国刑事诉讼法中最重要的程序之一，对于一审判决有罪的人来说，二审几乎是唯一的改判机会。二审法院的公正审判，也是王鹏的最终希望。二审开庭审理，可以申请原鉴定专家出庭作证，也可以由辩方申请自己的专家证人出庭，提供给法院不同的野生动物保护专业知识，因此，我们对二审法院的公开审判，充满期望。

2. 深圳市人民检察院既是二审的检察机关，也是法律监督机关，负责对一审判决的正确或者错误，作出独立的评价，可以提出纠正意见。我们在实践中已经多次遇到，广东省检察院主动提出和下级检察机关不同的意见，提出纠正，难能可贵，当然，在更多的时候，上级检察机关是赞同下级的意见，这都很正常，我们希望深圳市人民检察机关能在二审期间，公平公正地对待本案，不护短，不妥协，不偏不倚，守土有责。

作为法律人，我们可能有着非法律人所不具备的专业和冷静，但长期的专业工作，我们也可能会因此"异化"，我们可能会变得机械和冷漠，可能会远离社会的朴素感情。民众对王鹏案的反应，是一种社会常识对判决结果的撞击，这种质疑是否符合良善的法律，有待二审公开公正的审判来检验。法官、检察官面对立法或者司法解释不符合社会实际，或者和普通人情相违背时，该机械执行，还是应该更能动一点，值得商榷。本案一审的判决结果是否公正？如果不公正，是立法的原因还是司法的原因导致？有没有其他法律领域存在类似法律陷阱的情况，我们都需要公开公正的二审审判平台，需要民众的参与监督，来进行鉴别，来提供观点和证据，法庭是最好的法律宣传平台，也是最好的改善立法的起点。

我们相信人民有足够的能力，来辨识一部法律是否良善，一个判决是否公正，这也许是为什么检察院、法院等机关前面，都冠有人民的名字。我们期待，在以人民的名义进行审判时，最终结果能取得人民的认同。让我们各司其职，共同努力，努力让法律，无论是立法还是司法，不远离人民，毕竟法乃善良公正之术。

徐昕　斯伟江

2017 年 5 月 8 日

会见阅卷

案卷中是否有对王鹏不利的证据，有哪些证据，我心里也打鼓，所以需要尽快获取全部卷宗。原一审律师先是要授权委托书、律所函，但配合后，仍不肯提供案卷。我想算了，尽快到法院阅卷吧。5 月 12 日一早，我从北京赶到深圳，计划上午会见，听听王鹏本人怎么说，下午去法院提交辩护手续，阅卷。

任盼盼抱着孩子，和婆婆一起，从机场接到我，陪我到宝安区看守所。我们一路上聊案子。小朋友很乖巧，不吵不闹。任盼盼和她婆婆一脸凝重，心事重重。一审重判，她们都担心王鹏难以接受。

初见王鹏，他相当悲观，先前还带信给家属，说家里经济困难，不要给他请律师了，二审他自行辩护。知道我和斯伟江律师为他辩护，有些惊讶，问他妻子是如何找到我们的。

"我以前确实不知道饲养的鹦鹉是国家保护动物，直到被抓才知道的。"他说自己真的很爱鹦鹉，把它们当孩子来养。相比看守所里其他杀人、抢劫、强奸、贩毒的嫌疑人，他觉得自己很冤，不知道为什么会遭此灾难。王鹏同意我们无罪辩护的理由，我也认可其认错或"认罪"的态度，两者可以并存。无罪辩护之后，我们仍然会提出量刑辩护意见，目标是使王鹏尽快获得自由。

下午，我到深圳中院提交辩护手续，到后才知道深圳中院的刑事审判区在南山区深云路。法院立案部门不接受律师手续，二审案件必须交给法官或助理。我们回到狭小拥挤的传达室，此处有电脑自助查询。

王鹏 5 月 2 日通过看守所提交上诉状，经查询，5 月 8 日深圳中院就已立案，速度很快，而普通二审刑事案件，调卷立案通常得一个月。查询到的主审法官是涂俊峰，深圳中院刑一庭庭长，审委会委员。看得出来，深圳中院高度重视王鹏案。

通过深圳中院刑事审判区的立案窗口，我联系上了法官助理李磊，却得知深圳中院规定阅卷时间是周一到周四，周五不阅卷。尽管如此，法官仍同意阅卷，为了规范化，还专门联系办公室打开阅卷室。

法官助理陪同阅卷的过程中，我将本案的大致情况、问题的关键作了陈述，请他转告涂庭长。司法解释将珍贵濒危野生动物扩大解释为包括驯养繁殖的在内，明显超越了立法目的，违反了罪刑法定原则。

从受理上诉到调卷、立案、安排法官，深圳鹦鹉案初步显现了深圳速度。我请法官助理转告法官，希望此案尽快开庭，作出公正合理的判决。我也希望参照天津大妈赵春华枪案，通过沟通实现多赢，促进案件的顺利解决。

庭后，我通过网络对深圳中院对案件的重视和对律师阅卷的支持表示感谢，也提出了期待。"深圳鹦鹉案涉及大量的鹦鹉饲养者，乃至各种人工驯养繁殖的野生动物的饲养者和使用者，涉及法律规则是否合理的问题。作为改革开放窗口的法院，我相信深圳中院能够勇作法治建设的先锋，通过鹦鹉案公正合理的判决，以个案促进动物保护立法和司法解释的完善。"

深圳鹦鹉案，引发了强烈关注。除平面媒体外，山东卫视一直联系采访。这次去深圳，山东卫视《调查》栏目杨依知道后，联系记者张筱璐、杨成龙赶到深圳。两位记者在法院门口碰到我和王鹏的妻子，录了几分钟，第二天在宾馆拍了半小时。2017 年 5 月 23 日，《调查》栏目首播《养鹦鹉被判刑冤不冤》。这期节目拍得非常好，记者暗访了花鸟市场，里面一堆堆的所谓珍贵、濒危珍稀动物。法院怎么判？得抓多少人？监狱住得下吗？采访时，我做了较全面的阐述，但电视节目只能用两分钟，我向记者讨得采访完全版，让助理上传腾讯视频，半小时的视频把深圳鹦鹉案说得清楚明白。

为了促成与法院、检察院的沟通，我在采访中还为深圳宝安法院说话，"不能说一审判决是错案"。但我也指出，王鹏没有犯罪故意，行为没有社会危害性，判五年很冤，一审判决确实脱离了常识，问题主要出在司法解释违反刑法和机械司法。

王鹏案是我们最重视的案件之一，接下来的一个多月我们进行细致的开庭准备工作，研究案卷，调整辩护思路，提交辩方证据，提出调取证据的申请，要求开庭，申请取保。取保的理由是，王鹏具有无罪的可能，取保候审不致发生社会危险。

但法院迟迟不答复是否同意取保，也避而不见。我打电话给法官，几乎没人接，找法官助理李磊，希望与法官沟通案件，促进和谐解决，答复是法官与律师不适合单独见面。我有点诧异，当下中国，法官庭前不见律师的几乎没有。深圳中院大概是在学外宾，学隔壁的香港，保持司法人员与社会的隔离性，但愿深圳能学到香港司法的精髓，而不是皮毛。

不愿傻等，我们还是经常电话催问开庭和取保事宜，法院答复说检察院正在阅卷。这是好事，多数案件二审不开庭，检察院阅卷是开庭的前奏。任盼盼性子急，我提出跟检察院联系一下。

6月26日，我们到深圳市人民检察院，打听到王鹏案的检察员是公诉处刘山泉检察官，但电话没人接，只能通过窗口提交羁押必要性审查申请。二审阶段向检察院提出此项申请，没有什么实质性意义，不过是希望以此建立沟通的管道。

随后到看守所会见王鹏。一个半月没见，王鹏有些焦急了，问了很多问题，关心何时开庭，案件结果可能到哪种程度。我只能劝劝，也核对了某些证据，跟他说斯律师会在开庭前来见他。外面的人日子过得快，看守所的人可是度日如年。

那天，庞琨、肖芳华律师知道我来深圳，赶来请我们吃饭。饭店里碰巧看到两只鹦鹉，心生感慨。养鹦鹉随处可见，我问大家，中国有没有100万人养鹦鹉？任盼盼答，"据说光深圳至少就有几万人养鹦鹉。"

没有见到检察官，后来打过电话，也联系不上，只得透过网络传递信息：希望检察官尽快完成阅卷，也希望检察官愿意坐下来沟通。几周后，我接到宝安区检察院的电话，告知我羁押必要性审查没有立案，我奇怪为什么转到区检察院处理，继续表达了沟通的愿望，答这个案件很敏感。这话暴露了法检态度谨慎的实质原因。

死了 19 只

千呼万唤，终于迎来了 8 月 18 日的庭前会议。庭前会议进行了一天，上午控辩双方就管辖、回避、非法证据排除、申请调取证据、鉴定人出庭等问题进行了交流，下午法院提王鹏到庭。

庭前会议本应是沟通的会议，但此案中对抗还是很明显。庭前，检方补充了 36 本案卷，原一审案卷只有 5 卷，看得出来检方非常认真地对待，这一点值得肯定，但也有可能是他们想维持原审判决的错误。同时，这也反映出深圳市检察院认为一审判决定罪证据存在问题。

辩护人申请鉴定人出庭作证，但检察员反对。这令人十分不解，鉴定意见是本案的关键证据，不要说本着客观公正的立场，检方就是为了支持鉴定意见的观点，也应当同意鉴定人出庭作证吧？

补充案卷中有深圳市野生动物救护中心死亡动物记录表和照片，表明野生动物救护中心不时有动物死亡，其中鹦鹉死了 19 只，有些也可能不是王鹏饲养的鹦鹉，看着令人伤感。两年内王鹏饲养的鹦鹉迅速繁殖，而打着保护的名义查扣之后，鹦鹉面临的处境反而令人揪心，王鹏和妻子一直担心鹦鹉可能得不到适当照料的事情得到了证实。

法庭希望辩护人展示对证据的详细异议，但法检没有案件如何处理的态度，我们不同意实质性展示证据的问题。事实证明，我们的选择是对的。后来在开庭前，检方补了一堆情况说明，试图弥补证据漏洞。也因此，这次庭前会议没有解决实质性问题。

我们视庭前会议为沟通的机会。前一天，斯伟江律师与审判长涂俊峰庭长进行了交流。庭前会议后，我向涂庭长提出见面，到了他的办公室，我随手把门带上，他又打开，很快法官助理李磊也到场。我坦诚地陈述了无罪辩护理由充分的观点，建议参照天津大妈赵春华枪案的模式，庭前达成一致，力图寻求案件的妥善解决，实现良好的法律效果和社会效果。为此，辩护人愿意最大限度地配合法院，如果需要，我可以事先提交主要的辩护意见。其实，只要秉承客观公正的立场，控辩审三方的立场可以最大限度地实现一致。

涂庭长谈到动物保护、动物福利等一般性问题。我认为，通过本案可以探讨如何才能更好地保护动物，饲养繁殖与野生动物保护之间的关系，法律应当如何设置。本案的关键，我认为问题出在《关于审理破坏野生动物资源刑事案件具体应用法律若干问题的解释》将驯养繁殖的动物解释为野生动物，远远超出刑法文本进行扩大解释，违反罪刑法定原则，严格执行这一"恶法"或许要判百万人。我希望透过这起影响性案件，推动立法对野生动物的界定明确化，修订这一过时的司法解释。

重要文件

由于控辩双方的争议较大，开庭时间尚未确定，不过法官说会尽快安排开庭。

准备开庭的过程中，我看到某森林公安局微信公号"森林警界"2017年6月26日发布的贵州省剑河县森林公安局潘邦明的文章，提到2015年国家林业局森林公安局以《关于呈请对非法收购、运输、出售部分人工驯养繁殖珍贵濒危野生动物适用法律问题予以答复的函》（〔2015〕49号）请示最高人民法院，最高人民法院研究室于2016年3月2日作出《关于收购、运输、出售部分人工驯养繁殖技术成熟的野生动物适用法律问题予以答复的函》（法研〔2016〕23 号）。复函指出：

> ……由于驯养繁殖技术的成熟，对有的珍贵、濒危野生动物的驯养繁殖，商业利用在某些地区已成规模，有关野生动物的数量极大增加，收购、运输、出售这些人工驯养繁殖的野生动物实际已无社会危害性……在修订后司法解释中明确，对某些经人工驯养繁殖、数量已大大增多的野生动物，附表所列的定罪量刑数量标准，仅适用于真正意义上的野生动物，而不包括驯养繁殖的。

这表明，司法解释的过时已经为有关部门所注意。这一文件可以提交法院作为辩方证据，证明从刑法的立法目的——保护真正意义上的野生动物出发，可以不适用《关于审理破坏野生动物资源刑事案件具体应用法律若干问题的解释》。深圳鹦鹉案有可能促进该司法解释的修订，成为推动法治的临门一脚。

但该文件并没有公开，通过各种查询系统都没有查到，无奈我透过网络，向社会寻求这一文件。信息发出仅一天，厦门的邱祖芳律师就从朋友处拿到了该文件的全文。2017 年 9 月 3 日，我发表文章《深圳鹦鹉案：找到一份重要的法律文件》，公开了这份司法文件。

开庭审理时，我作为辩方证据进行举示，检察官不否认合法性、真实性，起到了很好的庭审效果。

延期审理

9 月 1 日，接到法官助理李磊的电话通知，王鹏案将于 2017 年 9 月 7、8 日在深圳中院第九法庭公开开庭审理。我原本预计本案会和天津枪案一样，早早解决，结果争议太大，成了敏感案件。重大敏感案件，我们介入不到 4

个月就开庭，我心想着，相比其他常年没有音信的案子，这个进展也算快了。只要开了庭，判就快了。

我和斯伟江律师及助理都买好了机票，王飞、符惠清、尚满庆等很多打算旁听的律师同仁也称买好了到深圳的往返票。任盼盼着手准备律师、旁听人员的接待工作。大家都等着开庭那天的到来。

9月4日上午刚收到深圳中院书面开庭通知，下午法院又电话通知不开了，要延期审理。说开又不开，我们和诸多买好票准备去旁听的律师同仁只能退票，也纷纷猜测突然决定不开庭的理由。

法院说延期开庭的理由是检方还要补充新证据。但检方二审已补充提交了36本新证据，还要补充证据？养几只鹦鹉的案件，补了几十本证据还在不断补，案卷都比鸟多了。可不可以反过来说，一审法院在至少缺36本证据的情况下判被告人五年？二审期间，检察院补充证据、补充侦查，完全是检察机关的自我扩权，从法理上看是不应当的，真的应该限制了！

我对法官助理说，家属经济困难，我们的机票退票损失怎么办？这些补充材料不会有什么改变，我们也可以放弃准备的时间，希望按原定计划开庭。但法院决定了的事情，怎会轻易改变。我猜想，推迟开庭的真实原因应该是十九大前暂停重大敏感案件的开庭。

听说延期开庭，任盼盼气哭了。她后来跟我们说："我太生气了，当时就打电话给法官助理，表示了强烈愤怒，还骂了他们一顿。我还给涂法官打电话，涂法官很凶，把我批评一顿，说我没有资格骂助理，就把电话挂了。后来涂法官又主动打电话给我做工作，说了一个多小时。"她是个急性子的人，人如其名，她每天都盼望丈夫回家。我只能劝解，延迟开庭是很正常的事，没有关系，但劝不住。

任盼盼此后开始每日一呼，要求开庭。10月26日，家属在深圳中院门前举牌，"人不如鸟，想念爸爸""鹦鹉案，王鹏冤"，据说还去了政法委。我一直劝解她，让别着急，十九大之后，应该很快开庭了。

这一拖，就拖了两个月。10月30日，法院通知11月6日开庭。

限制旁听

2017 年 11 月 6 日，王鹏案在深圳中院第九审判庭开庭审理。我们一行刚到法院附近，就看到周边高度戒备。

到了深圳中院刑事审判区，正门不让进，必须从侧面的停车场，踩着沙石小路绕到后门。下车后，看到庞琨、王金龙律师在等我们，庞琨帮斯律师的助理拖了箱子，大家往里走。多数人没注意前面有人拍照，所以后来流传的一张照片，只有斯伟江抬着头，我既没抬头也没低头。六人踩着坎坷的沙石走向法院，法治路漫漫，同志须努力。这张照片被冠以"中国辩护人"的标题广泛传播，系南都知名摄影记者徐文阁拍摄。

虽然是公开审理，但旁听控制得极紧，家属拿到 5 张旁听证。从外地和深圳赶来旁听的律师和公民三十余人，只有曾任重庆律协会长的孙发荣律师、

中国辩护人

深圳肖海峰律师"特准"进入旁听，其他人没有一个进入法庭。除特别安排的几家媒体外，外面有十多家媒体无法进入。不过，澎湃新闻的王选辉、界面新闻的梁宙等人"混进了"法庭。央视在法庭拍摄，出乎意外，也暗示着本案未来走向存在变数。

我看旁听席还有几个座位，想与法官沟通，争取放几个人进来，建议启用视频旁听室。但法官迟迟未见到，我推开法庭后门，见到合议庭三个成员，提出这一本属合理的要求，但他们说这事管不了，还把我从后门轰了出来。

有四道警戒控制进入法庭的人员：大门安检处，电梯前，进入楼道前，法庭门前。中午休庭后进入法庭时，还在法院后门前加了一道阻拦，我和斯伟江、两位助理进入时，还不得不联系法官助理才放行。

先下马威

开庭伊始，法官助理宣读完庭审规则后，审判长涂俊峰进行了一番上纲上线的长篇说教。听起来，似乎是针对家属和律师的。

助理大致记录了涂庭长的讲话。他说，在这个代表了党和国家司法利益的庄严的法庭，所有诉讼参与人应当本着对社会主义法治的敬畏，本着所有法律人共同敬仰的法律良心，参与法庭审理，服从法庭指挥。法庭不会当庭剥夺诉讼参与人的权利。检察官有法律监督的职责，但不得当庭提出异议。当庭如有发生不服从法庭指挥的情形，第一次予以警告；第二次责令退出法庭或强行带出法庭，十分钟后，如果能冷静认识自己行为的不当，可以向法庭认错，能够继续服从法庭指挥的，可以继续参与庭审；如果再犯第三次，请离开法庭，本案不再接受你的诉讼参与人身份，并将视事情的严重程度，给所在单位或管理组织发建议函，依法依规进行处置。

依照刑诉法和最高院关于刑诉法的司法解释，二审一般不开庭审理，如果二审有新的证据，合议庭认为可能需要作为二审裁判的依据，需要经庭审质证，才决定开庭。无论是否开庭，二审认为事实清楚，不影响定罪量刑的，只要经过讯问被告人，听取其他诉讼参与人的意见，就可以进行裁决。正因为二审本来完全可以不开庭，所以，举重以明轻，二审怎么开庭，开到什么程度，完全取决于合议庭认为事实是否已经清楚。

他继续专门强调庭审录音录像问题。旁听人员一律将手机存放到外面，除经本庭允许的新闻工作者可以现场录音录像之外，审判区内所有诉讼参与人一律不许使用手机和其他设备，更不能进行录音录像，发现后，不仅要扣留设备、删除内容，还要按不服从法庭指挥，依法处置。这是法庭上庄严、平等、安全、法治、预防等法益所决定的。这段时期以来，法庭发现在其他地方，有些案件庭前会议甚至是开庭时，有人试图在法庭上利用法庭赋予的权利和便利，使用手机和手提电脑等设备现场偷录，在网上同步直播或庭后散布录音录像，被法庭制止后，反而闹出只有我们才会有的司法笑话。我提醒诸位，这不是光荣。鉴于有些言语不是发生在正式开庭的法庭之上，本庭只是作口头的提醒、警示。今天的法庭上，被查到私自录音录像的任何人，都将被视为本次庭审的第二次违规，或者庭后在其他地方发现确属现场偷录的视听资料，法庭都将严格依法追究法律责任。

涂庭长又拉回来，特别需要指出的是，本案所有诉讼参与人的诉讼活动，到今天为止，都尚属理性表达，偶尔有些情绪化的言行，亦未造成严重后果，他们为本案澄清法律事实和认识，做出的正向或反向的努力和贡献，都值得尊重。唯有网上，少数不太了解本案事理的人，甚至也不排除极少数装糊涂的人，确实起到了祸乱事实和人心的作用，法庭在此也一并予以指出进行警示，公民的言论依法受到保护，诉讼参与人提出意见的权利必须充分保障，但人民群众支持和拥护的绝不是毫无原则、毫无规矩的肆意而为，言论自由绝不能妨害别人，绝不能违反法律，绝不能违背良知，任何人都要为自己的行为负责，于法有据的必然要负法律责任，法不调整的也必然要承担应有的道德和社会责任。

此后，审判长宣布庭前会议后决定的事项，如驳回辩护人提出的非法证据排除申请；合议庭认为鉴定人出庭没有必要，通知了有专门知识的人出庭，就鉴定意见提出意见；不宜变更王鹏强制措施；证人出庭，认为没有必要；辩方对管辖权没有异议，也不申请回避。

辩方证据

审判长的一席话，显然是事先准备的，也大概经过了领导的修改审定。但一番下马威之后，审判长还是比较紧张，一开始就出错，本该先向被告人发问，本该就先前的证据进行综合质证，一下就过渡到了辩护人举证。

辩护人举了 7 组证据，旨在证明王鹏无罪。前六组由斯伟江律师举示，第七组由我举示。检方一一回应，但质证并无力度。

第一组：（1）CITES 辨识图鉴—鸟类，该图鉴是用以辨识受 CITES（《濒危野生动植物种国际贸易公约》）管制之鸟类物种。第 30 页，和尚鹦鹉的图鉴显示，该种鹦鹉的标志性特征为腹部呈红色。但华南野生动物物种鉴定中心出具的动鉴字〔2016〕第 256 号中，描述 9 只和尚鹦鹉的形态特征未见标志性特征腹部红色。涉案 9 只鹦鹉鉴定为和尚鹦鹉，鉴定的过程和方法不符合相关专业的规范要求，鉴定意见错误。（2）华南野生动物物种鉴定中心概况，该中心及鉴定人阳建春、胡诗佳均没有鉴定资质。（3）国家林业局森林公安司法鉴定中心概况及鉴定机构资格证书，该中心获得国家级资质认定，证明该中心有司法鉴定资质，而本案鉴定机构没有资质。

第二组：〔2017〕沪东证经字第 15394 号公证书，通过网络搜索的相关网页，证明王鹏并不知道也不可能知道涉案鹦鹉是珍贵、濒危野生动物。

第三组：（1）PARROTS OF WORLD 节选及翻译，证明绿颊锥尾鹦鹉、和尚鹦鹉、非洲灰鹦鹉的主要特征。（2）刘某证人证言，望江县鹦资勃勃养殖有限公司国家重点保护野生动物驯养繁殖许可证、安徽省林业厅准予行政许可决定书，证明非洲灰鹦鹉等目前人工驯养繁殖的现状。（3）王鹏妻儿的病例材料，证明王鹏儿子患有先天性巨结肠，妻子患有胆囊结石。

第四组：斯伟江律师及助理严涵律师和 CITES 秘书处 DAVID MORGAN 先生之间的往来邮件、翻译及 CITES 官方网站秘书处工作人员名单，证明《濒危野生动植物种国际贸易公约》的保护范围。

第五组：王鹏和龙华—石头的 QQ 聊天记录截图，证明王鹏并不知"小太阳"鹦鹉是珍贵、濒危野生动物。

第六组：（1）国家林业局网站，关于玄凤鹦鹉保护级别的咨询留言、CITES 相关附录，王鹏 QQ 聊天记录，证明玄凤鹦鹉（又名鸡尾鹦鹉）明确被排除在 CITES 附录二以外。国家林业局回答有误，林业局尚且无法辨别鹦鹉保护级别，王鹏更加无法辨认。（2）维基百科绿颊锥尾鹦鹉词条，证明该词条引用的文献中，包括辩护人提交的 *Parrots of World* 一书，说明该书具有权威性。

第七组：最高人民法院研究室《关于收购、运输、出售部分人工驯养繁殖技术成熟的野生动物适用法律问题的复函》（法研〔2016〕23 号），证明《关于审理破坏野生动物资源刑事案件具体应用法律若干问题的解释》（法释〔2000〕37 号）已经过时，并且已经引起国家林业局和最高人民法院的高度重视。正因为涉案的鹦鹉品种数量急剧增加，收购、运输、出售这些人工驯养繁殖的鹦鹉实际已无社会危害性。而且，最高人民法院研究室已明确建议修订司法解释，定罪量刑"仅适用于真正意义上的野生动物，而不包括驯养繁殖的"，以避免出现王鹏案这样违反常识的案例。

控方"专家"

检方举证复杂冗长，我只简介专家出庭、鉴定意见的部分。南京森林警察学院黄群教授作为控方提供的有专门知识的人出庭作证。经发问，了解到黄群大学专业为物理学，没有读研究生，其鉴定资质的鉴定业务范围为法医类检验鉴定和痕迹检验鉴定，并未明确标明具有鸟类种类鉴定的专业资质。从法庭发问和检索来看，黄群没有发表过任何关于鸟类或者生物学方面的专业文章，也没有出版过任何鸟类或者生物鉴定方面的书籍。斯伟江律师发问其发表的文章，他回忆出一篇关于象牙鉴定的文章。他既不具备本案所要求的"专门知识"，态度还明显不具有中立性，对检方问题，他长篇阐述，对辩方问题，经常不回答，甚至多次问题没听完就打断辩护人发言。

当问及本案鸟类鉴定所依据的文献时，他表示可以参考鸟类大全，图书馆里应该能找到。但涉案鹦鹉均非原产于中国，鉴定意见所依据的文献均为国外出版的书籍及国外网站信息，而黄群甚至认为百度百科也可以作为鉴定的参考依据。可见，其作证内容严重缺乏专业性。

黄群虽然背诵了涉案鹦鹉的相关特征，但并不能说出其他鹦鹉的特征。当指出鉴定意见的描述与他背诵特征不相符时，他又狡辩为应考虑综合特征。事实上，鉴定意见所附照片很多看不清，他很难从这些照片确定鹦鹉的具体特征。

黄群出庭的目标，或者说检方给他安排的目标，本身就自相矛盾：既肯定鉴定意见基本成立，又要部分否定鉴定意见，拿掉人工变异种的表达。这不可避免会发生冲突。鉴定意见的结论明确，即涉案绿颊锥尾鹦鹉为人工变异种，且检方提交鉴定人之一胡诗佳，与鉴定机构出具的情况说明，均再次对鉴定意见予以确认。黄群的庭前笔录，当庭作证，则认为涉案鹦鹉并不是人工变异种，鉴定意见不宜使用"人工变异种"的表述。因此，本案出现了可笑的情况，鉴定机构维持自己的意见，检方找来有专门知识的人，并咨询了一些动物学专业人士，意图部分否定鉴定意见。有专门知识的人与鉴定人之间存在严重矛盾，专家与专家之间也存在矛盾。

有专门知识的人，通常适用两种情形：一是在没有法定司法鉴定机构的情形下，作为类似鉴定人身份出现，即《最高人民法院关于适用〈中华人民共和国刑事诉讼法〉的解释》第87条之规定；二是针对对方的于己不利的鉴定意见，聘请本领域有专门知识的人，针对鉴定意见提出质证意见。本案"有专门知识的人"，显然属于第二种情形。《刑事诉讼法》第197条第二款规定："公诉人、当事人和辩护人、诉讼代理人可以申请法庭通知有专门知识的人出庭，就鉴定人作出的鉴定意见提出意见"，有专门知识的人出庭实质上是为否定对方的鉴定意见，而不是肯定。所以，本案控方申请有专门知识的人出庭违反了《刑事诉讼法》第197条第二款设定的目的。当然，有人会主张"提出意见"不等于"提出反对意见"，但控方如果为了提出肯定鉴定意见的意见，就更不应该聘请"有专门知识的人"，因为肯定意见恰恰应该由鉴定人本人出庭进行说明。

而且，控方的鉴定意见与控方提供的有专门知识的人提出的意见相互冲突，意味着控方提出了相互矛盾的证据："这不是人工变异种；这是人工变异种"，导致控方的指控完全不能成立。更离谱的是，根据全社会已熟知的科学常识，判断绿颊锥尾鹦鹉是否为人工变异种，无论结论是什么，都必须进行 DNA 鉴定。如果执法机关还根据外观形态判断是否人工变异，无异于现在还用模样对比，或"滴血认亲"的方法来判断是否亲子关系，完全违反最基本的科学常识。

鉴定意见

作为定罪的关键，鉴定意见存在太多问题，我认为不应采信。

华南野生动物物种鉴定中心没有《司法鉴定许可证》。广东省林业厅以"批复"的形式许可其鉴定，不合法，林业厅并非法定的司法鉴定机构登记管理部门，无权审批设立司法鉴定机构。本案鉴定人并非登记在册的司法鉴定人，也没有《司法鉴定人执业证》。而且，鉴定人胡诗佳仅具有助理研究员职称，职称极低，且专业不对口，职称评审机构为"广东省科学院昆虫研究助理研究员资格评审委员会"，表明其专业为昆虫研究，因而不具备鸟类鉴定的能力。

送检样本至少被污染了三次，来源不明。（1）从谢田福处提取的 10 只涉案鹦鹉，5月12日送检前，5月10日提取后不知寄存何处，5月11日被森林分局送至深圳野生动物救护中心，地点从田福水族馆到无名地点到深圳市野生动物救护中心，而深圳市野生动物救护中心工作人员曾志燎证实"鹦鹉分类混养"。所谓送检鹦鹉是否从谢田福处提取无法确定。（2）从王鹏处提取的45只涉案鹦鹉，5月19日送检前，5月17日提取后不知寄存何处，5月18日被森林分局送至深圳野生动物救护中心，地点从王鹏处到无名地点到深圳市野生动物救护中心，是否被送往华南野生动物物种鉴定中心不清楚。所谓送检鹦鹉是否从王鹏处提取已无法确定。

送检材料仅进行特征分类，且使用多重标准，分类依据不明。鉴定方法严重不科学，如形态学方法鉴定不可能得出绿颊锥尾鹦鹉人工变异种的结论；未见标志性特征腹部红色，将涉案9只鹦鹉鉴定为和尚鹦鹉明显错误。

因此，本案鉴定意见不仅违反科学常规，也违背法律，至少违反了《最高人民法院关于适用〈中华人民共和国刑事诉讼法〉的解释》第85条第1、2、3、4、6项的规定，不能作为定案根据。之后控方提供的有专门知识的人更是弄巧成拙，因为有专门知识的人的意见不属于法定的证据种类，若有专门知识的人出具检验报告的，"检验报告可以作为定罪量刑的参考"，其证据效力显然低于鉴定意见。

检察员说追求公正，我以鉴定意见为例进行反驳。辩护人对鉴定意见提出强烈异议，专家否定鉴定意见中人工变异种的重要结论，鉴定人坚持原来的结论，并建议可以重新鉴定和复检，此种情形下最公正的做法只能是重新鉴定。但王鹏的鹦鹉找不到了，部分已经死了，根本无法重新鉴定。因此，该鉴定意见不能采纳，本案定罪缺乏关键证据。

谁的鹦鹉

查获的鹦鹉与作为物证的鹦鹉不具备同一性，无法确定是谁的鹦鹉，是否与王鹏有关。这是本案无法定罪的关键。斯伟江及助理严涵律师认真细致地准备了 PPT。通过 PPT 展示，让合议庭和旁听人员清楚地看到了本案物证不具同一性的严重问题。

（1）从谢田福处查获的 10 只鹦鹉的勘验、提取、搜查、扣押、辨认、送检等程序严重违法，致使送检的 10 只鹦鹉来源不明，与作为物证的鹦鹉不具备同一性。

现场勘验检查程序违法。公安机关对田福水族馆进行勘查时，本案尚未受理，勘验检查没有法律依据；《现场勘验笔录》中没有笔录人、制图人、照相人、见证人签字；且未补正，未作出合理解释。《现场勘验笔录》对涉案提取的鹦鹉的原始状态、所在部位、形状、大小及相互之间的关系未拍照或视频记录，后续被分装转移也没有照片或视频记录过程。照片没有被收集、调取人谢田福签名盖章，是否与原物相符无法确定。提取现场物证不符合规定。2016 年 5 月 10 日《提取痕迹、物证登记表》中，提取人张海彬，但签字提取人为李庆松和朱鹏，该表格也没有谢田福签字，见证人南方身份无法确定，是否与案件没有关联无法确定。仅对鸟笼进行编号拍照，没有对鹦鹉进行编号拍照。此时所提取的活体鸟类，与田福水族馆的活体鸟是否同一，已无法确定。

搜查、扣押程序违法。本案搜查、扣押鹦鹉未拍照，仅有清单，《扣押清单》未对扣押鹦鹉进行编号，没有见证人、保管人签字。且现场勘验笔录、搜查笔录、提取痕迹、物证登记表、扣押清单之间存在诸多无法解释的疑问。第一，勘验检查时间和搜查、扣押时间不同。勘验检查是 5 月 10 日 15：55 ～ 16：58，搜查时间是 5 月 10 日 18：00~18：20，扣押清单所载扣押时间却为 5 月 11 日。第二，地点不同。勘验检查是在"水族馆门口发现有各种疑似国家重点保护动物'鹦鹉'共计 10 只"；搜查笔录记载，是在"田福水族馆侧门外查获鹦鹉笼一个，鹦鹉若干"。第三，鸟笼数量不同。根据勘验检查笔录所附照片，10 只鹦鹉，开始装在一个铁架子上的几个鸟笼里，后来被分装在 6 个鸟笼里；《搜查笔录》记载，鹦鹉笼一个，鹦鹉若干。

辨认程序违法。本案应当辨认鹦鹉实物，而非辨认鹦鹉照片；未及时辨认，补侦时才让王鹏辨认出售的 6 只鹦鹉；辨认没有混杂同类物品，也没有制作任何笔录；辨认的照片来源不合法，既不是勘验笔录所附照片，也不是鉴定报告所附照片。谢田福两次对鹦鹉照片的辨认结果不一致：2016 年 5 月 10 日辨认出 3 只从王鹏处买来；7 月 27 日却辨认出 6 只从王鹏处买来。

谢田福与王鹏的辨认结果不一致。2016 年 10 月 10 日，侦查人员让王鹏辨认 6 张鹦鹉照片，其中 2 张是田福水族馆勘验笔录所附照片，其余 4 张照片来源不合法，与谢田福辨认的照片不一致。王鹏辨认出其中 2 只"小太阳"鹦鹉是他卖给谢田福的，仅其中一只与谢田福辨认结果一致。王鹏称，他的鹦鹉都有脚环，但照片中的鹦鹉未见脚环；且时间太长，他无法准确辨认是否为他的鹦鹉，而只是认为外形相似。

送检程序违法，涉案鹦鹉再次被污染。2016 年 5 月 11 日，森林分局曾将 10 只疑似"小太阳"鹦鹉送至深圳野生动物救护中心。补充侦查卷一，深圳市公安局出具情况说明，称 5 月 12 日华南野生动物物种鉴定中心工作人员赴深圳对涉案鹦鹉进行物种鉴定。可见，涉案鹦鹉没有被送到鉴定中心鉴定，系鉴定人到涉案鹦鹉的存放地进行鉴定，而且案卷材料显示，深圳野生动物救护中心有其他送检鹦鹉，且鹦鹉被送去后，分类混养，被鉴定的鹦鹉存在混淆的极大可能。

（2）从王鹏家提取的 45 只鹦鹉，勘验、提取、搜查、扣押、辨认、送检等程序严重违法，与作为物证的鹦鹉不具备同一性，不能作为定案依据。

勘验程序违法。《现场勘验笔录》所附照片未记录物证所在部位、形状、大小及其相互之间的关系，无法看到鹦鹉的详细数量、大小。现场照片没有注明与原件核对无异，未标注时间，也没有被调取人王鹏签字。提取物证是否与原物相符无法确定。提取现场物证不符合规定，未对涉案鹦鹉统一编号拍照，《提取痕迹、物证登记表》上也没有被调取人王鹏签字。

搜查、扣押程序违法。《搜查笔录》载明的见证人为徐博，但签字人为程楠锐，见证人徐博身份无法查明，而程楠锐是森林分局的工作人员，不符合见证人资格。《扣押清单》未对扣押鹦鹉进行编号拍照，也没有见证人、保管人签字。

辨认程序违法。本案应当辨认鹦鹉实物，而非辨认鹦鹉照片；辨认没有混杂同类物品，也没有制作任何笔录；所辨认照片的鸟笼数量与搜查、扣押时不符，由 25 个变成 24 个，鹦鹉数量相同，但鸟笼数量不同，说明这些鹦鹉在扣押后、辨认前被重新分配过。这些鹦鹉是否还是王鹏的 45 只鹦鹉已无法确定。

送检程序违法，涉案鹦鹉再次被污染。2016 年 5 月 18 日，森林分局将 45 只鹦鹉送入深圳野生动物救护中心，5 月 19 日该 45 只鹦鹉不知由何人、何时移交给华南野生动物物种鉴定中心，没有任何书面移交、移送记录，鉴定意见仅记载"深圳市公安局森林分局于 2016 年 5 月 19 日送检其在广东省深圳市宝安区石岩街道麻布新村自力大道 1 号 301 房查获的疑似鸟类活体动物 45 只"，该鹦鹉从何处移交而来并不清楚，是否移交也不清楚，是否仍然是鉴定人到深圳野生动物救护中心进行鉴定也不清楚。且案卷材料显示，深圳野生动物救护中心有其他送检鹦鹉，存在混淆的极大可能。

法庭辩论

上诉案件，法庭辩论由辩方先发言。鉴于开庭一天，大家十分疲惫，我和斯伟江都摘要式陈述基本观点。

一审判决认定事实不清，证据不足。例如，查获的鹦鹉与作为物证的鹦鹉不具备同一性，无法确定是否与王鹏有关；作为定案关键的鉴定意见，明显违法；王鹏涉嫌出售的 2 只鹦鹉不属于《刑法》所保护的"珍贵、濒危野生动物"，45 只鹦鹉"待售"亦无事实依据。以上任何一项，都将导致定罪证据不足。例如，检方补充的深圳市野生动物救护中心曾志燎的笔录"将鹦鹉分类混养"，鸟笼从搜查、扣押时的 25 个到辨认、送检时变成 24 个，无送检、归还鹦鹉的任何凭证，仅此三项物证保管不完善的证据，就可以认定查获的鹦鹉与作为物证的鹦鹉不具备同一性，足以判王鹏无罪。

一审判决适用法律错误。《刑法》第341条规定本案的犯罪对象为"珍贵、濒危野生动物"，其含义是确定的，必须是珍贵、濒危、野生的动物。野生动物指生存于野外环境、自然状态下的动物，驯养繁殖的动物从生活环境、生存方式、繁育方式、与自然生态的关系等方面，都完全不同于野生动物。但《关于审理破坏野生动物资源刑事案件具体应用法律若干问题的解释》第1条将野生动物解释为包括驯养繁殖在内，远远超出了刑法文本中"珍贵、濒危野生动物"的概念内涵，明显、过度、大规模地扩大解释，也远远超出了国民的预期，违反了罪刑法定原则。倘若认为某些"驯养繁殖"的野生动物确有保护之必要，也应通过刑法修正案的方式进行明确规定；但绝不是所有的"驯养繁殖"的野生动物皆应成为《刑法》的保护对象。一审判决适用该解释第1条系适用法律错误。这是本案的关键问题，也是同类案件面临的共同问题。

进而，该解释第1条"驯养繁殖的上述物种"，应当解释为直接基于野生动物进行驯养繁殖而来的物种，而非对已经被驯养繁殖的物种再进行驯养繁殖而来的物种。倘若不作这样的限定解释，将会出现饲养鸡鸭猪狗牛都是该条款所指"驯养繁殖的上述物种"，因为目前家养的鸡鸭猪狗牛最早都是野生动物驯养繁殖而来，只不过可能经过了一万代，已无法律保护之必要。

《濒危野生动植物种国际贸易公约》不可以直接适用于中国的司法裁判。国际公约转化为国内法的适用，必须经过法定程序，即全国人大及其常委会通过立法的方式进行转化，其他机构无权直接将国际公约转化为国内法。最高人民法院无权通过司法解释直接将国际公约转化为国内法。而且，《动物案件解释》是刑事法律规范，属于《立法法》第8条第4项明确的法律保留事项，即"犯罪与刑罚"只能制定法律。最高人民法院以司法解释的方式，将公约附录一、二直接转化为刑法"珍贵、濒危野生动物"的具体规定，违反《立法法》之规定，侵犯了全国人大及其常委会的法定职权，对"珍贵、濒危野生动物"的过度扩大解释导致《刑法》第341条犯罪范围的扩大。

《公约》确定了梯级保护规则，对附录一所列的动物实行特别保护，人工饲养繁殖的视为附录二内所列的物种进行保护，但附录二所列动物的驯养繁殖物种不具有保护的紧迫性，仅需要证明书即可。因此，即使依照《公约》，涉案鹦鹉也不属于"珍贵、濒危野生动物"。

本案法律适用方面，斯伟江律师的辩护和我相互补充，我从司法解释的角度出发，他从国际公约的角度出发，认为超国际公约保护源自境外人工繁育动物，于法无据。

本案涉案的鹦鹉，均是人工饲养繁殖的《濒危野生动植物种国际贸易公约》附录二的动物，严格依照《野生动物保护法》以及我国参加的《公约》的条约义务，人工饲养繁殖的附录二项下的动物，不属于司法解释对应的附录一、二的野生动物。《公约》对人工饲养繁殖和纯野生动物，是区别对待、分级保护的，对人工饲养繁殖的附录二的动物，不需要许可证，只需要管理机构证明是人工饲养繁殖，即可进行商业性进出口贸易，其保护级别，低于非人工饲养繁殖的野生动物。而最高法院的司法解释，则将人工饲养繁殖和野生动物完全等同，或属于理解《公约》错误，或属于僭越了全国人大的立法权。

激烈交锋

出庭检察员刘山泉，2015年6月担任深圳市检察院公诉部副部长之前，曾担任侦查监督一处副处长5年多，老练，认真。从庭前会议到开庭，可以看出，他对此案花费很多心思，先是补充36本卷，后来继续补证，咨询了南京、东北的专家，开庭时也带来很多资料和书籍。法庭辩论阶段，他更是发表了两个多小时的公诉意见，高谈阔论野生动物面临的严峻形势以及如何保护野生动物，对于辩护人一再提出的物证同一性问题，只用"瑕疵""我们都是这么做的"来回应。

公诉意见中保护野生动物的理论不值得反驳，与本案关联不大。但公诉人声称要给王鹏追加罪名，认为一审定性错误。第一，王鹏出售给谢田福 6 只绿颊锥尾鹦鹉，而非 2 只；第二，在王鹏处查获的 45 只鹦鹉中，非洲灰鹦鹉属购买既遂，且从先前《公约》附录二上升为附录一，其他 44 只属于以营利为目的的加工行为，也应当认定为犯罪既遂。此外，检察机关还发现谢田福购买了走私入境的鸟蛋。检察员这一番言论，引起辩护人的强烈不满。

斯伟江律师非常愤慨，严词批评检察官丝毫没有客观公正可言。检察员长篇发言中，没有从证据角度论证王鹏是否犯罪，反而成了极端动物保护主义者的代言人，从动物保护的角度说了很多无关的问题。谢田福购买走私入境鸟蛋，跟王鹏有何关系？本案证据显然无法证明涉案鹦鹉系王鹏所有。非洲灰鹦鹉是在王鹏被抓之后提级成一级保护动物，能给王鹏增加罪名吗？空谈动物保护，野生动物和驯养繁殖的在美国就是区别对待，难道中国人贱一点？不考虑源头，不考虑司法解释存在的问题，相当于公路限速 40 码，人人违法。王鹏养的鹦鹉死了多少，野生动物保护中心的野生动物每天都在死，有的连死因都没写。王鹏把鹦鹉当儿子养，送到野生动物中心，却死了，到底是谁在破坏？

出庭检察员的认真值得尊重，但对王鹏毫无根据的无端归罪，违背检察官客观公正义务。我克制情绪，总结检方漏洞，抓住关键，回击了四点。

1. 案件基础

定罪量刑必须坚持证据裁判原则，本案的案件基础就是物证同一性问题。检方承认物证收集程序存在问题，也试图以情况说明的方式进行解释，但明显不能成立，情况说明连法定要求的签名都没有。检察员认为，王鹏认可出售 6 只鹦鹉，饲养 45 只鹦鹉。但问题是，王鹏认可的鹦鹉与最后鉴定的鹦鹉很可能不是同一批，涉案鹦鹉送到动物保护中心被分类混养，查扣的鹦鹉与作为物证的鹦鹉没有保证同一性。假设是杀人案件，如此严重违法的勘验、提取、搜查、扣押、辨认、送检物证，法庭敢不敢采纳该物证作为判处死刑的定案证据？

2. 指控逻辑错误

法庭辩论阶段，检察员两个多小时的陈述体现的指控逻辑为：野生动物和人工驯养繁殖的动物是一样的——都要同等保护——人工驯养繁殖会损害野生动物和环境。检方指控的逻辑明显不能成立。

第一，野生动物和人工驯养繁殖的动物显然不同。《刑法》的含义是确定的，本罪保护的是珍贵、濒危野生动物，而不是人工驯养繁殖的动物。罪刑法定是刑法的基本原则，法无明文规定不为罪，法无明文规定不处罚，即犯罪行为的界定、种类、构成条件和刑罚处罚的种类、幅度，均须事先由法律明确规定，刑法分则没有明文规定为犯罪的行为，不得定罪处罚。《刑法》规定侵害了珍贵、濒危野生动物才构成本罪，而没有规定侵害人工驯养繁殖的动物构成本罪。

第二，野生动物和人工驯养繁殖的动物并非同等保护。仅最高人民法院研究室复函，对待野生动物和驯养繁殖动物的态度就不同，并非同等保护，还指出当前处于困境，须彻底解决问题，修订司法解释。

第三，很多野生动物灭绝或面临灭绝的风险，环境恶化，原因是人类过度开发，是工业化、现代化的后果，与王鹏何干？王鹏养几只鹦鹉，导致了环境恶化？保护珍贵、濒危野生动物，保护自然环境，需要从根本入手。减少盗猎，须打击真正损害野生动物的行为。检方称谢田福购买了走私的鸟蛋，这种行为非常严重，如果属实，应依法追究，但与王鹏无关。人工驯养繁殖和野生动物保护并不矛盾。猫狗可以自由养殖，野猫野狗仍然很多；养猪几千年，野猪被盗猎了多少？野猪被盗猎是因为有人想吃野猪，而不能怪养猪的农民。人工驯养繁殖不一定就是坏的，大熊猫就是个例子，没有人工养殖，大熊猫早就灭绝了。政府设置行政许可才可以养殖，就一定能保护野生动物吗？不一定，政府不是上帝，也会出错。而没有行政许可手续，最多处以行政处罚即可，为何要入刑？

第四，"没有买卖就没有伤害"在本案中不成立，完全是上纲上线。一种常见的观点"没有买卖就没有杀害"，意为无论是野生鹦鹉还是人工养殖的鹦鹉，只要禁止买卖就不会导致有人去猎捕、杀害、走私鹦鹉。但现实情况是，民间对于鹦鹉的爱好短时期内不可能完全消除，基于人类利益与生态保护的平衡也没有必要消除，在人工种群数量庞大的情况下，人们并不需要通过到绿颊锥尾鹦鹉的原产地南美洲猎捕、走私鹦鹉就能满足饲养鹦鹉的爱好，没有人会舍近求远在能够买到具有亲人性、易成活鹦鹉的情况下去南美洲捕猎、走私野性十足、不易成活的野鸟。因此，允许对人工养殖鹦鹉的买卖，只会减少人们对于野生鹦鹉捕猎的需求，反倒有利于绿颊锥尾鹦鹉野外种群的保护。

3. 追加罪名，十分荒唐

检察员称非洲灰鹦鹉 1 只属购买既遂，却没有任何证据证明有买卖行为。买方何在？定案不靠证据，靠什么？检察员还说非洲灰鹦鹉从先前《公约》附录二上升为附录一，意图以此指控王鹏，但这一变化发生在王鹏被抓以后，明显违反刑法从旧兼从轻的原则和上诉不加刑原则。

检察员称 44 只鹦鹉是"以营利为目的的加工利用行为"，明显不能成立。王鹏饲养、持有 45 只鹦鹉的行为不是对 45 只鹦鹉的加工利用，而是出于喜爱对鹦鹉的照顾、救助行为，该行为也并非以营利为目的。王鹏当庭陈述，养鹦鹉的投入不计成本即是明证。辩护人发问王鹏，"是否曾经养死过鹦鹉？"我本以为他会说没有养死，但他非常诚实，答曾经养死过一两只，也提到曾经有一只鹦鹉卡蛋即难产，他没有遇到过这种情况，深圳的鸟友、宠物医院也不懂如何救治，他怕鹦鹉死亡，当晚十点多，请人开车，带着那只难产的鹦鹉到东莞一个有经验的鸟友家，还因此和妻子吵了一架，最后救活了这只鹦鹉。救鸟的成本远超过鸟的价格，若非爱鸟之人，何以至此？

4. 社会危害性

检方认为，本案的社会危害性不能只从《刑法》去判断，更多的是要从《野生动物保护法》去判断，诸如，养动物可能导致病毒，影响动物福利，外来物种会带来对本土物种的伤害，人工驯养繁殖会损害野生种群等。

这些理论学说原本就似是而非，我在辩护词中详细驳斥了。法院判决会不会根据《野生动物保护法》？本罪保护的法益，包括上述可能的问题？错，本罪保护的法益只是珍贵、濒危野生动物，而非其他。本罪的社会危害性，是指刑法意义的社会危害性，所谓的危害一定是直接损害，而不是十万八千里之外不确定的间接损害。法律上承担刑事责任的行为，必须是直接侵害法益的行为，必须具有法律上的因果关系，而不是理论损害，不是想象，不是可能。检方引用刑法学家张明楷的观点，但张明楷恰恰有针对本罪的主张："人工繁殖的动物是否本罪对象，不可一概而论。需要考察人工繁殖的目的、难度、数量、动物的珍贵、濒危程度等进行判断"，"认定本罪时，要特别注意行为是否侵害或威胁了珍贵、濒危野生动物资源，而不能形式化地认定本罪。"

深圳市野生动物救护中心几乎每天都有动物死亡，截至2017年7月3日，就有19只鹦鹉死亡，有些可能不是王鹏饲养的鹦鹉。对比而言，王鹏大大增加鹦鹉数量的行为社会危害性何在？如果王鹏构成犯罪，那么导致大量鹦鹉死亡的行为该当何罪？在死亡的19只鹦鹉面前，补1万本卷都等于零。

我和斯律师回应后，检察员第二轮发言突然放低了姿态。他表示，毕竟人工驯养繁殖不同于野生，考虑到王鹏家的特殊情况，可以综合考虑，适当量刑。法官在最后总结时，也一改开庭前的如临大敌，显示了一点小幽默，表示要做出一个兼顾法律与情理的判决。

这一信号表明本案轻判具有一定的可能性，但不确定的因素还是太多。深圳的法院、检察院如何体面地下台，如何回应辩护人提出的物证不具同一性、鉴定意见不可采等问题，判决书如何表达，最高人民法院是否介入此案并作指示，等等。

开庭持续一天，晚上9点多结束。书记员李燕后来在朋友圈感慨，"破了近20年的工作纪录"。其实，这真不算什么，不过是一天高强度的开庭。几天后，我们在吉林省辽源市龙山区法院开庭，吉林杨炳文等27人案，连开4天4夜，第一天就从早上9点开到晚上11点半。2018年8月初无锡邵洪春案，连开8天8夜。如果不是我和刘金滨律师配合法院，估计还开不完。

福清林氏父子案，连续开庭 31 天。这些案件开庭时，法院大多兴师动众，几乎停了其他的庭，动员大批法警，大概都破了当地的纪录。有些案件，我们每到一处，地方法治环境都有所改善，这也算个案推动法治的一部分吧。

庭后很多记者采访，本案关注度这么高，不容易。我突出法检释放善意这一点，希望王鹏尽快回家，同时也呼吁司法解释急需修改。司法解释将驯养繁殖的动物解释为野生动物，违反罪刑法定原则，严格执行这一"恶法"或许要判百万人。这是问题的关键。

从 5 月起，我开始就深圳鹦鹉案每日一呼。我相信王鹏案充分暴露了司法解释的缺陷，有可能成为压垮违反上位法的司法解释的最后一根稻草。

开庭宣判

开庭之后，任盼盼从每日一呼开庭变成了每日一呼无罪，一天天地期盼丈夫回家。王鹏说他的鹦鹉都戴了脚环，是专门做的"罐头 PP ＋数字"，因为王鹏、任盼盼名字里都有 P，所以用"PP"。鹦鹉连接了两个人的命运，而这一家人的未来又牵动了全国百万养鸟人的命运。

王鹏案一审判决，不被多数民众认同，许多人同情王鹏的遭遇，为其呐喊。良善的裁判讲究换位思考，以己度人。庭审中我提出，如果本案引入陪审团审判，结果会怎样？若法官处于王鹏的地位，又当如何？他从来没有伤害过鹦鹉；他被钓鱼执法却明确说不卖鹦鹉；他分一间房作为鹦鹉飞翔的空间而一家三口挤在另一间小屋；即使遭受牢狱之灾，他还在牵挂着被警察收走的鹦鹉，它们是否得了抑郁症，是否还活着；他对鹦鹉的爱甚至胜于刚出生的幼子，鹦鹉叫他"王鹏爸爸"……如此种种，法官如何忍心判王鹏 5 年？民众又如何认同这样的判决？养鹦鹉者或数十万或百万，国家该建多少监狱来关他们？又如何更好地救护那些从"鹦鹉爸爸"手中抢走的可爱的生命？

司法裁判应当实现法、理、情的统一。我很认同最高人民法院沈德咏大法官不久前的话："刑事审判牵涉社会生活方方面面，事关社会公平正义。讲人情，不是要照顾某个人的私人感情，而是要尊重人民群众的朴素情感和基本的道德诉求，司法审判不能违背人之常情。实现法理情的有机结合，既要靠完备的法律制度，更要靠法官的经验、智慧与良知。"

2018年2月7日下午，深圳中院电话通知2月9日下午2点半宣判，两个小时后，又临时变卦，推迟宣判，大概是因为"两会"的原因。也是借开会之机，我联系了全国人大代表、甘肃省律师协会会长尚伦生律师，提出了关于修改最高法2000年11月17日发布的《关于审理破坏野生动物资源刑事案件具体应用法律若干问题的解释》的议案。

3月26日，我们收到深圳中院的延长审限决定通知书，延期到4月13日。第二天，深圳中院电话通知3月30日下午2点半宣判。这次应该不会再变了。

3月30日，我与斯伟江都赶到深圳。此案关注度仍未下降，诸多媒体跟进，采访报道不断，等待二审结果。依旧是二审开庭的第9审判庭，审判长从头到尾宣读判决书，改判2年，王鹏将于5月16日出狱。

事前我对案件结果准备了两个版本，一是判三缓三，一是判两年。审判长刚宣判结束，我拍了判决书的第1页和最后两页，第一时间以准备好的文字发布了消息。

由于未能当庭放人，王鹏妻子当庭对判决表示不满。由于法院检察院一直拒绝与律师沟通，我虽然认为实报实销也不容易，但判决结果距离正义仍有距离，是打折的正义，这样的结果，只能说勉强可以接受。当日，我和斯伟江发表了事前准备的一个声明。

深圳鹦鹉案二审判决之后的三点建议

今天下午，深圳市中级人民法院，对王鹏涉嫌非法出售珍贵、濒危野生动物罪一案，作出了终审判决，判决王鹏罪名成立，判处有期徒刑二年。相比一审判五年，王鹏能在一个多月后重获自由。

一、不知者不为罪，正义不能打折

作为辩护人，我们坚持认为，王鹏从事实上和法律上均不构成犯罪，庭审录像和记录如能公开，相信可以充分证明这一点。当然，二审结果相较于一审有期徒刑五年，还是有所改观，至少王鹏能重获自由。作为一个爱鸟者，教训深刻。纵观目前的许多类似个案，虽然证据上问题不少，法律上争议很大，本着疑罪从无，抑或疑点利益归于被告人的原则，很多案件均该改判无罪，但现实往往会打折扣。

前两天，"两高"联合发布关于涉气枪及铅弹案件的批复，强调了刑法上的主客观相统一原则，要求审查行为人的主观认知、动机目的等，确保罪责相适应。本案大量聊天记录，没有一份可以证明，王鹏明知这是国家保护珍贵濒危野生动物，案发前的公开渠道，也没有任何关于涉案鹦鹉是珍贵、濒危野生动物，买卖将入刑的相关信息。而且，涉案动物系王鹏自己饲养繁殖，本无犯意。鹦鹉种类，复杂难辨，CITES 公约附录分级保护，非专家难以明白，让一个鹦鹉爱好者，来分辨这到底是哪种鹦鹉，是否属于名录保护的一二类保护动物，强人所难，本案定罪，难以服众。我们建议司法机关，对于证据不足的案件，要有壮士断腕的勇气，坚决纠错，让正义不再打折。

二、修改相关司法解释，使之符合上位法

王鹏案尘埃落定，不管家属是否申诉，往者不可追，来者路漫漫。我们得知，最高法院正在修改审理破坏野生动物资源刑事案件的司法解释，对珍贵、濒危野生动物是否包括驯养繁殖的动物以及缩小的范围，依然有很大的争论。我国《人工繁育国家重点保护野生动物名录》所列的人工繁育动物，种类极少，目前第一批只有九种。但这个名录之外，有大量公约附录一、二的动物被人工繁育并商业利用，如果这些通过淘宝、花鸟市场能轻易买到的动物，依然还会如王鹏一样被定罪量刑，是何等的不公平！

我们无法要求每一个公民都和刑事法律人一样，都熟知法律，即便是刑事法律人，如果不是做过类似案件，也难以分辨是否构成犯罪。这样的法网，是不是太密了？古人言："古之圣人，非不知深刻之法可以齐众，勇悍之夫可以集事，忠厚近乎迂阔，老成初若迟钝，然始终不肯以彼易此者，知其所得小而所丧大也。"大道至简，法律尤其是刑法，只是针对极少数明知故犯，或过失犯罪但后果严重的人，对于一般公民，法网太密，易"滥杀无辜"。中国是全球人口最多的国家，每一个刑事法条的不合理，都会导致成千上万个家庭，以泪洗面，声声喊冤，对法律的公平公正，产生质疑。老子说，"其政闷闷，其民纯纯；其政察察，其民缺缺。"法律对普通公民而言，必须是简便易懂，没有陷阱。有水火危险之处，须有警告标志，同理也。

涉气枪案件司法解释，进步明显，如果执行良好，将会极大地减少无辜者被追诉。同理，我们也希望王鹏案，其幼子老母爱妻两年的泪水，王鹏自己两年的囹圄之灾，以及大量类似同胞的困苦经历，能推动上述司法解释修改得更合理：1.《刑法》第341条第1款规定的"珍贵、濒危野生动物"，司法解释不能直接规定包括"驯养繁殖的上述物种"。2. 根据CITES公约的规定精神，对于CITES附录二的动物，凭驯养繁殖的证明，买卖等行为认定不构成犯罪。3. 对一些实际已不再处于濒危状态的动物，或经驯养繁殖、数量已大大增多的驯养繁殖动物，应当认定不构成犯罪。4. 对CITES附录一的驯养繁殖动物，可以从宽；情节轻微的，可以不起诉或者免于刑事处罚。5. 行政处罚优先，能够通过行政处罚解决的，不再入刑。以上部分内容，在最高法院研究室答复国家林业局的文件中，已经有所表述。

三、清理类似法律陷阱，推动法治进程

二审判决认为，辩护人对司法解释提出严重质疑，并要求法院不能机械地适用司法解释，属于明显超出了法定辩护范畴，并违背基本的法治原则。辩护人不敢苟同。对于司法解释，只要不是明显违背上位法的，辩护人一向予以足够尊重，我们完全尊重最高人民法院在具体适用法律上的解释权，但辩护人也依据《立法法》，认为最高人民法院的解释权限应当符合立法的目的、原则和原意，而且《立法法》也规定，对法律需要进一步明确含义的，其解释权归全国人大常委会。本案中，司法解释和上位法以及我国参加国际公约的规定明显不同，辩护人提出严重质疑，正是法治原则的体现。我国今年新成立宪法和法律委员会，就是进行宪法监督和合宪性审查的新开端，律师提出司法解释的合法性和合宪性意见，供法院适用法律时参考，是依宪治国背景下辩护人不可或缺的职责。辩护人对绝大多数司法解释，均予尊重，但宪法和法律的效力高于司法解释，辩法律，据理力争，正是辩护人的职责所在，不敢不辩，不能不辩，二审判决如此说理，辩护人难以接受。

如涉枪案件的司法解释修改一样，任何法制进步，都需要朝野共同努力，民有所呼，我有所应。司法解释违反上位法的情形并不少见，例如，出售未经批准进口的国外真药，认定为出售假药罪，导致很多公民及外国人，因为不知道这个司法解释而被判刑，也阻碍国人获得更好的药品包括各种疫苗。希望能一一清理类似的陷阱，这是走向良治的基础。法治首先要有良好公平的法律，然后才是司法人员善意地适用法律，判案不背离公众的认知，且能引导启发民众。如此，才会有公民尊重法律和司法权威。

良法，良知，良治，缺一不可。真心希望司法机关，改过不吝，从善如流。走向司法文明的过程，当然漫长，孔子称，"危而不持，颠而不扶，则将焉用彼相矣。"一代人有一代人的责任，所有的国人，不分朝野，无论职业，有职责所在的，责无旁贷；能关心呼吁的，毋要旁观，法乃公器，或许下一个掉入陷阱的，就是你的亲友。中国是一个重历史的国家，二十四史，历历在目，历史会记住每一个进步，以及为进步付出的血泪、自由乃至生命。共勉。

徐昕　斯伟江

2018 年 3 月 30 日

依旧售卖

宣判的第二天，中央人民广播电台中国之声发表深度调查文章《"鹦鹉案"被告获刑两年，涉案同款鹦鹉仍在售》。深圳中院二审法官涂俊峰先生接受中国之声独家采访：王鹏有罪，但判决已努力做到法、理、情的统一。

讽刺的是，正在这一报道，肖源、孙莹、李行健记者走访了北京多个花鸟市场后，发现包括十里河、官园、玉泉路在内的花鸟市场，每个市场里卖活鸟的店铺不过一两家，无一例外都在公开售卖"小太阳"鹦鹉，而且所有商家均毫不犹豫地表示，买卖"小太阳""和尚"鹦鹉不需要饲养证或繁殖证。

记者又调查了网络上的相关交易情况，结论是"一片繁荣"。淘宝网卖家在鹦鹉案广为报道后，改用"说话鸟"代替鹦鹉。在几个排名较靠前的店铺里，成交量都在上百单，最多的一家店铺销量显示，交易成功的超过6000单。记者在百度贴吧的"小太阳鹦鹉吧"、"和尚鹦鹉吧"、"非洲灰鹦鹉吧"、58同城中发现，人工繁育的涉案鹦鹉都在公开买卖，成交量巨大……

我的助理刘章评论道，"所谓珍贵、濒危野生动物的鹦鹉至今仍在北京的市场上（实际上其他地方也一样）和网络上公开大量买卖，不是想说法不责众，而是想说毫无刑法保护必要性。"

这篇报道最后评论说，"一概地将人工驯养的野生动物区别于真正的野生动物，也许会给不法分子留下狡辩的空间，使得珍贵、濒危野生动物得不到有力的保护。但对于一些种群已经得到大量繁殖的人工驯养的动物，是不是还要提高到与野生动物同等严格保护之下同样引发着人们的思考。法网过疏，奸盗横行；渔网过密，江河无鱼"。

有位网友评论，"他还是没明白给王鹏判刑的意义是什么"，获得好几千点赞。我也没有想明白。

不过，这篇独家采访法官的报道，后来也"被有关部门找茬了，认为后面不该写鸟市调查"。

2018 年 5 月初，最高人民法院主办的《刑事审判参考》第 111 集（法律出版社 2018 年版）上架，蛰伏两年多的最高法研究室法研〔2016〕23 号文件，终于向社会公开，刊发于该书第 215 ～ 216 页。

最高人民法院研究室 2016 年 3 月 2 日作出《关于收购、运输、出售部分人工驯养繁殖技术成熟的野生动物适用法律问题予以答复的函》，如果在 2016 年及时公开，很可能王鹏就不会遭此厄运，很多案件就可能不起诉，公安也会少抓很多人。许多对司法实践发挥指导作用的文件，如最高人民法院、最高人民检察院的部门文件，省级法院有关审判规范、标准的文件，往往是不公开的，这有违法治的公开原则，未来应当清理和公开。

这是一个重要信号，表明最高人民法院不仅"内部"清楚《关于审理破坏野生动物资源刑事案件具体应用法律若干问题的解释》已经过时，而且愿意向外界表明这一司法解释存在问题，也意味着公开认可《复函》。这可以理解为，破坏野生动物资源犯罪的犯罪对象即将得以修正。

这也从一个侧面印证了我先前从多方渠道获知的最高人民法院正在修订这一司法解释。实际上，早在王鹏案宣判之前，网友"f2"就告诉我司法解释修改稿正在征求意见，并陈述了核心争点，即珍贵、濒危野生动物是否包括驯养繁殖的动物，究竟应当缩小到哪些范围？

个案推动法治，王鹏以自由的代价，王鹏的妻子任盼盼以一年的大声疾呼，唤醒了朝野上下对不合理的司法解释的关注，推动并加速了司法解释的修订。

f2
司法解释的修改稿已经征求意见了，不过关于这条，征求意见稿，是将列入《人工繁育国家重点保护野生动物名录》的人工繁育动物不入罪，未列入的，系人工繁育的，可以从宽；情节轻微的，可以不起诉或者免刑。显然，征求意见稿并未考虑到那个名录外实际有大量一二级及公约附录中的动物被人工繁育并商业利用…事实上林业部门许可养殖的品种就远大于前述名录。按征求意见稿，林业部门许可养殖的未进入名录的动物，进行买卖，还是构成犯罪…可笑吧？事实上最高 2000 年解释之后，林业部后有好几个文件都与此相关，一边是行政许可逐步放开，一边是司法解释长期不修改…也向最高提过这个问题，他们不办这类案子，迟迟不启动修改…很无语。此条不必上墙，毕竟只是征求意见稿，针对这条会阐明意见提交的。
2018-03-21 17:29:19

优秀论文

2017年6月1日，肖哲在微信群说："徐老师，我以五优的成绩通过论文答辩了，特别特别感谢您，给我选题，提供素材，各种指导，最终完成论文。三年研究生，一半的时间在您的教导下过来，真的是三生有幸。您教我写作，让我读书，给我机会，容忍我犯错，无论学业、事业您都给了我特别特别大的帮助，对您的感激之情真的无以言表。人生难得能遇到您这样的老师，真的特别特别感谢您。"

她的论文源于2015年以来我承办的仿真枪系列案件。肖哲是我的第一位律师助理，按照实习生的模式招聘，她的迅速成长促使我发起大案刑辩实习计划。肖哲全程参与了我承办的两起大案：福建刘大蔚案和天津赵春华案。她当时还是武汉大学在读研究生，我建议她以仿真枪案作为论文选题，既服务辩护工作，也能真正做到理论与实践相结合。

我对肖哲表示祝贺的同时，在团队群里"招标"："鹦鹉案和枪案一样，有重要的实践和理论意义，看谁做。"刘章立即响应，以破坏野生动物资源犯罪的犯罪对象作为硕士学位论文选题，并协助我准备鹦鹉案的辩护意见。他是中国政法大学刑法学研究生，专业基础扎实。

2018年4月27日晚，最高人民法院核准判处鹦鹉案被告人王鹏有期徒刑二年前两天，刘章发来消息，"今天论文答辩通过了，还侥幸评了优秀论文，感谢徐老师的指导"。

我的两个助理，分别以个案推动法治的仿真枪案和鹦鹉案作为毕业论文选题，且都获得了优秀论文，令人欣喜。这既表明，仿真枪案、鹦鹉案等影响性案件蕴含着巨大的学术价值，也验证了我从书斋走向法庭的正确。"纸上得来终觉浅，须知此事要躬行"，法学研究无病呻吟的根源，就在于与司法实践脱节，法学研究和法学教育必须实现实践转向。

肖哲曾无比感慨，"其他同学还在模拟法庭，我已经坐上辩护席；他们还在绞尽脑汁地想论文题目，我已经在实践中碰到急迫需要解决的问题，每一个都是课题；他们看新闻，在课堂上讨论的案件，正是我们在办理的案件。"未来，我们决心承办更多值得学术界研究的影响性案件，为法学研究提供素材，为法治进步制造契机。

王鹏回家

2018 年 4 月 29 日，最高人民法院和广东高院同时发布消息，核准判处鹦鹉案被告人王鹏有期徒刑二年。这印证了我的判断，深圳鹦鹉案不仅引起了最高司法机关的关注，甚至结果很有可能是最高司法机关所确定。刚进入五一假期，最高人民法院不放假，还安排专人直接发布这一信息，王鹏的面子够大。

2018 年 5 月 16 日上午，王鹏回家。当两岁半的儿子不停喊爸爸时，他感到温暖和激动，只能将儿子紧紧抱在怀里。而上一次拥抱，还是两年前，儿子还是襁褓中的婴儿。这一天，他等得太久。

《华商报》采访王鹏：你觉得二审改判的原因是什么？你的坚持？你爱人和律师的努力？还是社会各界的密切关注？

王鹏：我觉得这些因素都有，尤其是律师很专业，辩护意见很有针对性，很有说服力，对改判作用很大。当然，媒体和社会的关注对案子的改判也起了重要作用。

我被抓后，妻子一直在不遗余力地为我的案子奔走申冤。一审宣判后，她通过各种方式呼吁社会各界关注此案，呼吁司法部门重新审理，可以说，没有我的妻子，就没有二审的改判，她是我心中的英雄。

任盼盼确实是女中豪杰，很多人都说，王鹏真幸运，娶妻当娶任盼盼。

再一次见到王鹏，是我接的第三起枪案——翟俊武案开庭的前一天。5月24日晚，王鹏和任盼盼来看我。我还住在老地方，鹦鹉案庭前会议、开庭时住过，离深圳中院刑事审判区约十分钟路程的维也纳酒店。这是王鹏出狱后，我们第一次见面。

为了庆祝王鹏回家，我和王鹏夫妻、梁宙记者、翟俊武的哥哥喝了点啤酒，肖哲、叶晓东律师没喝。王鹏喝酒上脸，喝一点就脸红，他话不多，只说几句感谢律师的话，"我在看守所待的算比较久的，几乎没听到过二审改判的，如果不是您和斯律师，我不会改判。"任盼盼还是老样子，像一个斗士，像机关枪一样嗒嗒嗒地说话。他们下午到深圳市森林公安分局要王鹏被扣押的手机，但公安刁难他们，磨了好一会儿，吵了一架，最后才要回了手机。

他们坚持要就鹦鹉案提起申诉。我劝他们再考虑一下，毕竟申诉费时费力也不会有结果，一家人开始宁静和幸福的生活，才是最重要的。夫妻二人态度坚决，任盼盼说，"申诉不仅是为王鹏的案子，申诉的意义也不只是王鹏一个案子，很多这样的案子还在判，我们希望法律能有所改变，愿意尽我们的绵薄力量做一些事情。"在座的人都很感动。

他们对未来的生活还没有明确打算。看得出来，王鹏还是喜欢鹦鹉，但任盼盼经过此事，顾虑很重。我建议王鹏随心而行，不排除就此创业，养鹦鹉有风险，不妨做一个王鹏鹦鹉玩具店，以后动物案件司法解释修改了，还可以兼卖"王鹏条款"。

5月25日下午3点，翟俊武案开庭。全国各地的律师同行和记者等很多人来旁听，我认识的就有王乐、梁宙记者，黄佳德、杨永伟律师，来自广东中山刘庭清等五位律师，深圳的郑世鹏、王金龙、田鹏、许岩岩律师等。比较有戏剧性的是，翟俊武案碰巧还在鹦鹉案开庭和宣判的第九审判庭开庭，王鹏、任盼盼也来旁听，这次王鹏没有坐在被告席，而在旁听席。

旁听的人多，坐不下，但审判长吴心斌让旁听人员跟法警坐第一排，过道加位子，打开门，让人在外面听，甚至让人站在法庭听。敞门庭审，这是我见过保障公开审判做得最好的法庭。开庭后几分钟，我注意到被告人械具没有解除提示审判长，审判长竟为未及时解除被告人戒具而道歉"对不起"，赢得所有旁听人员的尊重。

想起半年前鹦鹉案开庭，法警无处不在，十步一岗，步步设防，庭审激烈。今日庭审进展顺利，三小时就结束，是我开过的最温和的庭。本案涉及的枪形物，致伤力极低，完全是玩具枪，毫无动用刑罚手段的必要性。这种玩具枪案被起诉到中级法院，是极低的枪支认定标准"制造"的又一起荒唐案件。这也表明，虽有"两高"批复，仍需持续呼吁公安部提高枪支认定标准。[①]

庭后，王鹏感叹，此次庭审与他开庭时的戒备状态完全不一样。任盼盼感慨良多，深圳中院的那条砂石路，她走过无数次；她曾抱着儿子在深圳中院一坐一上午，要求见法官；也曾在烈日下，母子双双举牌要求释放王鹏；她在这里流过多少汗水和泪水，只有她自己知道。此前种种，恍如昨日。

提起申诉

每一起刑事错案冤案的纠正，通常都要经历着漫长的等待，于当事人、于家属、于律师，等待永远伴随着煎熬。王鹏案，自我 2017 年 5 月介入到 2018 年 3 月底宣判、5 月中旬王鹏出来，这一年，家属的抗争，我与斯伟江的努力，媒体的报道，社会的关注，深圳中院最终给了王鹏"实报实销"的结果，而且这还属于少有的法定刑以下量刑，需要报最高人民法院核准。尽管王鹏和妻子不满意这个中国式无罪的打折的正义，但客观上也不得不承认深圳中

---

① 庭后，许多朋友问到庭审中展示 PPT 的情况。这是可视化诉讼策略的主要手段，旨在说明涉案物证不具备同一性，检材被污染，鉴定意见也不能作为定案依据。凡有物证的案件，都需要认真对待物证的鉴真。法庭上出示的物证，与检方"声称的物证"是否一致，是否如实记录了物证的本来面目。刑事证据规则尽管确立了"保管链条的证明"方法，但强调通过对各种"笔录类证据"的形式审查，来验证物证在来源、收集、提取、制作、保管等环节的可靠性。除物证外，书证、视听资料和电子证据也需要鉴真，刑事证据规定确立了有所区别的鉴真规则。

院做出了他们的努力。

这一年，鹦鹉等动物爱好者饲养者也开始意识到法律风险，社会开始关注最高法院有关动物刑事案件的司法解释与上位法有抵触，直到有内部人士告诉我，这个司法解释正在修订之中，相信司法解释对于珍贵、濒危野生动物的界定必定会有所修正。

斯伟江律师建议全国人大依法对最高法院相关野生动物司法解释进行审查，2018 年 7 月 6 日收到全国人大法工委复函，称已将审查建议函告最高人民法院，最高人民法院复函表示，已经启动了新的野生动植物资源犯罪司法解释制定工作。这是一个令人欣慰的消息。全国人大法工委积极回应，值得点赞，也将激励我们继续向其提出立法的合宪性审查建议。继天津大妈枪案、深圳鹦鹉案后，我承办的苏州假药案，就旨在纠正假药认定的扩大化，促进药品管理制度及刑法的完善，很快我和斯伟江律师合办上海疫苗案、上海药神翟一平案，我们也将寄出相关的合法性审查建议函。

王鹏和任盼盼都坚持申诉，希望成为从个案推动法治的实践者。王鹏说，"我们还是决定申诉。这是因为从看守所出来后，我从妻子和律师那里知道像我这样的案子并不是个案，生活中还有一些人像我一样被关押、被判刑。在和律师的交流沟通中，我了解到生活中的一些法律和司法解释已严重滞后于社会发展，必须紧跟时代做出调整和修改，我希望通过我的申诉，对其他人的案子有所帮助，起码能引起司法部门对类似案件的重视，推动相关法律的调整和修改，让更多人不再有和我一样的遭遇。"王鹏和任盼盼的态度让我欣慰，他们不只为自己抗争，也在为这个群体努力。案件的顺利解决，需要这样的当事人和家属，中国法治的长足进步，需要更多这样的当事人和家属。

个案推动法治，正是我的目标，也是我接受深圳鹦鹉案时对任盼盼和王鹏说过的希望，不仅关注个案，也要关注不合理的制度。希望新司法解释出台时，人们还能记得，在邓小平先生南方画的那个圈里，有王鹏两年的囹圄之灾，有任盼盼一年的泪水和呐喊，有律师的精心辩护，有媒体和社会的关注。法治前进的每一步，大抵都是一个个蒙冤的当事人以自由和生命在铸造前路。

2018 年 7 月 9 日，王鹏向深圳中院提交申诉状，要求撤销原判，改判无罪。任盼盼写了一段话："至今同类型案件仍在上演，各地因人工饲养宠物被抓被判比比皆是，我们期待申诉能加速最高人民法院对不合理动物案件司法解释的修订、出台。任何人来到这个世界，或大或小，总有他的使命，但愿我们能成为中国法治路上的铺路石。"

这大概就是胡适先生所说的那样："争取个人的自由，就是争取国家的自由；争取个人的人格，就是争取国家的国格！自由平等的国家不是一群奴才建造得起来的！"

不久的将来，倘若新的司法解释出台，部分驯养繁殖的动物不视为珍贵、濒危野生动物的规定，不妨称作"王鹏条款"。

2018 年底，深圳鹦鹉案被深圳中院列为深圳法院改革开放四十周年四十起大案。2019 年初，深圳鹦鹉案被《人民法院报》和最高人民法院评为"2018 年十大刑事案件"。

未完待续

本书收录了近年来我承办的少数案件，既非开始，更非结束。

一起又一起复杂疑难的案件等待着我作坚决的无罪辩护：吉林王成忠法官涉嫌民事枉法裁判案，太原民营企业家姜玉东案，九江蔡晓伟涉嫌非法经营案，黑龙江马彬涉嫌挪用公款、行贿案，河南版"绝命毒师"案，河南濮阳气瓶变真枪案，江西鹦鹉案，山东骗贷五亿却反抓银行人员违法放贷案，广西黄庆忠、邓冠群申诉案，河南夏邑发回重审 21 年终将开庭的张玉玺故意伤害致死案，厦门汪轶涉嫌职务侵占案，颜未来等苏州假药案，孙勇平等上海疫苗案，翟一平涉嫌非法经营之上海药神案，重庆孔祥文案涉嫌受贿案，长沙健身房开庭打人案，贵州李玉前杀人再审案，江西温海萍杀人申诉案，浙江周伟良合同诈骗、逃税申诉案，三门峡姜淑萍职务侵占申诉案，河北张吉青绑架申诉案……每一起案件，都是从诸多寻求帮助的当事人中挑选的、无罪理由充分的案件。

有时想想，案件真的复杂疑难吗？其实不是，很多案件在事实、证据、法律适用上并不难，难就难在，当地公检法和有关部门先入为主，有罪推定，只要"进去"了就别想轻易"出来"。简单的道理和事实，辩护人要向司法机关不断重申，反反复复，却往往无人理睬。不是不知道，而是假装不知道。你永远叫不醒一个装睡的人。

唯有不畏艰险的辩护人，坚持不懈地庭内辩护庭外呐喊，才能博来司法者对司法不公的寥寥觉察，才能在点滴积存中实现个案正义。但他们害怕律师的喊冤，他们甚至执意以为只要封住律师的嘴巴，世界就能清净太平。我们的司法公信力在所谓的"禁止炒作"中慢慢被吞噬。法治还很遥远，远到才刚刚上路。

法治建设的初期，更需要刑辩律师的坚守。一路有你，一路有我，无罪辩护的路上，有无辜被告人的坚守，有当事人家属的呼喊，有合作律师的联手，有助理团队的支撑，还有家人的关怀。

连在老家红房子里养老的父母，都会提醒我注意风险。但看到冤情明显，父母又会默默地点赞，激励我砥砺前行。我的太太郑晓静律师不仅承担了繁重的家务，还为我的案件提供协助，并承办了某些我想帮助却无精力介入的案件。儿子鉴劲是典型的理工男，话虽不多，但还是常对我们说，"少接案，多休息"。

我的助理肖之娥（笔名肖哲）参与了本书大部分案件的辩护工作，也承担了本书部分初稿的写作。经过几年的磨炼，她从大案刑辩实习计划的实习生，经历知名律师的助理、知名律师助理，已经成为新一代实力派刑辩律师。

刘章经历大案刑辩实习计划的考验，从中国政法大学刑法学研究生毕业后，加入了我们的刑辩团队，并显示了很大的潜力。徐昀，我的兄弟，燕山大学文法学院副教授，清华大学法学博士，也参与案件研究和文书写作，成为四人刑辩小组的一员。

无罪辩护的道路艰险崎岖，即便无罪理由充分，即便律师坚持不懈，最终能获得无罪判决的，也屈指可数。这就是当下司法的现实，是审判不独立的必然结果。为了接近无罪辩护的目标，辩护人还需要与违法犯罪行为作斗争，还时常不得不与公权力对抗。这些都会增加刑辩律师自身的风险。

刑辩风险，防不胜防，但只要尊重事实，坚持公正，坚守专业，坚强勇敢，也能大大降低风险。周泽、伍雷曾经都说过："我总是把每一个案件当成最后一个来办。"作为"自由的最后堡垒"，刑辩律师需要勇者无惧的精神。

从书斋走向法庭，我义无反顾，从民事转向刑辩，我无所畏惧。为了自由，为了生命，为了正义，值得全身心地投入，奋不顾身地呐喊。能救一个是一个，能做一点算一点，积土成山，积水成渊，多方合作，点滴努力，个案推动法治，无罪辩护，永远在路上。

徐昕

2019 年 1 月 20 日